La storia. Temi
124

Massimo Vallerani

Regimi di cittadinanza nell'Italia comunale

viella

Prima edizione: ottobre 2024
ISBN 979-12-5469-672-9

VALLERANI, Massimo
Regimi di cittadinanza nell'Italia comunale / Massimo Vallerani. - Roma : Viella, 2024. - 238 p. : ill. ; 21 cm. (La storia. Temi ; 124)
Bibliografia: p. [219]-234.
Indice dei nomi: p. [235]-238.
ISBN 979-12-5469-672-9
1. Cittadinanza - Comuni medievali
323.620945 (DDC WebDewey) Scheda bibliografica: Biblioteca Fondazione Bruno Kessler

viella
libreria editrice
via delle Alpi, 32
I-00198 ROMA
tel. 06 84 17 758
fax 06 85 35 39 60
www.viella.it

Indice

Introduzione

Parlare di cittadinanza nel mondo medievale comporta un alto rischio di anacronismo se non si limita drasticamente il significato del termine come oggetto di studio. I pericoli maggiori, oltre l'attualizzazione forzata, risiedono nel concetto stesso di cittadinanza inteso come insieme di diritti/doveri di partecipazione che spettano ai singoli abitanti di una città, considerati "cittadini" in base alla nascita. Il problema della cittadinanza si porrebbe dunque principalmente per gli "esterni" che entrano – o vorrebbero entrare – in città per aver accesso ai diritti civili e alla partecipazione politica.

Difficile usare questo senso moderno di cittadinanza per ricostruire un oggetto rarefatto e poco definito come la *civilitas* nelle città medievali, che indica, come da più parti si è ricordato, una condizione temporanea e instabile, attribuita ad alcuni selezionati abitanti di città e non un insieme di diritti prestabiliti.[1] Il corrispettivo medievale di cittadinanza, comunque lo vogliamo chiamare, resta per lungo tempo legato a una dimensione materiale e dinamica della vita associata, risolvendosi spesso in una serie di "azioni ripetute" e visibili, con uno spessore teorico molto sottile: risiedere, abitare (stabilmente), pagare le tasse, partecipare all'esercito, andare in tribunale, conservare una buona fama.[2] Una serie di atti che non disegnano

1. Giacomo Todeschini, *Visibilmente crudeli*, Bologna, il Mulino, 2007; e il convegno da lui codiretto, *Cittadinanza e disuguaglianze economiche: le origini storiche di un problema europeo (XIII-XVI secolo)*, a cura di Clement Lenoble e Giacomo Todeschini = «Mélanges de l'École Française de Rome-Moyen Âge», 125-2 (2013), online; *Cittadinanze medievali. Dinamiche di appartenenza a un corpo comunitario,* a cura di Sara Menzinger, Roma, Viella, 2017.

2. Alcuni studi esemplari: Sara Menzinger, *Pagare per appartenere. Sfere di interscambio tra fiscalità ecclesiastica e laica in Francia meridionale e nell'Italia comunale*

affatto un sistema di diritti attribuiti in maniera permanente agli abitanti, ma illuminano un percorso accidentato che tutti gli aspiranti *cives* (non solo i newcomer o gli immigrati) dovevano fare per veder definito il loro status di aderenti alla città. Le nozioni di partenza sono dunque sensibilmente diverse dalle definizioni correnti: la *civilitas* indicava una condizione relativa e provvisoria comune a tutti gli abitanti della città che dovevano mantenere una qualche forma di riconoscimento pubblico della qualifica di *civis* (se interessati e in grado di farlo).[3]

Più utile, allora, secondo il suggerimento di Pietro Costa, è usare il termine in un senso generico, minimale, intendendo con cittadinanza/*civilitas* solo il fascio di relazioni possibili fra individui e comunità, in un difficile equilibrio fra diritti di appartenenza, derivanti dall'adesione alla comunità e doveri di obbedienza, stabiliti dalla comunità stessa.[4] Si tratta di un rapporto inevitabilmente dialettico: l'inclusione dell'individuo nella comunità convive con la spinta a creare un ordine gerarchico interno alla comunità; così il ruolo dell'individuo viene definito da un bilanciamento empirico fra i vantaggi e gli oneri connessi alla partecipazione alla comunità. Come questa tensione venga concretamente risolta – e con quali strumenti – dipende dai singoli contesti storici esaminati.

E proprio dal contesto è opportuno iniziare l'analisi per dare concretezza agli elementi costitutivi della *civilitas* nelle città comunali italiane del tardo Duecento. Si tratta di un processo complesso, da ricostruire tenendo conto delle diverse fasi che ne hanno accompagnato lo sviluppo nel corso dei due secoli centrali del basso medioevo, dal XIII al XV. L'oggetto, infatti, cambia nel tempo.

(XII secolo), in «Quaderni storici», 147, 49 (2014), pp. 673-708; Etienne Hubert, *Droits sur le sol, résidence et citoyenneté dans les villes de l'Italie centrale et septentrionale (XIe-XIVe siècle)*, in *Faire la preuve de la propriété. Droits et savoirs en Méditerranée*, a cura di Julien Dubouloz e Alice Ingold, Roma, École Française de Rome, 2012, pp. 129-143; per la dimensione del lavoro come fattore di integrazione si veda *Cittadinanza e mestieri. Radicamento urbano e integrazione nelle città bassomedievali (sec. XIII-XVI)*, a cura di Beatrice Del Bo, Roma, Viella, 2014.

3. Per l'età moderna si veda Simona Cerutti, *Étrangers, Étude d'une condition d'incertitude dans une société d'Ancien Régime*, Paris, Bayard, 2012.

4. Si veda soprattutto Pietro Costa, *Il discorso della cittadinanza in Europa: ipotesi di lettura,* in *Individui, diritti sociali, collettività nella storia contemporanea*, Atti del convegno annuale SISSCO, a cura di Carlotta Sorba, Padova, 2-3 dicembre 1999 (scaricabile on line); l'accezione "metalinguistica" della cittadinanza dovrebbe portare a porre la domanda, non a fornire la risposta.

Il primo punto riguarda proprio il momento in cui le pratiche di *civilitas* hanno assunto una forma stabile, vale a dire il tardo Duecento, quando le città subirono una radicale trasformazione spaziale e sociale. La macroscopica crescita demografica del XIII secolo ha cambiato dimensioni e struttura dei centri urbani nel Regno italico. Tra XII e XIV secolo, gran parte dei centri urbani dell'Italia centrosettentrionale hanno moltiplicato per cinque, a volte per dieci, sia gli spazi abitati che la popolazione interna, con migliaia di nuovi abitanti "ignoti" che occuparono le zone suburbane, cresciute spesso in maniera disordinata prima di essere ricompresi nelle mura cittadine.[5] Le cosiddette "terze cerchie di mura" – di Firenze, Bologna, Siena, Perugia, come di Parma, Pistoia, Brescia e Arezzo – hanno inglobato i borghi circostanti, creato quartieri urbani e nuove divisioni interne per parrocchie, ricentrando la città su nuovi spazi pubblici, le piazze, ricavati davanti a palazzi del potere di dimensioni inusitate.[6] Il combinato di "palazzo-piazza pubblica" non si limitava infatti a rappresentare il nuovo potere urbano laico – il Popolo – ma identificava il centro di una nuova città più grande e più aperta, con un corpo politico enormemente accresciuto rispetto alle assemblee civiche del periodo consolare. La piazza rappresenta forse l'elemento più visibile di questo cambiamento: nei casi più noti – come Bologna, Perugia, Siena – la piazza centrale è in grado di accogliere quindici-ventimila persone, grosso modo il nucleo costitutivo del corpo politico delle città comunali del tardo Duecento. Si tratta di uno spazio socialmente determinato, pensato secondo un programma volto all'inclusione di una massa di persone che poteva partecipare, in forme ormai istituzionalizzate, alla vita politica pubblica.

E qui siamo al secondo elemento di contesto: quello politico, vale a dire le forme assunte dai regimi di Popolo in un periodo compreso fra gli anni Settanta del Duecento fino agli anni Trenta-Quaranta del Trecen-

5. Fondamentale Etienne Hubert, *La construction de la ville. Sur l'urbanisation dans l'Italie médiévale*, in «Annales HSS», 1 (2004), pp. 109-139 e la tabella a p. 119; Id., *Urbanizzazione, immigrazione e cittadinanza (XII-metà XIV secolo). Alcune considerazioni*, in *La costruzione della città comunale italiana (secoli XII-inizio XIV)*, Pistoia, Centro Italiano di Studi di Storia e d'Arte, 2009, pp. 131-145. Si vedano anche *Pouvoir et édilité. Les grands chantiers dans l'Italie communale et seigneuriale*, a cura di Elisabeth Crouzet-Pavan, Roma, École Française de Rome, 2003; François Menant, *L'Italia dei comuni (1100-1350)*, Roma, Viella, 2011.

6. Vedi ora Jean-Claude Maire-Vigueur, *Così belle, così vicine. Viaggio insolito nelle città dell'Italia medievale*, Bologna, il Mulino, 2023.

to. Comunque si voglia interpretare l'esperienza dei governi di Popolo, è all'interno di quei regimi che ha preso forma un modello di comunità politica in grado di integrare migliaia di nuovi immigrati (e centinaia di ettari di recente urbanizzazione) in un organismo politico-territoriale unitario: l'inquadramento di una parte consistente della popolazione lavorativa in società di Arti, la costruzione di nuove cerchie murarie, palazzi pubblici e piazze, l'urbanizzazione delle zone periferiche e la costruzione di un sistema amministrativo generale per tutti gli abitanti della città, fanno parte di un medesimo macro processo di "comunalizzazione" dello spazio politico urbano. È questo che più interessa, al di là della durata, spesso limitata, dei singoli regimi, dei loro limiti o delle loro contraddizioni interne. Si tratta di un duplice processo di ampliamento degli spazi sociali urbani: dall'esterno verso l'interno (inserimento dei gruppi immigrati) e dal basso verso l'alto, attraverso i canali di partecipazione politica consentiti dalle società di Popolo che offrivano a centinaia di lavoratori artigiani un accesso fin ad allora insperato alla vita pubblica della città.

Tra i primi gruppi societari di inizio Duecento e le grandi *societates* di Arti degli anni Ottanta del secolo c'è infatti un abisso: da poche centinaia di nomi si è passati a un corpo societario di circa 12.000-15.000 persone, a seconda dei luoghi. A Bologna, il Popolo, come raggruppamento politico, poteva contare su una base sociale amplissima, di circa 12.000 membri, distribuiti in *societates* di Armi e di Arti che a loro volta avevano assemblee plenarie, consigli ristretti, rappresentati di vertice, chiamati Ministrali o Consoli, che componevano il Consiglio del Popolo, principale organo deliberante del comune dell'ultimo quarto del Duecento. Di più: come si è visto, in quasi tutte le città a regime popolare, l'impianto delle *societates* si è adattato e ha conformato lo spazio urbano, non solo riprendendo la divisione parrocchiale, ma investendo le parrocchie di una nutrita serie di compiti societari, rituali e religiosi, che davano forma concreta all'identità civica. Furono proprio queste solidarietà vicinali, nutrite dai legami societari, a imprimere allo spazio urbano una pervasiva capacità di dare forma all'appartenenza degli individui alla comunità locale.[7] Era *civis*, in prima battuta, chi si comportava ed era riconosciuto come *civis* dai propri vicini.

7. Si tratta di una dimensione molto studiata nei decenni passati, si vedano gli studi di Samuel K. Cohn jr, *The laboring classes in Renaissance Florence*, Academic Press, New York, 1980 e soprattutto Richard Trexler, *Neighbours and Comrades: The Revolutionaires of Florence, 1378*, in «Social Analysis», 14 (1983), pp. 53-106; e Id., *Follow the flag the*

Questo è il terzo elemento di contesto: la natura dinamica e non statica assunta dalla *civilitas* fra XIII e XIV secolo. Nonostante le apparenze attualizzanti, nelle realtà urbane di antico regime, cittadino non si nasce ma si diventa e lo si diventa grazie ad azioni pubbliche – abitare, pagare, lavorare – che manifestano indirettamente una volontà di essere riconosciuto come cittadino.[8] I giuristi e i teologi la chiamavano *intentio*: una forma di adesione interiore alle regole della comunità che si manifestava in comportamenti visibili e riconosciuti all'esterno.[9] Il senso di questo comportamento doveva infatti essere valutato sia dagli altri membri della comunità sia dall'autorità che si incaricava di registrare una persona come *civis*. Entro questi due poli si giocava la costruzione dell'identità civica delle persone, che, come tutte le altre forme di identità, era un costrutto di relazioni diverse.

L'identità delle persone era definita in primo luogo da quello che gli altri sapevano o potevano dire di una data persona e, di converso, la condizione personale era provata attraverso "azioni viste" da altri che ne provano la conformità a un modello condiviso.[10] È un meccanismo tautologi-

Ciompi revolt seen from the streets in «Bibliothèque d'Humanisme et Renaissance», 46, 2, (1984), pp. 357-92. Oggi purtroppo, questo dato sociale è per lo più ignorato dalla storiografia sul comune di Popolo, inteso solo come idea, o ideologia, da studiare in astratto e senza riferimenti documentari congruenti.

8. Punto di partenza i due saggi, su cui torneremo di Julius Kirshner, "*Civitas sibi faciat civem": Bartolus of Saxoferrato' doctrine on the making of a citizen*, in «Speculum», 48 (1973), pp. 694-713; Id, Ars imitatur naturam: *A Consilium of Baldus on Naturalization in Florence*, in «Viator», 5 (1974), pp. 289-332. Si vedano per la necessità di attribuire un'identità, gli studi Etienne Hubert, *Il progetto di una società evidente. Riconoscere le persone e le cose nello spazio politico (XII-XIV secolo)*, in *La necessità del segreto. Indagini sullo spazio politico nell'Italia medievale ed oltre*, a cura di Jacques Chiffoleau, Etienne Hubert e Roberta Mucciarelli, Roma, Viella, 2018, pp. 239-66; Id., *Qui est qui? L'individu inconnu dans la cité médiévale*, in «Archivio storico italiano», CLXXV (2017), pp. 483-515. Per Venezia si veda Claire Judde de Larivière, *L'ordinaire des savoirs. Une histoire pragmatique de la société vénitienne (XVe-XVIe siècle)*, Paris, Éditions EHESS, 2023, pp. 111-146 (capitolo 4: *Savoirs sociaux et identification*).

9. Giacomo Todeschini, Intentio *e* dominium *come caratteri di cittadinanza. Sulla complessità della rappresentazione dell'estraneo fra medioevo e modernità*, in *Cittadinanze medievali*, pp. 229-245, in particolare la diffusione dell'*intentio* come materia prima dell'azione e dunque «come punto di partenza per valutare la correttezza tanto giuridica quanto morale di un comportamento», p. 237.

10. La necessità del ricorso alle testimonianze è cosa notissima; ricorda la centralità delle "azioni viste" nella costruzione testimoniale della fama Roberta Mucciarelli, *Bisogna essere molto prudenti con le voci perché fanno presto a trasformarsi in verità. Qualche*

co assai diffuso nelle testimonianze rese nei processi: si era sposati se le persone si comportavano *come* marito e moglie; si era padre o madre se ci si comportava *come* un genitore e allo stesso modo si era cittadino se si facevano le cose "come gli altri cittadini". L'identità era essenzialmente la corrispondenza del singolo a un modello (essere identico a) che attestava che la persona era quello che diceva di essere – e sempre la stessa – non la somma dei caratteri unici di una persona.[11] Di questa realtà costruita sulle relazioni sociali e il riconoscimento locale della propria posizione, le autorità comunali ne registravano, per scritto, solo la parte emergente: quella necessaria per qualificare una persona come interna o esterna alla *civilitas*.

Questo è il quarto elemento di contesto: il sistema documentario pubblico come strumento di assegnazione dinamica di status civici. Nelle liste generali che, per motivi diversi, dovevano censire gli abitanti della città – estimi o liste militari – abbiamo i nomi delle persone che, in *quel momento*, rispondevano a uno o più criteri dell'appartenenza alla comunità politica cittadina. Sembra poco, ma era già molto, soprattutto in una fase di profonda trasformazione sociale e spaziale delle città italiane della seconda metà del Duecento. Il comune di Popolo si trovò infatti a maneggiare grandi numeri con pochissimi mezzi amministrativi e una scarsa capacità di controllo delle condizioni reali dei *cives*: delle migliaia di individui di recente immigrazione e spesso sconosciuti, era quasi impossibile verificare sempre la corrispondenza fra il nome e il corpo fisico della persona. Si procedeva per generalizzazioni empiriche. Si sperimentava e si fingeva che tutto fosse iscrivibile in un libro e che la realtà scritta corrispondesse a quella esterna (esiste solo ciò che si trova *in actis*); si pretendeva che i nomi corrispondessero alle persone, salvo contestazioni posteriori; capitava spesso infatti che gli ufficiali comunali assegnassero un nome errato alle persone o che queste richiedessero una rettifica della propria denominazione ufficiale nei registri pubblici. Questa relazione astratta (e largamente

considerazione su fama e publica vox *nell'Italia comunale*, in *Fama e* publica vox *nel medioevo*, a cura di Isa Lori Sanfilippo e Antonio Rigon, Roma, Istituto storico italiano per il medioevo, 2011, pp. 25-46.

11. Sulla necessità di "mantenere" la propria identità con pratiche di riaffermazione periodiche, si vedano, per l'età moderna, gli studi di Alessandro Buono, "*Tener persona": sur l'identité et l'identification dans les sociétés d'ancien régime*, in «Annales HSS», 75, 1 (2020), pp. 75-111; Id., *La manutenzione dell'identità. L'identificazione degli eredi legittimi nello Stato di Milano e nella Repubblica di Venezia (secoli XVII e XVIII*), in «Quaderni Storici», 148/1 (2015), pp. 231-266.

imperfetta) permetteva ai governanti di imbrigliare una popolazione sempre in movimento – e continuamente rinnovata – in un quadro stabile di elenchi di "nomi-persone" definiti una volta per tutte.

Su questa forzatura amministrativa – i nomi "sono" le persone a dispetto di identità individuali e sociali assai più fluide – si costruì un sistema documentario che non solo raccoglieva e conservava la memoria del pubblico – vale a dire dei rapporti fra individui e istituzioni – ma aveva il compito di definire il perimetro delle persone che potevano o non potevano/dovevano essere considerate *cives*. È necessario, quindi, recuperare un senso dinamico di documentazione e di archivio che, nell'età qui esaminata, non si riducevano solo a una funzione di tesaurizzazione della memoria pubblica o di controllo della popolazione urbana. Memoria istituzionale e controllo sono categorie moderne, naturalmente non estranee ai processi di scritturazione presenti nel mondo urbano medievale, ma non del tutto pertinenti a indicare la funzione effettiva dei sistemi documentari usati nei comuni di Popolo.

Ai governi cittadini servivano infatti strumenti documentari flessibili, aperti, in grado di seguire l'evoluzione e i cambiamenti di posizione degli individui censiti per scopi diversi, in primo luogo per delimitare gli appartenenti – o gli esclusi – dal consesso civico. Strumenti di governo, più che di controllo in senso poliziesco. Se la *civilitas* era il fascio di relazioni possibili fra individui e comunità, i documenti in registro del comune di Popolo ne attestavano la natura e soprattutto la durata: ogni azione da compiere aveva una durata che dipendeva in primo luogo dalle scelte dei singoli individui (per esempio pagare le tasse o non pagarle, essere iscritto a una corporazione, cambiare quartiere, commettere un reato) e quindi dalla capacità degli uffici comunali di registrare il cambiamento. Per questo, come vedremo, i libri amministrativi restavano a lungo aperti e i "nomi-persone" viaggiavano spesso da un registro all'altro secondo l'azione descritta nel libro, assumendo status civici via via differenti: iscritti all'estimo, immigrati in città, o evasori delle tasse, banditi, riammessi o esclusi dalle matricole ecc. L'insieme dei registri alimentava un flusso continuo di informazioni sulle persone inquadrabili come *cives* nel corso degli anni, indicando la loro posizione relativa in un determinato momento. L'archivio che ne risultava era una tela di ragno tessuta da tanti soggetti diversi, che si adattava alle fibrillazioni del sistema e alle strategie dei singoli. Nulla di più lontano, in quel frangente ovviamente, dalla funzione di "deposito-tesoro" della memoria dell'istituzione.

Davanti a questi elementi di contesto – enorme crescita della popolazione urbana, ampliamento della città, politiche di inquadramento del regime di Popolo della popolazione vecchia e nuova in strutture societarie riconoscibili, e messa in opera di un sistema documentario pubblico come strumento di classificazione della popolazione attiva sul piano economico e politico – ho ritenuto opportuno riformulare l'oggetto della ricerca in due direzioni: da un lato la natura stessa della *civilitas*, che non poteva essere ridotta in alcun modo a un modello statico di appartenenza; dall'altro il metodo per definirla, che doveva tener conto del legame pragmatico e mutevole della popolazione urbana con la città, sul piano politico e materiale. Per questo ho scelto, in prima battuta, una nozione ampia di *civilitas*, non limitata alla cittadinanza "data" ai forestieri immigrati. La questione dell'appartenenza civica affrontata dal Popolo del tardo Duecento era infatti notevolmente più ampia rispetto alle limitate politiche migratorie del periodo podestarile: si trattava di fornire un orizzonte comune di riconoscimento sociale e politico a *tutte* le persone residenti e di inserire i singoli soggetti in status civici convalidati dagli stessi abitanti oltre che dal comune.

L'oggetto del libro riguarda proprio la pluralità di forme assunte dai sistemi di qualificazione della *civilitas* nelle città del basso medioevo: o meglio gli strumenti tecnici e ideologici usati per gestire e manipolare i meccanismi amministrativi di selezione dell'appartenenza civica secondo regimi di cittadinanza via via differenti. È una prospettiva che privilegia la capacità delle istituzioni comunali di determinare il percorso di appartenenza dei singoli, ma che riflette, in maniera indiretta, le scelte e le strategie dei singoli interessati (o meno) a una determinata qualifica civica. Se le testimonianze scritte sono tutte di parte pubblica, esse sono anche il risultato di una capillare rete di micro-relazioni, spesso conflittuali, tra i soggetti-*cives* e le istituzioni comunali o tra persone appartenenti al medesimo contesto locale. Sotto forma di testimonianze o di contestazioni, questa trama di relazioni incrociate emerge ad ogni passo del processo di costruzione e di mantenimento dello status civico, che era (ed è) sempre un atto tendenzialmente collettivo.

La scelta delle fonti andava quindi ripensata, rispetto agli studi impostati solo sul tema migratorio. Se la *civilitas* interessava potenzialmente tutti i residenti in città, era inevitabile partire dalle fonti di base che permettevano al comune di censire e inquadrare *tutta* la popolazione attiva – come le liste di estimi, le matricole, i libri di bandi ecc. – e non solamente la componente mobile o di incerta identità locale. Tuttavia, questi documenti sono esaminati a partire dai momenti di tensione che mettevano alla prova quei censimenti iniziali. Contestazioni sulle qualifiche ricevute, richieste di revisioni di estimi e di status personali, accuse contro le irregolarità commesse dai propri nemici personali, fanno emergere con maggiore chiarezza sia la natura dei meccanismi di qualificazione degli individui usati dal comune sia la loro riformulazione dal basso, ad opera degli aspiranti *cives*. Infine, per indagare questa dimensione processuale della *civilitas*, ho adottato una partizione dei capitoli per «azioni», seguendo i passaggi fondamentali che la definizione di *civilitas* ha subito fra XIII e XV secolo.

Il primo capitolo, la *classificazione*, ricostruisce i passaggi iniziali dell'identificazione di un corpo civico separato dai "non *cives*", in un arco di tempo compreso fra il 1270 e il 1300. È in questa fase che si afferma la logica del sistema documentario come rete di informazioni sui singoli *cives* in costante aggiornamento: una sorta di specchio mobile delle modificazioni dello status civico dei residenti presenti nelle liste. La prima fondamentale divisione è fra *cives*, intesi come iscritti all'estimo urbano, e non *cives* iscritti negli estimi rurali o senza estimo. La creazione di queste due categorie giuridiche e documentarie rende conto del tentativo dei regimi di Popolo di separare con maggiore nettezza tipologie di residenti che erano ancora profondamente intrecciate nei decenni finali del Duecento: nati in città, inurbati da tempo, immigrati recenti, figli di immigrati e così via. Ne emerge un quadro inevitabilmente contrastato. Da un lato la spinta politica a separare due sfere di residenti con diritti differenziati in base alla condizione civica; dall'altro la difficile gestione dei casi misti o incerti, con frequenti passaggi di categoria, esenzioni, privilegi ma anche consapevoli iniziative di vendita della *civilitas* a facoltosi esponenti del mondo rurale da parte dei governi comunali nei momenti di bisogno economico. Un dato, quest'ultimo, che mette subito in chiaro la natura artefatta della nozione di "*civis* originario" fin dalla sua entrata nel lessico amministrativo del comune. In questo capitolo saranno esaminati, come esempio-guida per mettere in luce le tensioni del sistema, i processi con cui il comune di Bologna concedeva la cittadinanza e la reiscrizione all'estimo urbano a chi ne faceva richiesta perché ingiustamente considerato come fumante (cioè abitate del contado). Sono atti basati prevalentemente su carte estratte dai registri comunali di estimo, matricole o liste militari: segno evidente che la trascrizione dei propri "atti civici" era, a fine Due-inizio Trecento, una prassi fondamentale per chi voleva accedere allo status di cittadino. Di tutte queste operazioni, l'iscrizione all'estimo era quella più importante:

dichiarare i propri beni e ricevere una valutazione ufficiale della propria ricchezza erano azioni imprescindibili per essere censiti fra i *cives*. Il nesso tra accertamento patrimoniale e appartenenza civica era – e rimase – costitutivo della *civilitas* per buona parte del basso medioevo.

Al meccanismo di costruzione del valore negli estimi è dedicato il secondo capitolo, intitolato *Valutazione*. Anche in questo caso, ci si è basati su uno studio analitico di una fonte bolognese non ordinaria: le carte di attribuzione del valore di estimo del 1315, uno dei tanti massi erratici documentari capaci di illuminare la prassi burocratica di determinazione del valore dei beni negli estimi, in genere pochissimo visibile. La ricostruzione delle procedure di assegnazione della cifra di estimo mostra bene come il valore fosse inteso come valore (fiscale) della persona oltre che dei suoi beni. Si capisce meglio la dimensione politica dell'iscrizione all'estimo come lista di "appartenenti alla città" che dovevano essere vagliati secondo il contributo che potevano/dovevano dare. Era il primo passo di un percorso accidentato verso la condizione di *civis*, anche se non ne assicurava per niente la tenuta o la durata.

Il terzo capitolo, dedicato all'*Esclusione*, affronta infatti i diversi casi in cui era possibile togliere o diminuire lo status civico di una persona in seguito a un provvedimento punitivo. Si sono seguite due strade: i banditi politici da un lato e gli evasori fiscali dall'altro. Sono due forme di esclusione molto diverse: la prima era un'esclusione politica grave, con allontanamento dalla città e perdita dei diritti politici; la seconda si traduceva in una diminuzione dei diritti di protezione, parziale e a tempo, ma senza uscita dalla città. In entrambi i casi, quello che a noi interessa sono gli effetti della diminuzione dei diritti dei *cives* colpiti da questi provvedimenti. L'esclusione politica non produsse solo un sistema repressivo di allontanamento dei nemici, ma anche una capillare opera di attribuzione di status diversi con penalità graduate, caso per caso: banditi, confinati in luoghi diversi, semplici ammoniti che continuavano a risiedere in città. A Bologna come altrove, per altro, il quadro era complicato dalle frequenti operazioni di riammissione dei banditi che dopo aver giurato la parte guelfa, tornavano in città. Si formò così un'ampia "zona grigia" dove gli status giuridici si succedevano rapidamente e senza linee di frattura nette. Un caos che provocò, come vedremo, un ulteriore salto qualitativo dei sistemi di definizione delle condizioni personali.

L'evasione fiscale, testimoniata dai registri dei cosiddetti "malpaghi" – altra fonte relativamente poco nota, ma preziosa – restituiscono un'immagine ancora più sfumata degli "stati provvisori di esclusione", con migliaia di persone condannate per evasione e private del diritto di essere protette in tribunale (non potevano presentare accuse o difendersi nei processi): un altro modo di vivere nell'incertezza, come *cives* incompleti. La natura graduata e temporanea delle diverse forme di esclusione disegna un quadro mobile di status in bilico, non definiti una volta per tutte.

Non si trattava infatti di un sistema chiuso. Nella città comunale erano presenti numerosi canali per ridiscutere la propria condizione civica mediante proteste e petizioni presentate all'autorità. Questa vasta opera di contestazione e revisione delle categorie assegnate dal comune (per merito o per punizione) è esaminata nel quarto capitolo, dedicato alla *Negoziazione*. Lo studio è condotto su un insieme di documenti diversi, quasi tutti di natura processuale: dalla contestazione delle cifre di estimo, alle petizioni di revisione della propria qualifica sociale, che aveva portato all'esclusione dalle società di Popolo (perché nobile o ghibellino). Centinaia di microprocessi attestano questa capillare riformulazione del proprio status, volta a rimanere all'interno del circuito dei *cives* riconosciuti grazie alle prove documentali e testimoniali portate a favore della propria richiesta. Si tratta di un confronto tra organi comunali e *cives* ancora equilibrato, dove i testimoni di parte erano in grado di provare la condizione di fatto dei singoli, anche in contrasto con la qualifica registrata dalle autorità. Qualcosa cambia tra gli anni Novanta del Duecento e il primo decennio del Trecento, almeno nel caso bolognese, quando si avverte un sensibile irrigidimento dei criteri di assegnazione di status mediante decisioni amministrative autonome. Le liste erano sempre più autosufficienti e i processi si risolvevano in una semplice esposizione di estratti di elenchi che attestavano la presenza o meno di un nome in un determinato elenco. Il sistema sembra irrigidirsi intorno a strutture documentarie fisse, provviste di valore legale di prova.

Ma nessun sistema politico e istituzionale poteva tollerare una simile rigidità dei criteri di riconoscimento delle persone, soprattutto dopo la spaccatura del fronte guelfo fra Bianchi e Neri, negli anni iniziali del Trecento: un conflitto che generò una pericolosa sovrapposizione di condizioni diverse e contrarie, con uno scambio repentino di posizioni. Le stesse persone da popolari e guelfe venivano qualificate, seduta stante, come magnati e ghibelline e viceversa. È stata proprio questa confusione indotta a spingere i governi comunali verso una maggiore creatività ideologica e amministrativa, superando il rigido impianto delle liste e immaginando status stabiliti d'ufficio secondo le necessità del momento.

Nel quinto capitolo, *Selezione*, prenderemo in esame questa densa stagione di manipolazione artificiale degli status. È un capitolo centrale, in tutti i sensi: per cronologia e per problemi. Le tecniche sperimentate in questo torno di anni, diciamo la prima metà del Trecento, si rivelano cruciali non solo per la definizione (sempre mobile) di interi insiemi di residenti – classificati come interni o esterni al circuito civico secondo i momenti – ma anche per la costruzione giuridica e ideologica della *civilitas* nei decenni successivi. Tre sono i principali meccanismi analizzati: lo status artificiale creato per finzione (come se); l'estensione genealogica della condizione dei padri o degli antenati ai discendenti; l'invenzione dell'*origo* come mezzo per escludere gli immigrati recenti. A questo è stato aggiunto un esame, più sintetico, dell'attribuzione della cittadinanza per decreto o per privilegio a forestieri selezionati.

Visti insieme, questi strumenti tecnici si rivelano parti di un lessico ideologico che permetteva di scomporre e ricomporre la *civilitas* secondo schemi di potere diversi: popolari che diventano magnati e viceversa nelle lotte interne al mondo guelfo diviso; discendenti di antichi ghibellini, divenuti guelfi, che ereditano la condizione degli antenati a decenni di distanza, durante le lotte per gli uffici di fine Trecento; figli di immigrati che ri-diventano contadini nei frequenti provvedimenti anti-migratori nel corso del XIV secolo; cittadini di origini incerte, che per escludere quote sempre più grandi della popolazione urbana recente, si autodefiniscono "originari et veri cives". Ogni volta che si trattava di selezionare e circoscrivere il corpo dei veri *cives*, uno o più di questi criteri veniva attivato con generosità da quasi tutti i governi tardo comunali in carica. È chiaro che questi provvedimenti dipendevano dai singoli, complicatissimi, contesti urbani locali e anche da assetti sociodemografici propri di ciascuna città, impossibili da seguire uno per uno. Dobbiamo allora semplificare la domanda: esiste un filo rosso di queste continue manipolazioni della qualifica civica delle persone? Una traccia da seguire esiste: la gara per gli "uffici" – che già Dino Compagni aveva posto al centro dei violenti conflitti di parte di fine Duecento a Firenze – si presenta come il polo magnetico di tutte le norme che frenano, escludono, selezionano la cittadinanza in insiemi diversi. Vale a dire che le norme sulla natura e l'attribuzione della *civilitas* (a chi concederla, per quanto tempo, e a quali condizioni) sono pensate ed entrano in funzione soprattutto quando si tratta di decidere chi e come poteva accedere agli uffici pubblici e alle magistrature di vertice. Come se l'appartenenza diventasse un problema quando si trattava di decidere le sfere di partecipazione possibili.

La *civilitas* fu in effetti scomposta in settori di intervento differenziati – da un lato abitare, pagare le tasse, iscriversi alle società di arti, dall'altro essere eletti nei consigli o agli uffici pubblici – e suddivisa in campi di azione non più collegati: si poteva essere cittadini senza per questo partecipare alle istituzioni. Anche la concessione della cittadinanza ai forestieri e ai nuovi immigrati contribuiva a questa scomposizione. Proprio nel momento in cui concedeva una cittadinanza artificiale – simile, ma non *identica* a quella vera – si suddivideva l'insieme di diritti connessi in sfere differenziate: si poteva abitare, commerciare, lavorare in città "come gli altri", senza accedere alle istituzioni di governo, riservate agli originari. Un meccanismo di esclusione che, nel corso del XV secolo, portò alla creazione di molteplici regimi di cittadinanze, ordinati in una scala gerarchica secondo gli uffici a cui era possibile accedere.

Le linee di fondo di questo sviluppo sono state ricostruite in un capitolo finale, il sesto, dedicato alla *Moltiplicazione dei livelli di civilitas*, in cui si prendono in esame forme e contenuti del processo separazione fra appartenenza alla città, aperta a tutti i residenti con alcuni diritti di base, e partecipazione politica, riservata ai "veri" cittadini. È un processo troppo ampio per essere ricostruito analiticamente, ed è bene segnalare subito il carattere limitato e cursorio della selezione delle fonti esaminate: si tratta solo di individuare i caratteri comuni del linguaggio normativo tardomedievale relativo alla cittadinanza, senza un approccio diretto alle fonti amministrative che misero in pratica questa selezione/scomposizione dei livelli di *civilitas*.

Il sondaggio, benché parziale, ha indicato una direzione abbastanza chiara. Anzi due. Da un lato, tutte le norme che disciplinavano l'accesso agli uffici prevedevano un inquadramento dei cittadini secondo livelli di partecipazione differenziati: la qualifica dei *cives* dipendeva dagli uffici che potevano ricoprire. Dall'altro, anche se la cittadinanza, come insieme di relazioni fra il singolo e la collettività, non si limitava mai alla sola assunzione di uffici pubblici, è evidente che, nella maggior parte delle città italiane del basso medioevo, la partecipazione politica fu usata per individuare un livello superiore di diritti politici riservati a una quota limitata di iper-cittadini. In altre parole, si era *civis* sia in base a quello che le persone *facevano* (abitare, esercitare un mestiere, essere iscritto nelle liste, pagare le tasse) sia in base a quello che *potevano* fare secondo i criteri richiesti per assumere uffici pubblici o partecipare alle istituzioni. La domanda finale, a questo punto, riguarda il destino della *civilitas* in un contesto così polarizzato: era possibile mantenere ancora un significato generale, e anche latamente unitario, del termine *civis*? Oppure le differenze imposte dalla partecipazione erano così profonde da provocare un cambiamento di senso della medesima qualifica di *civis*?

Due avvertenze finali. La prima riguarda un'esclusione sofferta ma inevitabile, visti i limiti della (mia) ricerca: le forme della cittadinanza femminile, "nascoste ma in bella vista" così come messe in luce, tra gli altri, da Julius Kirshner.[12] Queste forme sono numerose e costitutive del corpo civico urbano, anche al di là delle pratiche matrimoniali e dei beni dotali che occupavano una parte rilevantissima degli scambi economici urbani. Ne ho avuto conferma schedando le fonti generali relative all'appartenenza (negli estimi soprattutto) ma anche le numerose cause giudiziarie che coinvolgevano i *cives* in momenti di emergenza: nei processi per cittadinanza, nelle cause per difendere i beni sequestrati ai banditi, nelle suppliche presentate ai signori trecenteschi, la trama sociale della popolazione urbana è quasi sempre a doppio filo, intreccia presenze maschili e femminili di continuo, anche se in apparenza il risultato sembra prevalentemente influenzato dalla componente maschile.[13] È un universo per alcuni aspetti molto conosciuto – soprattutto per la questione dei beni dotali, onnipresenti nell'economia urbana[14]– ma ancora incerto nei contorni gene-

12. Julius Kirshner, *Nascoste in bella vista: donne cittadine nell'Italia tardo-medievale*, in *Cittadinanze medievali*, che naturalmente riprende una lunga tradizione di ricerche sulle forme di presenza, patrimoniale soprattutto, che conferiva ai soggetti femminili una qualità civica riconosciuta.

13. È un filone di ricerca che cercherò di proseguire nel prossimo futuro, almeno per quanto riguarda l'archivio di Bologna che offre moltissime possibilità di verifica sul campo. Posso rimandare a due sondaggi a mio avviso importanti: le suppliche, dove la presenza femminile è preponderante, Massimo Vallerani, *La pauvreté et la citoyenneté dans les suppliques du 14e siècle*, in «L'Atelier du Centre de Recherches Historiques» (2015), https://journals.openedition.org/acrh/6547; e i processi intorno ai beni dei banditi, dove ancora una volta il protagonismo in prima persona delle donne nella difesa dei beni "di famiglia" indica una via di indagine assai promettente, Id. *Jurists and Politics in Late Thirteenth-Century Bologna:* Consilia *on the Property of* Banniti, di prossima pubblicazione negli studi in onore di Thomas Kuhen, a cura di William Caferro e Robert Fredona.

14. Da vedere su questa linea, per limitarsi ad alcuni studi maggiori, Thomas Kuhen, *Family and Gender in Renaissance Italy 1300-1600*, Cambridge University Press, Cambridge 2017; Isabelle Chabot, *La dette de familles. Femmes, lignages, patrimoines à Florence aux XIVe et XVe siècles*, École Française de Rome, Roma, 2011; Anna Bellavitis, *Identité, mariage, mobilité sociale: citoyennes et citoyens à Venise au XVIe siècle*, Roma, Publications de l'École Française de Rome, 2012; *La justice des familles: autour de la*

rali. Certo, si sa che le donne avevano un ruolo economico rilevantissimo nelle società urbane, spesso riconosciuto anche dalle istituzioni pubbliche; ma è vero che l'emergere di questo ruolo è legato prevalentemente alla presenza di un interesse patrimoniale diretto dei soggetti femminili coinvolti: perché destinatarie o gestrici di doti o di eredità maritali o paterne; o in veste di rappresentanti legali di beni familiari da difendere in tribunale o ancora come postulanti di suppliche per chiedere la protezione nei casi processuali. Molto spesso, proprio questa dimensione di intestatarie di diritti sulle cose le rendeva visibili agli apparati pubblici urbani. È una condizione iniziale – e in parte anche una distorsione – da tenere presente quando si analizzano le fonti bassomedievali alla ricerca delle forme di cittadinanza femminile.

Ma è anche un'indicazione preziosa per reimpostare il tema generale dell'appartenenza alla città: vale a dire, prendere in considerazione il peso che esercita il rapporto con le cose sulle forme di appartenenza concrete ai contesti locali. Il legame con le cose, sotto forma di possesso, tutela o responsabilità, era un fattore potentissimo di riconoscimento delle persone (uomini e donne) come soggetti attivi in ambito locale: soggetti legittimati dalla loro stessa capacità di agire sulle cose e di mantenere le cose entro un determinato ambito comunitario. Indagare anche per l'età medievale i contorni di questa "città delle cose", come una importante ricerca collettiva ha definito recentemente la cittadinanza,[15] consentirebbe non solo di reintrodurre in maniera più contestualizzata le soggettività femminili nel discorso sulla cittadinanza, ma di ricostruire una dimensione più profonda e radicata dell'appartenenza locale. Due obiettivi, in questo libro non ancora affrontati, che indicano le prossime tappe della ricerca.

Il secondo avviso riguarda invece il parziale riutilizzo di alcuni miei studi precedenti: sono partito da una serie di ricerche sulla natura patrimoniale del legame fra residenti e città, con le quali ho scandagliato il funzionamento del sistema fiscale urbano, le modalità di costruzione del valore (dei beni) dei *cives*, le dinamiche di inclusione/esclusione in atto

transmission des biens, des savoirs et des pouvoirs: Europe, Nouveau Monde, XIIe-XIXe siècles, a cura di Anna Bellavitis e Isabelle Chabot, Roma, Publications de l'École Française de Rome, 2012. Più di recente offre spunti interessanti il panorama in *Donne e povertà nell'Europa mediterranea medievale*, a cura di Laurent Feller, Paolo Grillo e Maddalena Moglia, Viella, Roma, 2021.

15. *La cité des choses. Une nouvelle histoire de la citoyenneté*, a cura di Simona Cerutti, Thomas Glesener e Isabelle Grangaud, Toulouse, Anacharsis, 2024.

nelle città italiane del basso medioevo, usando di preferenza la documentazione di Bologna.[16] La base di appoggio offerta dalla documentazione bolognese sorregge ancora questo libro, soprattutto in due capitoli,[17] mentre la struttura della ricerca è stata ripensata profondamente rispetto agli studi precedenti.

Infine, i ringraziamenti. Ringrazio, in primo luogo, per la vicinanza e i consigli Sara Menzinger e Giuliano Milani con i quali ho condiviso un lungo seminario sulle forme di appartenenza nelle società medievali e tanti anni di ricerche comuni. Spero perdoneranno il rapporto ormai inconsapevolmente vampiresco che ho da tempo con i loro lavori e le loro idee. Hanno letto il testo, cercando di mettermi in guardia da errori e punti deboli, Isabella Lazzarini, Michele Spanò, Lorenzo Tanzini, Giacomo Todeschini. Li ringrazio per i loro generosi consigli.

16. Rimando a Massimo Vallerani, *Diritti di cittadinanza nelle* quaestiones *giuridiche duecentesche (II), Limiti dell'appartenenza e forme di esclusione*, in «Mélanges de l'École Française de Rome-Moyen Âge», 125-2 (2013), online; e Id., *La cittadinanza pragmatica* in *Cittadinanze medievali.* Una messa a punto più recente che riprende, in breve, la struttura del libro è in *Cittadinanza e diritti nelle città italiane del basso medioevo: dalla classificazione alla selezione*, di prossima pubblicazione in *Migrazioni, forme di inte(g)razione, cittadinanze nell'Italia del tardo medioevo*, Atti del XVII Convegno del Centro studi sul tardo medioevo, San Miniato (21-23 ottobre 2021).

17. Nel capitolo 3, seconda parte, ho riutilizzato parzialmente Massimo Vallerani, *Fiscalità e limiti dell'appartenenza alla città in età comunale Bologna fra Due e Trecento*, in «Quaderni storici », 147, 49 (2014), pp. 709-742; nel capitolo 2 invece ho ripreso gran parte del saggio *Il valore dei cives. La definizione del valore negli estimi bolognesi del XIV secolo*, in *Valore delle cose e valore delle persone dall'antichità all'età moderna*, a cura di Massimo Vallerani, Roma, Viella, 2019, pp. 241-270. Alcune parti di *Cittadinanza pragmatica* sono presenti nei capitoli 1 e 5.

1. Classificazione. La definizione degli status di appartenenza

È un dato comunemente accettato che la *civilitas* in età medievale non era una condizione stabilita una volta per tutte: non si ha mai, nel mondo medievale, una qualche forma di attribuzione di un'identità giuridica in forma definitiva a singoli soggetti.[1] È vero il contrario: l'essere *civis* era un atto di riconoscimento che si concretizzava solo attraverso un percorso di azioni e comportamenti che gli aspiranti *cives* dovevano compiere e l'autorità doveva disciplinare e in caso, convalidare. Questo spiega perché nelle fonti amministrative e normative si parli di *civilitas* non in termini assoluti e astratti, ma solo in occasioni segnate da una qualche urgenza di definire lo status delle persone. Sono due i momenti principali nei quali l'appartenenza alla città veniva disciplinata con maggiore chiarezza.

Il primo riguarda l'*iscrizione* delle persone residenti in città nelle liste che attestano il contributo di ciascuno alla vita collettiva: gli estimi cittadini e le liste delle collette (imposte dirette) come prova del contributo economico del singolo alle necessità pubbliche; le liste militari per attestare il contributo personale alla difesa della città; le matricole delle Arti e quelle delle società territoriali di armi (difesa armata delle società) come ulteriore segno di integrazione nelle strutture produttive e sociali della città. "Essere nelle liste" si conferma un atto primario per accedere al riconoscimen-

1. Pietro Costa, *Civitas. Storia della cittadinanza in Europa*, 1. *Dalla civiltà comunale al Settecento*, Bari, Laterza, 1999, p. 13: «se cittadinanza indica un legame di appartenenza di un individuo alla comunità politica ma le forme di realizzazione di questa sono molteplici, non è più tanto chiaro a che cosa esattamente si appartenga». Si veda anche la visione al plurale di Mario Ascheri, *La cittadinanza o le cittadinanze nella città medievale italiana?* in *Roma e il papato nel Medioevo: studi in onore di Massimo Miglio*, a cura di Anna Modigliani, Roma, Edizioni di Storia e Letteratura, 2012, pp. 175-183.

to di diritti di protezione da parte della città.[2] Senza questo inserimento preventivo, una persona non solo non aveva elementi formali per essere riconosciuta come *civis*, ma poteva anche essere esclusa, di fatto, dalla protezione giuridica del comune. Vale a dire che la condizione di cittadino era intesa in primo luogo come un rapporto di *prestazione-protezione*: pagare (le imposte) per appartenere alla città e per essere protetti nella persona e nei beni.[3] La protezione era una dimensione materiale molto presente in tutte le forme di appartenenza comunitarie, che aveva assunto nelle realtà urbane medievali una funzione essenziale nella definizione della *civilitas*.

Il secondo momento concerne, invece, i criteri per l'accesso agli uffici e alle cariche pubbliche, soprattutto ai consigli larghi e ristretti della città e agli incarichi pubblici di rappresentanza o di controllo (massaro, ambasciatore, procuratore o sindaco del comune) – e l'iscrizione nelle matricole delle corporazioni. In questi casi, più che i criteri integrativi (pagare per appartenere) prevalevano quelli "distintivi", che selezionavano le persone secondo alcuni parametri: avere un reddito superiore a una certa cifra, non essere forestiero o essere originario della città da più di 5 o 10 anni, essere fedele alla *pars* al potere. A volte questi criteri si sommavamo, riservando l'accesso alle istituzioni solo ai cittadini di antica origine e di reddito medio-alto.

Si delineano, in altre parole, due ambiti diversi della cittadinanza: da un lato, le forme di *appartenenza* che definivano una persona come un membro riconosciuto destinatario di diritti di protezione in cambio dell'assolvimento di doveri verso la collettività; e dall'altro, le forme di *partecipazione* che isolavano una parte dei residenti come soggetti di diritti politici di accesso alle istituzioni. Sono due facce della *civilitas* che, nel corso del Duecento, tendeva a presentarsi come una definizione pragmatica dei diritti connessi alla vita urbana: abitare, pagare le tasse, militare nell'esercito e poi, per una quota limitata ma ancora aperta, anche essere eletti ai consigli, iscriversi alle matricole, occupare le cariche direttive del regime popolare.

In questa prima parte prenderemo in esame il primo elemento dei due che compongono la *civilitas*, vale a dire i principali sistemi di appartenenza di base alla *civitas* dei residenti riconosciuti come *cives*. Solo in un secon-

2. Massimo Vallerani, *Diritti di cittadinanza nelle quaestiones giuridiche duecentesche (II). Limiti dell'appartenenza e forme di esclusione*, in «Mélanges de l'École Française de Rome-Moyen Âge», 125-2 (2013), online.

3. Sara Menzinger, *Pagare per appartenere. Sfere di interscambio tra fiscalità ecclesiastica e laica in Francia meridionale e nell'Italia comunale (XII secolo)*, in «Quaderni storici», 147, 49 (2014), pp. 673-708.

do momento, vedremo come questa base di potenziali "iscritti" alla città si doveva adattare ai sistemi di partecipazione seguendo percorsi diversi, spesso obbligati, secondo una selezione il più delle volte arbitraria.

1. *Il sistema della classificazione: liste di inclusione e liste discriminanti*

Il dato che emerge con maggiore evidenza nell'analizzare le forme di classificazione nelle società comunali del Duecento e del Trecento, è la varietà dei sistemi usati per censire, contare e discriminare la popolazione cittadina. Una struttura sociale complessa e un sistema politico che prevedeva forme di appartenenza plurime hanno reso necessaria l'elaborazione di un pervasivo apparato amministrativo-documentario di qualificazione e identificazione delle persone. Parliamo naturalmente del Duecento maturo, degli anni compresi fra il 1250 e il 1300, e di città governate da regimi di Popolo, formati dall'unione delle società delle Arti (corporazioni di mestiere) e delle Armi (società territoriali di natura militare). Sono governi ormai fortemente ideologizzati, che si basano sulla separazione della cittadinanza in insiemi discreti, secondo aspetti diversi della vita pubblica: residenza, lavoro, valore dei patrimoni, partecipazione all'esercito, fedeltà politica e quindi possibilità di portare le armi.

Le principali divisioni interne fra macro-insiemi di *cives* riguardano tre ambiti principali: in primo luogo, la distinzione topografica fra gli abitanti della città e quelli del contado (*cives/forenses* o *cives*/comitatini); poi la distinzione, sociale e politica allo stesso tempo, fra *Populares* (intesi come iscritti alle matricole delle Arti e delle Armi) e magnati/*nobiles*/*milites*, con una posizione di privilegio assegnata ai membri del Popolo; e quindi l'affiliazione partitica, quando erano sufficientemente definite le *partes* su base familiare o di schieramento politico (Guelfi/Ghibellini).

Naturalmente si trovano anche distinzioni sociali più generali, come quella fra *cives* di buona fama e gli infami/sconosciuti o persone di "poco conto", ma queste dipendono da criteri che attengono più a un ordine di valori sociali correnti che a un sistema di classificazione istituzionalizzato, che è invece il tema che qui ci interessa direttamente.[4]

4. Si tratta ugualmente di distinzioni molto presenti nella vita pubblica delle persone, che prevedeva una costante opera di "qualificazione" delle persone in base a una disamina dei caratteri esterni; si veda Todeschini, *Visibilmente crudeli*.

Questa complessa segmentazione politica della società urbana impose, fin dai primi decenni del Duecento, un'elaborazione altrettanto complessa di un sistema documentario che permettesse una continua classificazione delle persone; un sistema basato essenzialmente sui registri in forma di lista, adottati da tutti i comuni in forme massicce a partire dalla seconda metà del XIII secolo.[5] Ai cittadini fu assegnata una sorta di "identità documentaria" artificiale sovrapposta a quella reale: o meglio, quella reale dipendeva dallo status attribuito alla persona nei registri pubblici. Un'identità stabilita in via amministrativa, dunque, ma con pesanti conseguenze sulla vita delle persone e sui livelli di disuguaglianza interni alla società urbana: se una persona, come vedremo, era inserita negli estimi dei contadini, "era" un rustico, fino a prova contraria mentre era *civis* chi era negli estimi della città.

L'oggetto di questo capitolo è proprio il rapporto fra l'inquadramento amministrativo delle condizioni individuali e le persone inserite in un sistema di qualificazioni imposto dal comune: come funzionava, in concreto, il sistema di classificazione delle liste, a quali logiche rispondeva e come reagivano le persone interessate.

5. Seminale è il capitolo di Jack Goody, *La lista*, in Id., *L'addomesticamento del pensiero selvaggio*, Milano, Franco Angeli, 1981. Sulle liste in ambito cittadino per l'Italia bisogna ricorrere al saggio di Giuliano Milani, *Il governo delle liste nel comune di Bologna. Premesse e genesi di un libro di proscrizione duecentesco*, in «Rivista storica italiana», CVIII (1996), pp. 149-229; Massimo Vallerani, *Logica della documentazione e logica dell'istituzione. Per una rilettura dei documenti in forma di lista nei comuni italiani della prima metà del XIII secolo*, in *Notariato e medievistica. Per i cento anni di Studi e ricerche di diplomatica comunale di Pietro Torelli*, (atti delle giornate di studi, Mantova 2-3 dicembre 2013) a cura di Isabella Lazzarini e Giuseppe Gardoni, Roma, Istituto storico italiano per il medioevo, 2013, pp. 109-145. Il tema è stato di recente dalla storiografia francese, si vedano soprattutto i due convegni. *Le pouvoir des listes au Moyen Âge*, vol. 1, *Écritures de la liste*, a cura di Claire Angotti, Paris, Éditions de la Sorbonne, 2019, in particolare il vol. 2, *Listes d'objets et de personnes*, a cura di Etienne Anheim, Pierre Chastang, Laurent Feller, Madeleine Jeay e Giuliano Milani, Paris, Éditions de la Sorbonne, 2020. Gli studi sulle liste vanno inquadrati in un più generale interesse per il ruolo della scrittura nei sistemi di governo medievale, oltre ai classici Michael Clanchy, *From Memory to Written Record. England, 1066-1307*, London, Edward Arnold, 1979; Paolo Cammarosano, *Italia medievale. Struttura e geografia delle fonti scritte*, Roma, Carocci, 1991, si vedano le ricerche recenti di Olivier Guyotjeannin, Yann Potin, *La fabrique de la perpétuité. Le trésor des Chartes et les archives du royaume (XIIIe-XIXe siècle)*, in «Revue de Synthèse», 2004, pp. 15-44; Benoit-Michel Tock, *Recours à l'écrit, autorité du document, constitution d'archives en Occident*, in *L'autorité de l'écrit au Moyen Âge (Orient-Occident)*, XXXIXe Congrès de la SHMESP (Le Caire, 30 avril-5 mai 2008), Paris, Éditions de la Sorbonne, 2009, pp. 379-384; *Administrer par l'écrit au Moyen-Âge (XIIe-XVe siècle)*, a cura di Harmony Dewez e Lucie Tryoen, Paris, Éditions de la Sorbonne, 2019.

Il sistema delle liste è stato ampiamente studiato in questi ultimi anni. Si è visto come il conteggio delle persone e la classificazione per elenchi fossero adottati da numerosi poteri pubblici, municipali e regi, nel corso del XIII- XIV secolo. La lista è stata esaminata, in primo luogo, come uno strumento amministrativo che usava una forma semplice, l'elenco, per operazioni complicate: ora per dividere e separare insiemi di persone pericolose – come i banditi e gli esclusi – ora per contare alleati o elencare membri di istituzioni rappresentative, come i vassalli o i membri delle corporazioni e dei consigli cittadini. La lista era dunque uno strumento utile, e forse necessario, a dividere la popolazione in insiemi discreti.

Il meccanismo di base era l'iscrizione del nome della singola persona in un registro, un atto che trasformava il soggetto fisico nella sua proiezione documentaria e amministrativa: esisteva un nome in un elenco e su quel nome scritto si disponevano operazioni diverse con effetti nella vita reale della persona. In linea generale, possiamo dividere il panorama documentario del comune in due categorie maggiori. In primo luogo, liste (o libri in forma di lista) che delimitano, in positivo, il corpo politico della città, vale a dire l'insieme dei *cives*:

- *Estimi* urbani e del contado: registrazione dei nomi dei residenti in città e nelle comunità del contado tassabili, del valore attribuito alla ricchezza complessiva delle persone.
- le *Matricole* delle Società territoriali o di armi: residenti suddivisi per parrocchie o per turni di guardia delle mura.
- *Matricole* delle Società delle Arti: elenchi di persone radunati secondo il mestiere.
- liste dei membri dei consigli e liste di eleggibili, con i nomi delle persone che sono state elette, o possono essere elette, nei vari consigli cittadini.

E la serie di liste "negative" che certificano invece l'esclusione, parziale o totale, di alcuni cittadini da questi macro-insiemi:

- libri di banditi per maleficio (*Libri bannitorum maleficiorum*), residenti in città ma temporaneamente esclusi dalla protezione del comune (e dunque offendibili: in caso di aggressione non potevano ricevere giustizia dal tribunale cittadino)
- libri di banditi politici, esclusi dagli uffici, privati dei beni immobili e in alcuni casi espulsi dalla città;

- registri di *evasori* delle tasse e di non iscritti all'estimo (*Libri malpagorum*) anch'essi temporaneamente esclusi dalla protezione della giustizia pubblica.

Più rari, ma attestati in alcuni casi, furono i tentativi di includere l'intera cittadinanza attiva in "libri generali" redatti dal comune. Un caso eccezionale si ha a Modena nel 1306, dopo la cacciata del marchese d'Este. Il nuovo comune, come atto d rifondazione civile, dispose la redazione di due grandi libri in cui dovevano rientrare tutti i *cives*: il *Liber Magne Masse Populi* per i popolari e un *Liber nobilium et potentum* che raggruppava, appunto, i nobili esclusi dalle società di Popolo. Si tratta di un tentativo di ricreare *ex novo* di una nuova popolazione urbana per via documentaria, in una dimensione quasi profetica di costruzione di una società unita e pacificata sotto il nuovo regime: «e camminino insieme la rapacità dei lupi e la mansuetudine degli agnelli», secondo la visione biblica del mondo redento tramandata dal profeta Isaia e molto usata nei documenti politici del comune di Popolo.[6] La dimensione ideologica non cancella però il dato tecnico: la *conscriptio* del *populus* nel libro "istituisce" la *societas* come ente politico attivo in una medesima sequenza di azioni: «[si rediga un libro] in cui tutto il popolo della città, dei borghi e del suburbio di Modena sia iscritto, di modo che ci sia l'unione, l'iscrizione e la vera società di tutto il popolo di Modena».[7]

Lo stesso vale per i vari elenchi negativi, su cui torneremo, che avevano come scopo primario proprio quello di dare vita a un soggetto politico nuovo – e per certi versi imprendibile – come erano i "magnati", i "grandi", i "nobili". Solo una volta redatti gli elenchi, il comune di Popolo poteva finalmente dare un volto e un nome ai nemici del comune e disporre i provvedimenti di censimento, esclusione o integrazione controllata dei suoi membri.

6. Cfr. Massimo Giansante, *Retorica e politica nel Duecento. I notai bolognesi e l'ideologia comunale*, Roma, Istituto storico italiano per il medioevo, 1999.

7. Si veda Valeria Braidi, *I Modenesi nel Trecento. Il "Liber magne masse populi civitatis Mutine"*, Modena, Archivio storico comune di Modena, 2004; per le disposizioni statutarie del 1306 cfr. *Respublica Mutinensis (1306-1307)*, a cura di Emilio Paolo Vicini, Milano, Hoepli, 1929-32, p. 41. Il proemio della rubrica che istituisce i registri riprende il noto tema dei lupi e degli agnelli: per conservare lo *status pacificus* «et ut luporum rapacitas et agni mansuetudo ambulent pari passu et sit contentus quilibet iure suo» siano redatti due libri: il primo con i nobili e potenti, il secondo «in quo universus populus civitatis et burgorum et suburbium civitatis Mutine sit conscriptus, ita quod sit et fiat unio et conscriptio et vera societas totius populi mutinensis».

Il sistema delle liste, tuttavia, non si esauriva solo nella dimensione governativa del controllo. Esisteva una fase precedente, in cui era necessario definire i criteri in base ai quali selezionare e organizzare i dati da inserire sul registro. In altre parole, la lista esprimeva già, nel momento stesso in cui era preparata, un programma, un'idea di governo, un intento politico che doveva essere realizzato in quella determinata forma. Dobbiamo domandarci qual'era la logica sottesa alla redazione delle diverse liste in età comunale e quali meccanismi metteva in moto.

Il carattere politico del sistema documentario comunale appare sotto una luce più chiara se indaghiamo le liste non solo nella loro funzione formale (registri di inclusione o di esclusione), ma in base al *tipo di azione* che attestavano o che dovevano, in qualche modo, documentare. La divisione in insiemi discreti delle persone rispondeva infatti a un inquadramento degli individui in base alle azioni compiute dalle persone nei diversi settori della vita collettiva controllati dal comune. In altre parole, le serie di elenchi prima citati, riflettono la qualità dei rapporti dei *cives* verso le istituzioni pubbliche, ne misurano il grado di adesione e di inserimento nella vita pubblica.

Gli estimi misuravano certamente il valore dei beni dei contribuenti, ma allo stesso tempo attestavano non solo la necessità, ma in una certa misura anche la volontà dei *cives* di iscrivere i propri beni nei registri pubblici e di accettare, almeno in teoria, di contribuire alle spese comuni. Di più, gli estimi rendevano visibile anche la qualità patrimoniale della "presenza civica" delle persone: non solo se avevano immobili, ma se erano anche in grado di creare delle linee di discendenza, trasmettere ai figli una base materiale sufficiente, in altre parole, se il patrimonio garantiva una stabilità residenziale durevole e trasmissibile agli eredi. Essere iscritti all'estimo rifletteva, in tal senso, un'esplicita manifestazione dell'*intentio* di essere cittadino "nel tempo", in maniera stabile e credibile: per questo gli estimi coincidevano, in quasi tutti comuni, con le liste di *cives* riconosciuti, o almeno delle persone che potevano reclamare la loro appartenenza alla città in caso di necessità. Simile, in parte, era la funzione delle liste militari (a Bologna si chiamano le *Venticinquine*) che contenevano i nomi dei residenti in città attivi militarmente, con una revisione periodica a cura degli ufficiali della parrocchia o della vicinia. Nel pieno Duecento, queste liste divennero il grande libro dei residenti su base topografica, attestando la prima forma basilare della cittadinanza: nelle fonti si dice «fare *habitaculum*», avere un'abitazione fissa in città (e non nel contado), ed essere censiti come membri in una struttura urbana di base.

Le Matricole delle Arti registravano invece i membri delle corporazioni di mestiere e attestavano due elementi importanti: le persone iscritte svolgevano un mestiere riconosciuto – quindi presumibilmente vivevano «del proprio lavoro» – e un organismo istituzionale, la corporazione, ne aveva accertato l'idoneità sociale ed economica a svolgere un mestiere pubblicamente; un passaggio fondamentale in un momento in cui il lavoro stava diventando un elemento importante dell'identità delle persone e "vivere della fatica delle proprie mani" era una garanzia di buon comportamento dei *cives*, usatissima in tribunale come argomento di difesa. E così ancora le liste delle Matricole delle armi (armati del Popolo) registravano il contributo alla difesa della città e delle società di Popolo, identificando l'insieme dei *cives* fedeli incaricati di difenderle con le armi.

Allo stesso tempo, le liste negative attestavano comportamenti o situazioni relativamente dannose per il comune e gli interessi collettivi. Lo erano, per antonomasia, i bandi per maleficio e per debito. In entrambi i casi il bando sanzionava un'assenza, non il reato in sé: si puniva il "disprezzo degli ordini della corte" e il rifiuto di sottostare al giudizio del tribunale cittadino. Un rifiuto che poneva la persona automaticamente fuori dalla sfera dei cittadini protetti dal comune, anche se in alcuni casi erano rimasti in città.[8]

I libri di nemici politici (banditi e confinati) colpivano, invece, un'altra specie di inadempienza: si trattava di persone nemiche del regime in carica e dunque pericolose perché sospette e potenzialmente in grado di attaccare il regime. Per questo venivano fisicamente allontanati dalla città anche se in forme graduate e differenziate secondo la pericolosità dei singoli soggetti. Per altro, non serviva che i banditi avessero realmente partecipato ai disordini: il legame di parentela, l'affinità ideologica, la prossimità di residenza o la comunanza di lavoro – a volte la semplice dipendenza economica da persone della fazione opposta a quella al

8. Su questo periodo della storia di Bologna del XIII secolo si veda Giuliano Milani, *L'esclusione dal comune. Conflitti e bandi politici a Bologna e in altre città italiane tra XII e XIV secolo*, Roma, Istituto storico italiano per il medioevo, 2003, che sarà il testo di riferimento per la gestione dei banditi nell'ultimo quarto del Duecento; Sarah Rubin Blanshei, *Politica e giustizia a Bologna nel tardo medioevo*, Roma, Viella, 2016.

governo – erano elementi sufficienti a rendere una persona sospetta e dunque da escludere dalla partecipazione politica, dagli uffici e a volte dalla città.

In sintesi, ogni lista contiene una selezione in base alla tipologia di azione attestata.

Azioni positive:
Estimi: il contributo dei singoli alla comunità
Matricole delle arti: la posizione lavorativa garantita dalla corporazione
Liste militari: obblighi verso la difesa della città
Azioni negative:
Bandi politici: non adesione ideologica al comune
Liste di banditi: disobbedienza agli ordini delle corti

Il perno logico e ideologico del sistema delle liste era proprio questo elemento politico: le condizioni personali non erano quasi mai definite in base a caratteristiche proprie della persona, ma in ragione delle *relazioni* che i singoli individui avevano con le istituzioni: da come si comportavano e dal grado di obbedienza e di fedeltà che dimostravano, anche solo nell'accettare di essere scritti dentro un libro. Libri che, nonostante le proiezioni ideologiche dei loro redattori verso uno "stato pacifico di pace perpetua", restavano aperti e soggetti a una revisione continua.

2. *Gradazioni di status e sistema documentario*

La cittadinanza riconosciuta era un organismo vivente, che andava seguito in tutte le sue variazioni quotidiane. Tutto il sistema documentario del comune funziona infatti come un grande meccanismo di discriminazione continua che crea insiemi di persone sempre flessibili e in trasformazione. Le diverse classificazioni potevano essere revocate, modificate e negoziate, secondo una scala graduata all'interno della stessa tipologia di classificazione. Si creavano così barriere mobili che delimitavano insiemi definiti, ma aperti e suscettibili di cambiamenti.

Prendiamo gli estimi. La classificazione-base prevedeva una lista di nomi di *cives* con il valore complessivo dei beni attribuito dall'ufficio; ma spesso troviamo note interlineari sui beni venduti, o sui membri della famiglia emancipati e dunque estimati in proprio, oppure, in calce ad alcuni volumi, si trovano liste di non estimati che hanno chiesto l'iscrizione all'estimo.[9]

La condizione di iscritto all'estimo, d'altra parte, non garantiva alcuna stabilità di lungo periodo: si poteva essere iscritti all'estimo, ma non pagare le collette e dunque essere iscritto nei "libri di malpaghi" (evasori) ed essere privato della protezione del comune, come recitano tutti gli statuti comunali, e come attestano i numerosi processi interrotti per la condizione di evasore della vittima-accusatrice (si veda il capitolo 3); oppure essere iscritto nelle matricole, ma essere sospetto politicamente e dunque passibile di espulsione; abitare in città da anni, ma non avere uno statuto fiscale urbano e non essere compreso negli estimi dei *cives*; ottenere un cambiamento di status, da comitatino o "fumante" a cittadino, ma non avere accesso alle istituzioni. È proprio questa condizione incerta e mobile delle persone che costituiva il vero filo rosso della definizione documentaria della *civilitas*.

Il sistema documentario comunale era infatti pensato come una forma flessibile di classificazione che scindeva la condizione iniziale in più gradi per controllare il passaggio da una all'altra: fumante/residente in città/cittadino, oppure esiliato/confinato nel contado/sospetto ma abitante in città. Le persone potevano naturalmente cambiare condizione, e quindi status, ma ogni passaggio doveva avere un riscontro documentario sui libri del comune. Le liste non erano pensate per immortalare gli status una volta per sempre, ma per essere continuamente aggiornate e cambiate, come mostra anche lo schema grafico assai duttile usato nei registri: la grafia dei nomi in carattere grande di tipo librario; l'ampio spazio interlineare tra un nome e l'altro; i margini anch'essi molto generosi per ospitare note e variazioni.

La prassi di modifica era infatti ovunque la stessa: cancellare il nome di una persona da una lista e/o inserirlo in un'altra. Al centro dei sistemi di controllo guidati dagli uffici comunali si trova dunque un atto scrittorio, un segno di barra, una rasatura, una sovrascrittura, l'aggiunta di nomi in calce alla pagina, qualunque cosa che permettesse di modificare lo status della persona spostando il suo nome da una lista a un'altra. La regola di base – esiste solo ciò che si trova negli atti (in *actis*) – creava un mondo parallelo in cui le persone diventavano nomi e le loro condizioni erano iscritte nei registri pubblici e definite dalle liste di appartenenza.

9. Non mancano anche note a fine registrazione di ricalcolo dei totali delle cifre estimo delle singole parrocchie, anche a distanza di diversi anni dalla prima estimazione.

Questo sistema di iscrizioni multiple prevedeva anche un movimento circolare di aggiornamento coordinato di tutte liste: la redazione delle liste di esclusi, per esempio, richiedeva una revisione delle liste principali (estimi, matricole), che dovevano essere corrette e integrate con i nuovi dati: i nomi dei banditi politici erano cancellati (con una sbarra o proprio erasi) dai registri delle matricole delle Arti e delle Armi e dagli elenchi dei membri dei consigli cittadini; i nomi dei comitatini riconosciuti cittadini venivano cancellati nell'estimo dei fumanti e iscritti nell'estimo urbano.

Le scritture amministrative del comune erano dunque necessariamente collegate fra di loro, come elementi di una rete connessa che si modifica di continuo, in un fitto scambio di dati all'interno del medesimo sistema. Lo attestano, oltre le frequenti cancellazioni sui libri in base agli ordini ricevuti dai giudici e dai notai del comune, anche le centinaia di piccoli ritagli di pergamena che riportano gli estratti dai vari registri a cura dei notai dell'archivio comunale: in genere nomi di persone, presenti in qualche registro, di cui un giudice comunale aveva chiesto copia per verificare la condizione di una persona, se era bandita, oppure tra gli evasori delle collette, se era iscritta all'estimo o a una società di Popolo.[10]

Quel piccolo ritaglio di pergamena, richiesto spesso in un contesto processuale, determinava l'azione del giudice verso la persona interessata: se dare seguito alla sua richiesta di giustizia in tribunale oppure lasciare andare il reo; se escluderlo dalle società di arti oppure non riconoscere il suo status di *civis* e così via, in una serie di alternative spesso decisive per la vita pubblica delle persone. Lo vedremo nel capitolo sulle cittadinanze diminuite, dove la condizione delle persone era verificata, in caso di conflitto, attraverso un ricorso mirato alle liste di base del comune.

È questo carattere connesso che rende la *camera actorum* del comune un vero archivio e non un semplice deposito: le liste del comune condividevano lo stesso flusso di informazioni e i libri si modificavano secondo un meccanismo circolare. Lo status di cittadino – grado di integrazione, possibilità di partecipare alle istituzioni, livello di protezione e capacità lavorativa – dipendeva, in buona misura, dall'inquadramento documentario

10. Lo stesso era previsto a Cremona, negli statuti del Popolo del 1313, rub. 53, in Lorenzo Astegiano, *Codex Diplomaticus Cremonae*, vol. II, Torino 1896 (rist. Bologna, Forni editore 1983), p. 38: tutti i libri prodotti dagli ufficiali dovevano essere conservati nell'*armarium comunis* e il custode «debeat facere copiam de predictis actis et scripture cuicumque petenti».

delle sue azioni deciso dagli organismi comunali. L'identità giuridica dei *cives*, come la loro identità documentaria, era in continua trasformazione.

Per questo motivo è difficile ricostruire lo "stato generale" della popolazione urbana secondo i registri di appartenenza, salvo fornire alcune grandi fotografie ricavate dagli estimi o da altre liste generali. Saranno tuttavia solo istantanee sfocate di una realtà in continuo movimento. Più utile, invece, è capire i meccanismi di passaggio da una condizione all'altra, quindi da una lista all'altra: quali erano le linee di confine fra status diversi e soprattutto come era possibile superarle.

Su questo doppio binario, redazione della lista e sistema di modifica, imposteremo l'esame di alcuni sistemi di classificazione con potere discriminante. A cominciare dai due forse più attivi e pervasivi della società comunale:

- la classificazione economica, basata sulla residenza, cittadini-comitatini e sul valore dei beni (in base a cui si determinavano le imposte), vale a dire l'estimo;
- la classificazione politica determinata dell'appartenenza alla fazione ghibellina o al Popolo, con effetti multipli, dalla possibilità di esercitare un mestiere o di partecipare alla vita politica cittadina, fino alla stessa libertà di movimento o di residenza in città.

3. *La divisione originaria. Cittadini e comitatini negli estimi*

La prima forma di appartenenza alla cittadinanza – come abbiamo detto – è di natura territoriale e gli elenchi di estimati costituiscono la modalità di gran lunga più diffusa per decidere lo status di una persona: se dentro o fuori l'insieme di *cives* riconosciuti dalla città. Dalla fine del secolo XII in avanti, sostenere la comunità nei momenti di necessità rimase a lungo un dovere ineludibile per chi voleva essere riconosciuto come *civis*. Il legame originario fra il contributo collettivo, la costruzione delle mura e la difesa militare della città aveva rafforzato sia il carattere di obbligatorietà del pagamento sia la natura politica dell'imposta pubblica: un gesto di fedeltà e di *auxilium* che trasformava la tassa da segno di sottomissione in un atto di appartenenza a un luogo condiviso.

A Genova, in un atto fondativo dell'identità civica, il giuramento alla Compagna del 1143, fedeltà militare e fedeltà fiscale erano già strettamente collegate: chi non prestava servizio militare era considerato infame, e doveva pagare le imposte come uno straniero,[11] senza contare che la maggior parte delle collette era raccolta proprio in occasioni di guerre.[12] Una doppia identificazione fra stato di *civis* e status fiscale che troviamo in molte altre realtà nel corso del Duecento. Anche in altri testi consolari, si nota una relazione stretta fra l'identificazione dei *cives* e il contributo materiale alla città sotto forma di aiuto militare e di condivisione dei carichi fiscali per la costruzione delle mura, come mostrano i casi di Pisa, Arezzo e di Pistoia.[13] Così come stabilito nei patti di cittadinanza del tardo secolo XII, l'acquisto di una casa, l'iscrizione dei beni nell'estimo e il pagamento della taglia (una tassa diretta) erano ormai elementi necessari per la trasformazione degli immigrati in *cives*.[14] I confini dell'appartenenza civica seguivano, in sostanza, il tracciato del censimento fiscale.

Il sistema si era venuto per altro complicando nel corso del Duecento, soprattutto in occasione delle guerre federiciane fra il 1230 e il 1250. Per i cittadini, l'emergenza dei primi decenni del secolo si stabilizzò in un prelievo straordinario nella forma – perché solo il contado era tassato con

11. Hans Sieveking. *Studio sulle finanze genovesi nel Medioevo*, in «Atti della società ligure di storia patria», XXXV (1905), si riferisce al decreto del 1147, edito ora in *I libri iurium della Repubblica di Genova*, vol. I/1 a cura di Antonella Rovere, Genova, Società Ligure di Storia Patria, 1992, n. 92, p.147, contro quelli che «recesserunt de Ianua et in presenti exercitu non fuerint, amodo sint infames persone et pedaticum et ribaticum et omnes alias consuetudines tam in pondere quam in mensuris ut forici (!) homines tribuant...».

12. Franco Niccolai, *Contributo allo studio dei più antichi brevi della compagna genovese*, Milano, Giuffrè, 1939, p. 111, cap. LIX: chiunque veniva accolto nell'*habitaculum* doveva risiedere stabilmente con moglie e figli e portare tutti i suoi beni mobili. Per la destinazione delle entrate, ivi, p. 115, con rimando agli *Annali genovesi*, pp. 51-54.

13. Nel *Breve consulum* di Pisa del 1164 i consoli giurano di raccogliere la prestanza di 200 lire nel quartiere di Chinzica: «recolligere faciam et in muris Chintice communibus aedificandis», in *I Brevi dei consoli del comune di Pisa degli anni 1162 e 1164*, a cura di Ottavio Banti, Roma, Istituto storico italiano per il medioevo, 1997, p. 89. Per Arezzo, Gian Paolo Sharf, *Fiscalità e finanza pubblica ad Arezzo nel periodo comunale*, in «Archivio storico italiano», 164 (2006), pp. 215-267, per le mura come causa di imposizione, p. 218. A Pistoia, *Statuti pistoiesi del secolo XII*, a cura di Natale Rauty, Pistoia, Società Pistoiese Storia Patria, 1996, la rubrica B. 76 del Breve dei consoli diversifica la tassazione dei *cives* da quella riservata agli abitanti del suburbio proprio in ragione della natura militare delle spese: le imposizioni per le armi erano riservate solo ai *cives*, cap. B. 71, p. 199; gli abitanti del suburbio erano obbligati ad altre imposte, ma non a quelle militari, p. 207.

14. Dina Bizzarri, *Ricerche sul diritto di cittadinanza nella costituzione comunale*, in Ead., *Studi di storia del diritto italiano*, Torino, S. Lattes & C, 1937, pp. 63-134.

imposte ordinarie – ma ordinario nei fatti, perché imposto una o più volte l'anno con una regolarità ormai legata dalle continue urgenze di spese del comune.[15] Anzi, alla metà del Duecento, il problema della giustificazione non si poneva più. Imperativo, semmai, era il collegamento fra l'iscrizione all'estimo, il pagamento delle collette in proporzione alla cifra di estimo e il riconoscimento giudiziale della condizione di *civis*.

Si può dire che, in alcuni casi, la cittadinanza coincideva, di fatto, con l'iscrizione all'estimo urbano. Lo si vede bene nei momenti di passaggio da una condizione all'altra, in particolare da rustico a cittadino. Un passaggio, il più delle volte, segnato dall'iscrizione all'estimo cittadino. La prassi era presente in quasi tutti gli atti di "cittadinatico" dei comuni italiani duecenteschi, e si ritrova come passo necessario ad acquisire la *civilitas* anche nei decenni del secolo successivo. Così era a Siena nella prima metà del Trecento, quando il governo senese ordinava periodicamente campagne di polizia per scoprire "non *cives*" nei popolosi sobborghi a ridosso delle mura, e obbligava gli irregolari a chiedere la concessione della cittadinanza mediante una supplica al comune. La forma documentaria non deve ingannare: si trattava, in molti casi, di una regolarizzazione forzata, che richiedeva, come primo passo, proprio l'acquisto di un terreno per costruire una casa del valore di almeno 100 lire, l'iscrizione dei capifamiglia all'estimo comunale e il pagamento dell'imposta alla Biccherna.[16] Era un atto quasi automatico, visto che Siena, come altre città, aveva stabilito da tempo una perfetta equivalenza fra iscrizione all'estimo e status di cittadino, come recita una rubrica dello statuto del 1309:

> e che tutti quelli et ciascuni supradetti e quali abiteranno ne la città di Siena, secondo che detto è, *et erano scritti ne li libri detti*, *siano avuti per cittadini* et

15. Paolo Cammarosano, *Il sistema fiscale delle città toscane*, in *La Toscana nel secolo XIV. Caratteri di una civiltà regionale*, a cura di Stefano Gensini, Pisa, Pacini editore, 1996, p. 203, ora in Id., *Studi di storia medievale. Economia, territorio, società*, Trieste, Edizioni Cerm, 2009, pp. 243-254; e Id., *Le origini della fiscalità pubblica*, ivi, pp. 229-242; per l'imposta diretta a Pisa cfr. Cinzio Violante, *Imposte dirette e debito pubblico nel basso medioevo*, in Id., *Economia, società istituzioni a Pisa nel Medioevo. Saggi e ricerche*, Bari, Dedalo, 1980, pp. 101-155; Francesca Bocchi, *Le imposte dirette a Bologna nei secoli XII e XIII*, in «Nuova Rivista Storica», LVII (1973), pp. 273-312; Maria Ginatempo, *Prima del debito. Finanziamento della spesa pubblica e gestione del deficit nelle grandi città toscane (1200-1350 ca)*, Firenze, L. Olschki, 2000. Sul tema si veda capitolo 2.

16. Gabriella Piccinni, *I "villani incittadinati" nella Siena del XIV secolo*, in «Bullettino senese di storia patria», LXXXII-LXXXIII (1975), pp. 158-219, p. 162.

sieno difesi secondo che cittadini; chi non sarà trovato abitare né scritti nelli libri allora non deve essere considerato cittadino.[17]

Un testo chiarissimo, dove contano i verbi: "siano avuti" cittadini, vale a dire che la condizione di *civis* non è uno stato stabile e predefinito, ma un atto di valutazione dell'autorità in base alla condizione fiscale e documentaria delle persone. In gran parte dei comuni italiani di metà Duecento, si avviò così un processo di definizione della cittadinanza mediante la redazione di elenchi di persone iscritte all'estimo della città, considerate *cives*, distinte dagli abitanti nei centri extraurbani, iscritte all'estimo del contado, e separate anche dai semplici *habitatores* e dai forestieri, tenuti distinti in liste a parte.

Del resto, il pagamento delle tasse comunali era centrale nelle numerose petizioni per diventare cittadini presentate ai consigli cittadini in forma individuale ancora nei primi decenni del XIV secolo. Ammontano a diverse centinaia nei casi di Siena, Pistoia o Firenze dove sono stati studiate di recente. Le petizioni sono interessanti per due motivi: il primo perché mostrano la natura delle pratiche di integrazione in uso nei comuni del Duecento e del primo Trecento; la seconda perché, essendo di fatto delle suppliche, attestano anche la componente ideologica dell'integrazione cittadina, vale a dire i motivi personali e culturali di adesione dei singoli alla *civilitas* urbana. In tal senso, il linguaggio delle petizioni è relativamente uniforme. Le ragioni dell'inurbamento erano (quasi) sempre dettate dalle migliori condizioni di vita che offriva la città, soprattutto per i figli, dalle inclinazioni dei singoli verso la "vita civile" e dalle opportunità di lavoro presenti in città, che consentivano l'abbandono delle fatiche rurali. A Firenze si seguiva un modello relativamente semplice, in cui si ricordava la residenza in città da tempo, il pagamento delle imposte pubbliche e la volontà di continuare a risiedere stabilmente in città; volontà espressa con il termine *intentio*, come il pratese Piglialarme di Cecco: «(afferma) che egli intende e vuole essere cittadino della città di Firenze e sostenere i carichi fiscali come un cittadino della città di Firenze».[18]

17. *Il costituto del Comune di Siena volgarizzato nel MCCCIX-MCCCX*, a cura di Mahmoud Salem Elsheikh, 3 voll., Siena, Fondazione Monte dei Paschi di Siena, 2002, distinzione IV, cap. 60.

18. Piero Gualtieri, *Il Comune di Firenze tra Due e Trecento: partecipazione politica e assetto istituzionale*, Firenze, Olschki, 2009, p. 14, nota 63: «quod ipse intendit et vult esse civem civitatis Florentie et honera substinere ut civis civitatis Florentie». Lo stesso

L'*intentio* veniva rafforzata spesso dalla residenza già in atto, dalla famiglia coabitante e dall'impegno a pagare le tasse anche in futuro. Simile il modello in uso a Pistoia nei primi decenni del Trecento: disponibilità al trasferimento, ma più spesso residenza in città già da qualche anno e impegno (*intentio*) a pagare le tasse anche in futuro, come se l'obbligo fiscale fosse una ormai una clausola fissa della petizione.[19] Certo, la residenza da lunga data aiutava nella richiesta perché offriva una garanzia di inserimento già avvenuto, ma era comunque necessario l'impegno a continuare ad abitare in città anche negli anni successivi. Più interessanti sono le petizioni di chi veniva da fuori, perché doveva usare il trasferimento stesso come motivazione della richiesta di *civilitas*: venire in città doveva segnare un cambiamento di status radicale, la realizzazione di una trasformazione anche culturale della persona e della sua prole. I testi delle petizioni presentate al consiglio di Siena nei decenni centrali del XIV secolo sono interessanti proprio per la loro tessitura ideologica e retorica. Molti non si "sentivano" contadini, detestavano lavorare la terra con le mani, non erano portati per i lavori pesanti, come Francesco di Frate che «Asserendo in parola di non essere mai stato occupato in agricoltura o in lavori manuali, ma intende essere occupato nell'arte della lana nella vostra città». O un certo Pietro di Agostino che «non fece mai alcun altro mestiere se non l'arte predetta; né è adatto al contado perché non sa lavorare la terra»; o Francesco di Asciano che si sentiva «adatto alla città e non alla campagna».[20]

Detto questo, il tema della fedeltà fiscale rimaneva centrale nello schema di integrazione adottato. Lo vediamo nei casi, non infrequenti, in cui

promette il medico Guccio di san Miniato, che insiste sulla famiglia e la volontà di essere cittadino: «eo animo et *intentione* ut proprio staret in dicta civitate Florentie et civis Florentie efficeretur».

19. Piero Gualtieri, *I caratteri della cittadinanza pistoiese fra XIII e XIV secolo*, in *Appartenere alla città. Cittadini e cittadinanza a Pistoia dall'età comunale all'Ottocento*, a cura di Gianpaolo Francesconi e Luca Mannori, Pistoia, Società pistoiese di storia patria, 2020, pp. 77-101, qui: 95-96, con numerosi esempi, che confermano la natura essenzialmente fiscale del rapporto di cittadinanza.

20. Esempi tratti da Piccinni, *I "villani incittadinati"*, pp. 209-210; per un aggiornamento vedi Ead., *Differenze socio-economiche, identità civiche e «gradi di cittadinanza» a Siena nel Tre e Quattrocento*, in «Mélanges de l'École Française de Rome-Moyen Âge», 125-2 (2013), online; su Siena vedi anche William M. Bowsky, *Medieval Citizenship: The Individual and the State in the Commune of Siena, 1287 -1355*, in «Studies in Medieval and Renaissance History», IV (1967), pp. 193-243, che presenta una visione iperottimistica del rapporto fra il comune e i nuovi cittadini.

sorgevano conflitti fra comunità di appartenenza e nuovi *cives* rurali. La politica di Siena verso questi cittadini "imperfetti" restò sempre in bilico fra integrazione e sospetto: accogliere forze qualificate del contado era una politica da sempre favorita dal comune, ma spesso poi i nuovi *cives* non facevano iscrivere i propri beni negli estimi cittadini e li toglievano da quelli del contado, pur continuando a risiedere nelle comunità di origine.[21] Da qui le lamentele dei comuni rurali iper tassati per colpa dei finti *cives*, e i provvedimenti di controllo del comune senese sulle evasioni: nel 1324 si dispose il controllo della effettiva iscrizione dei beni dei *cives silvestres* negli estimi cittadini; nel 1333 si inasprì il sistema di controllo sulle prove di cittadinanza (vale a dire residenza urbana e pagamento delle tasse) dei *cives* creati negli ultimi sei anni; nel 1337, in occasione del nuovo statuto, si ordinò di iscrivere nei registri del contado i beni dei *cives silvestres* che non abitavano realmente in città. Una diffidenza, come vedremo, che si diffuse sempre di più nel corso del XIV secolo, quando le condizioni di privilegio degli inurbati furono pesantemente rimesse in discussione dalle élites cittadine (capitolo 5).

Oltre questi casi individuali, erano assai diffuse anche forme di cittadinici collettivi offerti dai comuni urbani all'interno di politiche fiscali di emergenza. Il comune di Modena, per esempio, aveva fatto ampio ricorso, fra gli anni Sessanta e Ottanta del Duecento, alla vendita della cittadinanza a gruppi di persone del contado per trovare risorse in momenti di necessità, quasi sempre legati alle guerre. Si tratta di provvedimenti non estemporanei, ma ripetuti negli anni in forma identica, a segnalare un'emergenza strutturale di finanziamento del comune attraverso la cessione concordata di diritti di appartenenza. Il primo provvedimento data al 1256 e si presenta come una riammissione all'estimo cittadino di persone condannate l'anno precedente a pagare le tasse rusticali: da quel momento, queste persone devono essere trattate e tassate «*tamquam cives* perpetui et veri cives».[22]

Nel 1280, invece, per finanziare le milizie, si dispose una vera e propria vendita della cittadinanza a 18 abitanti del contado che dovevano pagare 100 lire ciascuno; anche in questo caso i rustici diventano «veri perpetui cittadini della città *come se* fossero nati in città» («veri et perpetui cives civitatis, *ac si* in civitate et de civitate orti essent»), secondo un'equiparazione amministrativa con i cittadini originari; una conferma, se ce

21. Bowsky, *Cives silvestres*, p. 71.
22. *Statuta Comunis Mutine*, a cura di Cesare Campori, Parma 1864, libro VI, p. 685.

ne fosse bisogno, del carattere assolutamente artificiale e contrattato della cittadinanza.[23] Il dato interessante, però, è la connessione immediata tra estimo e riconoscimento della condizione di *civis*: una volta accettati come *cives*, i loro nomi dovevano essere tolti dall'estimo delle ville e inseriti negli estimi urbani e solo questo atto certificava l'iscrizione nell'insieme giuridicamente definito dei *cives*. Il meccanismo di finzione che equiparava i non cittadini con i cittadini non poteva sussistere senza una parallela iscrizione dei nomi nel libro che più di altri permetteva di perimetrare l'insieme mobile dei *cives*.

Una pratica che fu usata con frequenza nel XIV secolo, dal comune di Perugia che decise di far diventare *cives* sia i forestieri che abitavano e lavoravano abitualmente in città (nella seduta dell'8 novembre 1381) sia i contadini (il 10 novembre) che risiedevano in città da tempo e si dimostravano "pronti per la cittadinanza" («acti ad civilitatem»).[24] Certo, i criteri di queste vendite erano sempre pragmatici – il comune aveva bisogno di denaro e le persone esterne, da tempo residenti in città, erano pronte per la cittadinanza – ma l'impianto teorico della separazione tra cittadini e contadini, necessario per pensare la cittadinanza come insieme concreto, restò sempre in funzione.

La differenza tra i due gruppi, estimati in città ed estimati nel contado (o non estimati), si poneva sul crinale dei diritti che la condizione riconosciuta di *civis* poteva assicurare: partecipazione alle istituzioni politiche della città, alle strutture associative e, come vedremo, accesso alla giustizia pubblica. Le liste diversificate di estimati in città ed estimati nel contado finivano per definire non solo due gruppi sociali distinti sul piano fiscale, ma anche due condizioni giuridiche diverse riguardo ai diritti da far valere in tribunale e nel sistema politico cittadino. La creazione di questi elenchi diversificati diventava così il primo strumento di verifica della condizione sociale e giuridica delle persone. Ma erano elenchi imperfetti, che potevano essere rimessi in discussione dai processi di mobilità interni ed esterni alla città.

Una volta stabilite le liste, infatti, si creava subito una zona di passaggio dove le condizioni delle persone mutavano all'improvviso, quan-

23. Ivi, p. 694; un provvedimento simile è del 1287, emanato «pro debitis usurariis».

24. Luigi Salvatorelli, *La politica interna di Perugia in un poemetto volgare della metà del Trecento*, in «Bollettino della deputazione di storia patria per l'Umbria», L (1952), pp. 5-109, qui p. 72.

do, per esempio, dei *cives* ridiventavano rustici (e il contrario), oppure si confondevano, quando le persone assumevano una condizione mista, di cittadino/comitatino, nel corso dell'anno. Una situazione frequentissima nelle città italiane del tardo Duecento dove una parte consistente della popolazione immigrata aveva conservato solidi legami con i territori di provenienza e l'attività lavorativa si svolgeva con pari intensità in ambito urbano e rurale.

Si veda ancora il caso di Pistoia a fine Duecento, dove si erano censiti in libri separati gli abitanti della città e del distretto – come mostra un corposo *Liber hominum et personarum districtus* nel 1294[25] –e si era stabilito, nello statuto del 1296, un principio di stretta relazione fra condizione fiscale e stato giuridico delle persone: i cittadini pagavano la libra (tassa diretta straordinaria) mentre i *foretanei* erano soggetti al dazio secondo il focatico (tassa diretta ordinaria).[26] Ma questo non escludeva i passaggi da uno status all'altro che comportavano sempre un cambiamento di condizione fiscale. Così le persone del distretto che pagavano il dazio come «dei cittadini della città, sono tenuti ad abitare in città con le loro famiglie *come cittadini*», altrimenti dovevano pagare le tasse nelle ville di origine.[27] E vale l'inverso: un *contadino* che prima viene in città come un *civis* e poi torna nel contado, deve pagare le tasse dei *foretanei*. È da notare che i termini con cui sono identificati i soggetti interessati attengono tutti alla classificazione fiscale: le persone sono definite dalle loro azioni in quanto "pagatori". Così la rubrica prima citata riguarda «quelli che pagano il dazio come i cittadini della città» («solventes datium ad modum civium civitatis»), mentre nella seconda rubrica si considera il «pagante il dazio in villa» che "vuole fare" il cittadino. Esisteva quindi una possibilità di modificare la propria condizione attraverso una residenza prolungata che consentiva il passaggio da

25. Edito da Gianpaolo Francesconi, *Liber hominum et personarum comitatus Pistorii (1293-94)*, Firenze, Olschki, 2010; da notare che un *liber focorum districtus Pistorii*, a Pistoia, data già al 1244.

26. *Statutum Potestatis comunis Pistorii* (1296), a cura di Ludovico Zdekauer, in *Statuti pistoiesi del secolo XIII. Studi e testi*, a cura di Renato Nelli e Giuliano Pinto, vol. III, Pistoia, Società Pistoiese di Storia Patria, 2002, p. 212, r. 8; lo statuto contiene anche numerose prove di passaggio di status insieme al cambiamento di regime fiscale. Per esempio, le comunità del distretto, che sono trattate come *cives*, devono pagare la *libra* (ivi, r. 22, p. 217).

27. Ivi, r. 10, p. 213: le persone «solventes datium ad modum civium civitatis, habitent et habitare teneantur Pistorii cum familiis eorum *tamquam cives*». Ancora, colui che paga il dazio in una villa, poi viene ad abitare in città «ut esset civis» e ritorna nel contado per più di un anno, deve pagare il dazio dei *foretanei*.

una categoria fiscale all'altra. Ma era la categoria fiscale che definiva la condizione giuridica, era il "pagare" che faceva (diventare) cittadini.

Ma vediamo meglio come funzionava in concreto, nella seconda metà del Duecento, il sistema di separazione imperfetta dei due insiemi di abitanti e delle possibilità di cambiare status esaminando il caso bolognese, dove la civilitas si poteva acquisire in vari modi, anche per sentenza.

4. *La* civilitas *a Bologna: i registri del 1287 e la cittadinanza "per sentenza"*

A Bologna l'operazione di censimento dei *cives* e dei comitatini era iniziata ben prima della metà del Duecento – con un estimo distinto per la città e per i *fumanti* (abitanti del contado) del 1239[28] – anche se trovò la sua realizzazione solo nei primi anni Ottanta del secolo, quando furono redatti, negli stessi anni, una lista di abitanti del contado, gli estimi della città e gli estimi degli abitanti delle comunità del contado. Liste polivalenti, dove la diversa tipologia di regime fiscale rimandava a due differenti definizioni socio-giuridiche delle persone: *cives* e non *cives*. Si tratta quindi di una grande operazione di censimento e delimitazione della popolazione urbana, attuata in forme simili da tutti i grandi comuni dell'Italia centro-settentrionale.

La prima lista di fumanti del comune popolare risale al 1280-82, era composta di quattro libri, uno per ciascun quartiere della città, e conteneva un elenco aggiornato dei residenti del contado.[29] Pochi anni dopo, nel 1286, il comune di Bologna dispose la preparazione di un nuovo estimo degli abitanti del contado: un grosso volume di estimati di circa 300 carte, redatto con un intento politico apertamente discriminatorio, visto che i fumanti erano soggetti al regime fiscale del contado e non potevano essere contati fra i *cives*.[30] La carica potenzialmente negativa dell'operazione – elenco di fumanti e poi estimo – doveva essere chiarita da una rubrica dello statuto del 1288 che ordinava a tutti i fumanti entrati in città dopo il 1271 di ritornare nei villaggi di provenienza "nonostante i privilegi

28. Esaminato da Bocchi, *Le imposte dirette a Bologna.*

29. Il *Libro dei fumanti* 1282 era formato da quattro libri, e ne restano due volumi, in Archivio di Stato di Bologna (d'ora in avanti ASBo), *Estimi*, serie III, 4 volume n. 6b. Sul libro si veda anche Blanshei, *Politica e giustizia*, pp. 190-194.

30. ASBO, *Estimi*, serie III, reg. 7, 1286 *Liber extimorum*, c. 306.

ottenuti".[31] Era un provvedimento molto severo, esteso anche ai figli e ai discendenti dei comitatini immigrati, secondo l'elenco contenuto nel *liber fumantium* del 1280, redatto da Federico de Regraratis. Il *liber* diventa così un "monumento" pubblico e intoccabile: si disponeva, in primo luogo, che il libro fosse sempre visibile nell'*armario* del comune di Bologna, in modo che tutti quelli che volevano una copia la potessero avere; e ancora che né il podestà né gli anziani «possano proporre di togliere qualcuno dal "libro dei fumanti"», in altre parole nessuno poteva "uscire" dal libro.[32]

È una tecnica molto usata a Bologna in questi anni: predisporre una lista di base e poi usarla negli anni successivi come lista di riferimento per "fissare" un insieme di persone da controllare. Le persone registrate come fumanti nel 1280 lo sono anche nel 1286 e così i loro discendenti: in teoria le liste del 1280-86 dovevano censire i fumanti presenti e futuri, estendendo le condizioni delle persone definite fumanti anche alle generazioni successive. Traspare bene la volontà di creare, per via amministrativa, due insiemi distinti di residenti nel territorio – i cittadini e i fumanti – che si riproducono per via genealogica nel tempo.

I confini fra i due insiemi si rivelano, tuttavia, assai porosi. La rigidità della divisione per via amministrativa della popolazione urbana/rurale si scontrava con una realtà più complessa che richiedeva punti di passaggio regolato fra le due condizioni. La stessa rubrica, infatti, escludeva dalla cacciata dalla città due categorie di persone "miste": i veri *cives*, che vivevano nel contado per alcuni mesi l'anno e i comitatini (abitanti del contado) che chiedevano l'iscrizione all'estimo urbano.

Il primo insieme era formato da quelli che erano nati o venuti ad abitare a Bologna da più di 30 anni e che conservavano, evidentemente, dei possessi nel contado che lavoravano solo alcuni mesi l'anno.[33]

31. *Statuti di Bologna dell'anno 1288*, a cura di Gina Fasoli e Pietro Sella, Biblioteca Apostolica Vaticana, Città del Vaticano, 1939, vol. 2, libro IX, r. 7, p. 114: «tenenatur redire ad habitandum ad villis comitatus non obstantibus aliquibus privilegiis vel sententiis vel laudis».

32. *Ibidem*: «Statuimus quod liber fumantium ... semper sit et esse debeat in armario populi Bononie, ita quod quilibet ipsorum copiam habere».

33. Ivi, r. 11, p. 118: la rubrica colpisce tutti gli abitanti che non sono nell'estimo e non sono neanche tra i fumanti: questi devono essere costretti a pagare nella villa di pertinenza; da questa norma sono però eccettuati i *veri cives*: «veros cives quos intellegimus, in predicto casu, esse eos qui oriundi sunt in civitate Bononie vel habitaverint cum tota eorum familia per triginta annos continuos», loro e i loro ascendenti.

Il secondo gruppo era formato invece da persone che sostenevano di essere state classificate erroneamente come comitatini e avevano presentato una petizione di revisione della propria condizione fiscale entro il 17 maggio 1287, chiedendo di essere iscritti nell'estimo della città; queste erano qualificate come "veri cittadini": «Veri cittadini sono quelli che hanno presentato le petizioni entro il 17 maggio 1287 sostenendo di essere (ingiustamente) gravati per gli estimi a loro assegnati nel contado di Bologna e hanno meritato la sentenza (di riammissione)».[34]

La rubrica statutaria si riferisce a un'operazione amministrativa attuata effettivamente nel corso del 1287. Esiste infatti un registro di petizioni presentate da persone che si sentivano "gravate", quindi danneggiate, dall'iscrizione nell'estimo del contado, dichiarando di essere veri cittadini di Bologna e quindi di "meritare" una sentenza di cittadinanza, con le stesse parole riprese poi nella rubrica statutaria:

> Questo è il libro dove sono scritti i nomi di quelli che furono estimati nelle terre del contado di Bologna e che si dichiararono aggravati per gli estimi loro assegnati nel contado di Bologna dai detti ufficiali, dicendo che essi sono veri e legittimi cittadini e che meritano la sentenza perché sono veri e legittimi cittadini della città di Bologna.[35]

Sottolineiamo due elementi di questa intestazione: l'essere *gravati* da un estimo rurale e *meritare* una sentenza di vera e legittima cittadinanza. Il "gravame" si spiega facilmente: l'estimo rurale, come si è detto, era molto più pesante di quello urbano e soprattutto escludeva le persone dai diritti dell'appartenenza alla città: essere inseriti nell'estimo dei fumanti era dunque un reale appesantimento degli obblighi fiscali.

Meno ovvia l'espressione "meritare una sentenza". Qui incontriamo un punto di passaggio fra le due condizioni fumanti/cittadini. Dopo aver presentato la petizione al comune, in cui si chiedeva di spostare il proprio nome dall'estimo del contado all'estimo della città, era necessario affrontare un

34. *Ibidem*: «*Veros* etiam *cives* sunt illi qui porrexerunt petitiones infra decimum septimum diem madii millesimo ducentesimo octuagesimo septimo dicendo se gravatos de extimis eis factis in comitatu Bononie et sententiam meruerunt».

35. ASBo, *Estimi*, serie III (del contado), reg. n. 8: *Extima facta illis de comitatu qui dixerunt se cives* del 1288 di carte 16: «Hic est liber ubi scripta sunt nomina eorum qui exstimati fuerunt in terris comitatus Bononie … qui dixerunt se gravatos de exstimis de eis factis in comitatu Bononie per dictos officiales dicendo se veros et legitimos cives et qui sententiam meruerunt quia sunt veri et legitimi cives civitatis Bononie».

vero e proprio processo per essere riconosciuti come "veri cittadini". I ricorrenti dovevano provare di essere abitanti della città e non del contado, portando una serie di atti documentali che attestavano la loro presenza nelle liste del comune, in primo luogo negli estimi e nei registri delle collette (imposte dirette straordinarie), e quindi ottenere lo spostamento del proprio nome dai registri fiscali del contado a quelli urbani. Le prove erano dunque prevalentemente estratte dai registri pubblici. Il procedimento giudiziale terminava allora con una sentenza di cittadinanza (*citadantie*) in cui veniva stabilita l'iscrizione nell'estimo nella città con l'attribuzione della condizione di *civis*.

Seguiamo l'esempio di Nicolao di Remengarda che riporta un formulario simile a quello delle altre 98 sentenze del registro:

> Nicolao di donna Remengarda, che fu estimato dai predetti ufficiali nell'estimo del comune e degli uomini di Castel San Pietro come comitatino, meritò la sentenza di cittadinanza in cui è contenuto e stabilito che dal detto estimo e libro estimo sia cancellato e tolto del tutto e che a lui il detto estimo in nulla possa portare pregiudizio; e che sia ritenuto e trattato come vero e legittimo cittadino; il detto Nicolao presentò questa sentenza davanti al giudice il giorno 15 ottobre.[36]

Un secondo registro, sempre del 1288, riporta invece la nuova estimazione di 182 persone che hanno *meritato* la sentenza. L'intestazione, ancora una volta, è indicativa della prassi di attribuzione dei diritti di cittadinanza che coincideva con l'iscrizione del nome della persona nei libri di estimo, ormai diventati i libri ufficiali dei cittadini:

> Nel nome di Cristo, questo è il libro contenente i nomi degli uomini e delle persone che hanno ottenuto la sentenza contro i comuni del contado e anche un beneficio di cittadinanza conseguiti da diverso tempo; e alcuni di essi furono estimati di nuovo tra i cittadini e con i cittadini della città di Bologna.[37]

36. Ivi, c. 1r: «Nicholaus domine Remengarde, qui exstimatus fuit per predictos officiales in exstimo comunis et hominum terre Castri Sancti Petri tamquam comitatinus, meruit sententiam citadantie in qua continetur et pronunciatum fuerit: quod de dicto exstimo et libro dicti exstimi canceletur et tollatur omnino et ei dictum exstimum nullum possit preiudicium gravare; et quod pro vero et legitimo cive habeatur et tractatur, quam sententiam produxit dictus Nicholaus die quintodecimo octubris coram dicto iudice».

37. ASBo, *Estimi*, serie III (del contado), reg. 4; copia del 1386: «In Christi nomine, hic est liber extractus continens nomina hominum et personarum que *sententiam obtinuerunt* contra communia comitatus et etiam aliquod *beneficium citadantie* consequti sunt a diversis temporibus et aliqui eorum *extimati fuerunt de novo inter cives* et cum civibus civitatis Bononie».

Questi registri contenenti le liste fondative della cittadinanza bolognese dovevano esseri conservati – come il libro dei comitatini del 1280 – sempre nell'*armarium comunis* a disposizione di chiunque volesse avere una certificazione scritta della propria condizione: «in modo che si possa avere un estratto da chiunque voglia avere una copia (dell'atto)».[38] Ancora una volta una rubrica statutaria si preoccupava di disciplinare la conservazione pubblica e la libera consultazione di registri fiscali, sia gli estimi degli uomini del distretto sia quelli degli esentati per sentenza.

Il grande apparato documentario del comune, fondato sulle liste, serviva dunque a tracciare il perimetro della cittadinanza attiva e riconosciuta, in primo luogo grazie all'iscrizione dei nomi dei *cives* nelle liste di base. I contorni di questo perimetro erano però assai mobili, sia per la mobilità delle persone e delle condizioni abitative e lavorative dei singoli individui, sia per l'incessante attività "trasformativa" delle condizioni personali messa in piedi dai comuni cittadini. Costituire i due insiemi di liste di *cives* e di "non *cives*" permetteva di contare componenti dell'uno e dell'altro gruppo, ma soprattutto permetteva di controllare il passaggio da uno all'altro: trasferimenti automatici in caso di anomalie nella residenza, vendite di cittadinanze, privilegi individuali, processi per modificare la propria condizione erano tutti metodi possibili per attraversare i confini "legalmente". Segno evidente che la *civilitas*, nella seconda metà del Duecento, non solo era una grandezza in via definizione, ma era soprattutto uno status artificiale attribuibile per decreto, cedibile, o estensibile per via giudiziaria, per nulla radicato nella storia familiare delle persone. Esisteva naturalmente la categoria di *cives originari*, ma era una delle tipologie possibili di condizione civile dei residenti attivi più che un termine di paragone da cui partire per definire lo status degli altri abitanti.

Lo conferma anche il dato di fondo comune a tutte le forme di creazione/cessione di cittadinanza: la piena interscambiabilità fra condizione giuridica di cittadino e iscrizione all'estimo. Il cambiamento di status coincideva con il passaggio del nome da un estimo all'altro, da quello del contado a quello della città; vale dire che dipendeva da un'azione

38. *Statuti di Bologna dell'anno 1288*, vol. 2, libro IX, r. 8, p. 115, «de extimis hominibus comitatus», dove si dispone anche la conservazione dei registri nell'*armarium comunis*, a disposizione di tutti «ita quod copia ipsorum possit haberi a quolibet volente habere exemplum».

compiuta e iterata nel tempo, non da una condizione stabile. Inoltre, lo status di *civis* attribuito, in genere, con un atto amministrativo, come l'iscrizione all'estimo, poteva essere ridefinito in un secondo momento per via giudiziale su richiesta delle persone che si sentivano ingiustamente catalogate come non *cives*. Nei registri bolognesi del 1288 – presi come esempio – la sentenza di cittadinanza stabiliva così l'iscrizione all'estimo della persona, facendo dell'estimo, a sua volta, la prova documentale della sua *civilitas*. Una procedura circolare, incentrata sull'estimo come meta finale e, allo stesso tempo, come mezzo di prova per fondare i propri diritti di appartenenza alla città.

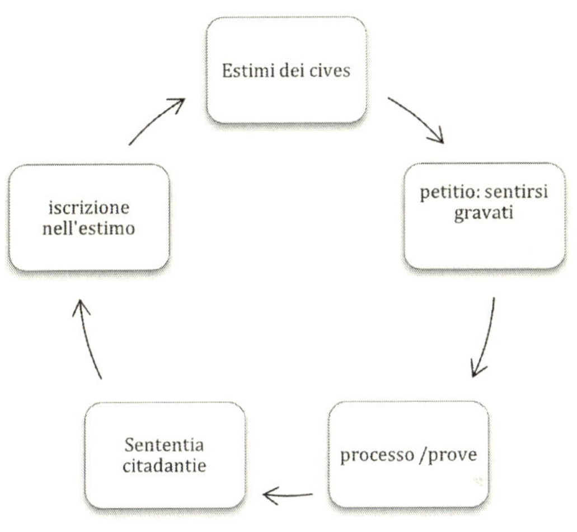

L'estimo cittadino diventava dunque la lista di base più qualificata di altre a provare l'appartenenza cittadina delle persone, un passo necessario per tutti quelli che avevano interesse a fondare la propria identità pubblica sulla *citadantia*, un concetto misto che univa la residenza alla volontà di accettare i carichi condivisi imposti dalla collettività. È bene insistere sul valore politico della dimensione materiale del contributo dei *cives* estimati, perché, come vedremo, la semplice iscrizione all'estimo non chiudeva il processo di riconoscimento dell'appartenenza civile, anzi ne costituiva solo l'inizio. Lo stare in città come *civis* contribuente si presenta più come un percorso aperto che come uno status definito. Iscriversi all'estimo era infatti un'operazione complessa che richiedeva diversi atti preliminari: elencare i propri beni immobili e i debiti e crediti, e accettare il calcolo del proprio valore da parte dell'ufficio degli estimatori del comune.

Sulla natura di questo calcolo dei valori e sul rilievo politico della classificazione economica che ne risultava, è necessario quindi indagare ancora.

2. Valutazione. Il valore delle persone e il costo della cittadinanza

L'estimo si presentava come una grande lista di residenti tassabili, ma anche come un atto di iscrizione dei beni dei *cives* sotto la protezione del comune. Si trattava di un doppio sistema di riconoscimento, che regolava in maniera empirica il rapporto di appartenenza alla città delle persone e dei loro possessi: i beni assicuravano che le persone potevano pagare le imposte e allo stesso tempo erano protetti dai tribunali cittadini. In entrambi i casi, l'iscrizione dei beni collegati a una persona richiedeva un atto di valutazione da parte dell'autorità comunale: valutazione quantitativa – quanti e quali beni erano tassabili – e qualitativa – quale valore assegnare a ciascun bene.

In questo capitolo affronteremo il problema della valutazione: come i sistemi fiscali pubblici arrivavano a dare un valore numerico alle ricchezze delle persone e quale conseguenza comportava questo tipo di valutazione nella definizione della popolazione urbana sul piano economico e politico. Più in generale la questione non riguarda tanto il rapporto fra i beni e le persone che li possedevano, ma le relazioni fra i beni delle persone e il loro ruolo nelle città comunali. In una civiltà in cui il valore delle persone era strettamente dipendente dalle cose che possedeva, e si poteva accedere alle istituzioni in base al reddito (attribuito nei catasti) la valutazione fiscale era un problema essenzialmente politico: decidere cosa poteva essere assoggettato all'estimo e quanto valeva esprimeva già un criterio selettivo forte della cittadinanza. Ancora di più lo era stabilire un valore complessivo del patrimonio delle persone, operazione che, come vedremo, non si risolveva in una semplice somma dei valori dei beni elencati nell'estimo. Ma ripartiamo dalle operazioni richieste dal sistema di tassazione diretta nel corso del XIII secolo.

Nel Duecento maturo la diffusione del prelievo diretto e proporzionale aveva restituito al sistema censuario basato sull'estimo una nuova centralità, dopo secoli di eclissi della fiscalità pubblica.[1] Era necessario ristabilire un nesso funzionale fra le persone e le loro ricchezze, fra il possesso di beni, la contribuzione alla comunità e la partecipazione alla vita politica. I punti delicati di questo nuovo sistema erano, in linea di massima, due: bisognava assegnare ai governanti il potere di creare categorie sociali ed economiche attraverso gli estimi e quindi mettere in opera un sistema *locale* di valutazione della ricchezza. Locale perché la scelta dei beni da valutare e il valore da attribuire a questi beni dipendevano in gran parte dalle valutazioni delle élites di governo delle città e dagli stessi contribuenti-residenti, anche in comunità sottoposte a poteri regi sovraregionali.

Ma in cosa consisteva questa valutazione e soprattutto cosa era valutato? Il valore dei beni? Il loro reddito potenziale? Oppure la quota di carico da sopportare in base al patrimonio? Si trattava in altre parole, di un calcolo economico che rifletteva i livelli di ricchezza dei cittadini o di una più complessa ma più approssimata valutazione "politica" del contributo richiesto ai singoli *cives*?

1. *Modelli di valutazione: fra auto-denuncia e valore imposto*

La questione si poneva in tutti i contesti comunitari dell'Europa medievale: tutte le città e i paesi che avevano messo in piedi una qualche forma di fiscalità diretta – in accordo o sotto pressione dei poteri sovrani – avevano dovuto definire, in via preliminare, la natura e l'ammontare dell'imponibile.[2] Le procedure seguite, in quasi tutti contesti urbani europei, potevano essere due: la prima e la più diffusa prevedeva la consegna di una dichiarazione giurata dei beni, spesso con il valore deciso dagli stessi

1. Sandro Carocci, Simone Collavini, *Il costo degli stati. Politica e prelievo nell'Occidente medievale (VI-XIV secolo)*, in «Storica», 18 (2012), pp. 7-48; per l'adozione della tassazione diretta già nel secolo XII, si veda Patrizia Mainoni, *A proposito della «rivoluzione fiscale» nell'Italia settentrionale del XII secolo*, in «Studi storici», 44 (2003), pp. 5-42.

2. Due serie di convegni sono utili: *La fiscalité de villes au moyen âge*, vol. 2, *Les systèmes fiscaux*, a cura di Denis Menjot e M. Sanchez Martinez, Paris, Privat, 1999; *L'impôt au Moyen Âge: l'impôt public et le prelévement seigneurial fin XII*[e] *- debut XVI*[e] *siècle*, a cura di Philippe Contamine, Jean Kerherve e Albert Rigaudiere, vol. I, *Le droit d'imposer*, Paris, IGPDE, 2002.

contribuenti; la seconda si basava invece su un'inchiesta da parte degli estimatori del comune che verificavano il valore dichiarato.[3] A volte, questa seconda fase richiedeva anche un interrogatorio dei vicini che potevano conoscere meglio il valore dei beni dei residenti nella stessa parrocchia.

Era possibile, naturalmente, ricorrere a entrambi i metodi – autodenuncia e inchiesta – oppure, più di frequente, avviare l'inchiesta solo nei casi di rifiuto di presentare la dichiarazione o di sottovalutazione palese dei valori da dichiarare.[4] È evidente che la diversa combinazione di questi tre livelli (censimento, controllo e attribuzione di valore dei beni) modificava molto il senso dell'operazione di allibramento nel contesto politico della comunità interessata: affidarsi totalmente all'autovalutazione significava, in realtà, accettare la decisione individuale dei singoli *cives* sul contributo da dare, sia favorendo l'evasione, sia fidandosi dei sistemi di autocontrollo della ricchezza locale;[5] insistere sulle verifiche mediante gli inquisitori/estimatori presupponeva, invece, una maggiore capacità dell'organo politico di determinare e imporre i carichi fiscali, che si complicava quando all'imposta comunale si sovrapponevano le imposte regie.

E qui sorgeva il problema delle commissioni incaricate di valutare le ricchezze e decidere l'ammontare dell'imposta. Era un'operazione politica

3. Per un panorama generale delle città francesi, cfr. Albert Rigaudière, *Les origines médiévales de l'impôt sur la fortune*, in *L'impôt au Moyen âge*, pp. 227-287, sui modi di costruzione dell'estimo, pp. 248-249. È una prassi assai diffusa nelle città della Francia meridionale come Albi, Jean-Louis Biget, *Les compoix d'Albi (XIVe-XVe siècles)*, in *Les cadastres anciens des villes et leur traitement par l'informatique*, a cura di Jean-Louis Biget, Jean-Claude Hervé e Yvon Thébert, Rome, École Française de Rome, 1989, pp. 101-129; o Arles, Louis Stouff, *Les livres terriers d'Arles du XVe siècle*, ivi, pp. 307-339, qui p. 315 dove si definisce il *manifest*, l'autodenuncia. Esempi per le città iberiche in Max Turull Rubinat, *L'assiette de la taille dans les villes catalanes au Moyen Âge*, pp. 201-221 e Denis Manjot, *La fiscalité directe dans les systèmes financiers des villes castillanes*, in *La fiscalité de villes*, pp. 223-257, qui pp. 239-240, dove si ricordano le dichiarazioni orali davanti a una commissione di estimatori che si basano solo sulle auto-valutazioni dei contribuenti; sono rarissime le inchieste, piuttosto ci si affida ai vicini che sono invitati a denunciare in privato i beni degli altri abitanti del quartiere.

4. Rigaudiere, *L'assiette de l'impôt direct*.

5. In negativo Biget, *Les compoix d'Albi*, p. 113 pensa che il modo di fare l'estimo in uso ad Albi «favorise l'evasion fiscale. L'allivrement s'effectue sur simple déclaration jurée de l'assujeti». Invece Rigaudière, *Les origines médiévales*, p. 263, sembra più ottimista sulle capacità della città di controllare i patrimoni dei propri *cives*, attraverso una più attenta azione di inquisizione e valutazione d'ufficio dei beni.

sia perché coinvolgeva direttamente l'élite di governo della comunità, sia perché il numero e la delicatezza delle decisioni da prendere ogni volta che si ordinava un estimo erano tali da rendere naturalmente oggetto di conflitto qualsiasi modello di estimo proposto. In primo luogo, la definizione dei beni da tassare, immobili (sempre) e in alcuni casi mobili; poi la definizione di "mobile", che ha creato sempre grande incertezza; e infine le soglie di esenzione che definivano le diverse categorie di abitanti: da un lato i "poveri" esenti e dall'altro un massimale di ricchezza oltre il quale la tassazione rimaneva costante, uno dei numerosi sistemi per rendere meno pesante il carico fiscale per i redditi alti, come avveniva in alcune città spagnole.[6]

Nella maggior parte delle città, in ogni caso, le commissioni erano emanazione diretta dell'aristocrazia urbana ed è evidente che l'opacità dei criteri di formazione delle commissioni era proporzionale al grado di compromessi che i membri eletti dovevano raggiungere. Sempre nei casi francesi è palese, per esempio, come le commissioni avessero la funzione di assicurare l'esenzione formale o informale della classe dirigente della città.[7]

In sostanza, l'estimo rappresenta uno strumento di governo "pesante" e costoso, politicamente rischioso perché formalizzava le disuguaglianze economiche e definiva le gerarchie sociali secondo criteri di ripartizione dei costi per certi versi paradossali:[8] le commissioni dovevano fare funzionare un sistema di prelievo diretto delle tasse in base alla ricchezza senza che i ceti più elevati ne fossero danneggiati in maniera eccessiva. Per questo la compilazione dell'estimo accompagnava quasi sempre i momenti di più forte ridefinizione degli assetti sociali delle città.

Nelle città italiane del Duecento e del Trecento le procedure e le implicazioni sociali della fiscalità diretta erano assai simili, come attestano le ricerche su Milano, Pisa, Perugia, Siena, Bologna e altre città mino-

6. Nelle città spagnole vigeva una sorta di regola contabile che fissava un tetto all'imposizione massimale, oltre il quale i patrimoni non erano più tassati, cfr. Adelina Romero, *Proceso recaudatario y mecanismos fiscales en los concejos de la Corona de Castilla*, in «Estudios medievales», 22 (1992), pp. 739-764. Naturalmente un tale sistema favoriva enormemente i redditi alti.

7. Rigaudière, *Les origines médiévales*, p. 244.

8. Di una vera "personalizzazione" dell'imposta parlano sia Rigaudiere per Saint-Fleur sia Menjot, *La fiscalité directe*, p. 241, tanto più che questa valutazione restava legata per diversi anni alle persone, che dovevano pagare le imposte in base a quel valore di estimo iniziale.

ri.[9] L'imposta diretta era un sistema straordinario di finanziamento del comune, basato, in linea di massima, sul valore dei patrimoni dei *cives*, immobili e in alcuni casi mobili. Inoltre – forse in maniera maggiore rispetto alle città europee – la forza dell'estimo risiedeva anche nella possibilità di classificare i cittadini secondo fasce di ricchezza che determinavano, in buona misura, sia l'identità sociale delle persone (poveri e gravati, *maiores*, *mediocres* e *minores*, esenti) sia i diritti politici dei singoli *cives*. In molti statuti cittadini, infatti, la partecipazione alle cariche istituzionali dipendeva direttamente dalle soglie di ricchezza individuale: le cariche maggiori, anche quelle di Popolo (Anziano, Priore, ministrale, console delle arti, consigliere comunale) richiedevano una cifra di estimo superiore alle 50 o alle 100 lire, secondo il peso della carica. La divisione della cittadinanza in "classi economiche", come *maiores*, *mediocres* e *minores*, si fonda sempre di più sui dati dell'estimo.[10] Al contrario, l'esenzione dalle imposte per "povertà" indicava un gruppo di persone nullatenenti, esenti dal pagamento delle imposte ed escluse dalla partecipazione alla vita politica della città. Tutto questo è affidato alla discre-

9. È sempre bene partire dagli studi classici: Gerolamo Biscaro, *Gli estimi del comune di Milano nel secolo XIII*, in «Archivio storico lombardo», 6, LV (1928), pp. 343-481; Bernardino Barbadoro, *Le finanze della repubblica fiorentina: imposta diretta e debito pubblico fino all'istituzione del Monte*, Firenze, Olschki, 1929; Cinzio Violante, *Imposte dirette e debito pubblico nel basso medioevo*, in Id., *Economia società e istituzioni a Pisa nel medioevo*, Bari, Dedalo editore, 1980, pp. 101-169; William Bowsky, *Le finanze del Comune di Siena*, 1287-1355, Firenze, La nuova Italia, 1976; Alberto Grohmann, *L'imposizione diretta nei comuni dell'Italia centrale nel XIII secolo. La Libra di Perugia del 1285*, Rome, École Française de Rome, 1986. Citatissimi e pochissimo studiati, sono i catasti di Chieri, per i quali bisogna ancora ricorrere a Maria Clotilde Daviso di Charvensod, *I più antichi catasti del comune di Chieri (1253)*, in «Bollettino storico-bibliografico subalpino», XXXIX (1937), pp. 66-102; Enrico Fiumi, *L'imposta diretta nei comuni medievali della Toscana*, in *Studi in onore di Armando Sapori*, Milano, Istituto editoriale Cisalpino, 1957, pp. 329-353. Per un panorama regionale aggiornato cfr. Paolo Cammarosano, *Il sistema fiscale delle città toscane*, in *La Toscana nel secolo XIV. Caratteri di una civiltà regionale*, a cura di S. Gensini, Ospedaletto (PI), Pacini, 1988, pp. 201-213, qui p. 203, ora in Id., *Studi di storia medievale. Economia, territorio, società*, Trieste, Cerm, 2009, pp. 243-254; Patrizia Mainoni, *Finanza pubblica e fiscalità nell'Italia centro-settentrionale fra XIII e XIV secolo*, in «Studi storici», 40 (1999), pp. 449-470; Maria Ginatempo, *Prima del debito. Finanziamento della spesa pubblica e gestione del deficit nelle grandi città toscane (1200-1350 ca)*, Firenze, Olschki, 2000.

10. Bowsky, *Le finanze del comune di Siena*, collega la divisione della cittadinanza in classi, *maiores*, *mediocres* e *minores* all'introduzione della Libra.

zione della commissione, alla sua *coscienza*, come a volte viene chiamata nelle fonti.[11] In sostanza, come in tutti i sistemi di classificazione basati sul censo, il valore delle cose rifletteva e "costruiva", allo stesso tempo, un valore attribuito alla persona in termini sociali. Ma come si costruiva questo valore? Con quali calcoli e soprattutto con quali procedure?

La base per determinare l'imponibile sembra essere, in maniera prevalente, l'auto-denuncia dei contribuenti con l'elenco dei beni immobili e in alcuni casi anche mobili. Questo avviene fin dai primi esempi di estimo, come quello di Pisa del 1162, dove lo statuto prevede che cinque uomini per quartiere, che compongono la commissione, dovevano redigere liste di *cives* e da questi ricevere la denuncia di tutti beni immobili e mobili dai cittadini.[12] Interventi di controllo dell'autorità comunale erano possibili, ma sporadici.

Altra cosa sono, naturalmente, le vaste operazioni di misurazione dei terreni condotte da ufficiali pubblici, soprattutto nel periodo inziale di impianto dell'estimo, come si verificò a Milano nel 1243, a Macerata nel 1268 e a Orvieto nel 1292, a Rimini tra il 1305 e il 1315.[13] Si tratta però di due operazioni distinte: prima l'opera di misurazione, affidata al personale tecnico (*mensuratores* o *agrimensores*) e poi la valutazione dei beni, riservata a commissioni politiche, che usavano criteri spesso poco trasparenti. Il rapporto fra auto-valutazione della denuncia e attribuzione di valore,

11. Alla coscienza degli estimatori è affidata la valutazione dei beni a Siviglia, Menjot, *La fiscalité directe*, p. 240. Per i casi bolognesi, si veda oltre.

12. *I Brevi dei consoli del comune di Pisa degli anni 1162*, p. 89.

13. Biscaro, *Gli estimi*, pp. 386, 392; per Macerata si veda Emilia Saracco Previdi, *I possessi immobiliari da un catasto maceratese del 1268*, in «Atti e memorie. Deputazione di storia patria per le Marche», 8, 9 (1975), pp. 169-189; per Orvieto Giuseppe Pardi, *Il catasto d'Orvieto del 1292*, in «Bollettino della Società umbra di storia patria», II (1896), pp. 225-320; Elisabeth Carpentier, *Orvieto à la fin du XIIIe siècle. Ville et campagne dans le cadastre de 1292*, Paris, Éditions du Centre national de la recherche scientifique, 1986, che non accetta le ipotesi del Pardi sul criterio di assegnazione del valore alle terre; per la Carpentier sarebbe il valore di "mercato". Per Rimini, Oreste Delucca, *Rimini: un estimo del XIV secolo*, in *Le fonti censuarie e catastali tra tarda romanità e basso medioevo: Emilia-Romagna, Toscana, Umbria, Marche, San Marino*, a cura di Alberto Grohmann, San Marino, Centro di studi storici sammarinesi, 1996, pp. 82-97, dove alle denunce segue una lunga operazione di "appasso", misurazione in loco dei terreni da armonizzare con le denunce, p. 89. Un'operazione simile per un'altra piccola città, Osimo, esaminata da Francesco Pirani, *Rilevazione fiscale e possesso immobiliare a Osimo tra XIII e XIV secolo*, ivi, pp. 98-114, dove, secondo l'autore, si usava il prezzo di mercato delle terre.

del capitale o più spesso della rendita, restò infatti assai vario nelle città italiane della seconda metà del Duecento e dei primi del secolo successivo.

Ci sono casi più documentati. Al momento di istituire il primo grande estimo cittadino, il consiglio del Comune di Perugia nel 1260 dispose che gli ufficiali, una volta ricevuta la lista di beni da assegnare all'estimo, dovevano farsi dare anche i contratti di compravendita relativi ai terreni assegnati e stabilire il valore del bene in base al prezzo di acquisto: un tentativo interessante di regolare il valore dei terreni in base a quello di mercato.[14] Le operazioni di estimo erano quindi scandite in due momenti: l'assegnazione da parte dei *cives* dell'elenco dei beni mobili e immobili, e poi la presentazione di tutti gli *instrumenta* di acquisto. È bene precisare che non ci è rimasto quasi nulla di questa immane opera di esposizione dei contratti, eccetto alcuni registri preparatori dai quali non è chiaro se il valore attribuito alle terre sia stato poi effettivamente tratto dagli atti. Senza contare che la prima registrazione sintetica dei valori dei beni dei *cives* perugini si trova in un documento di molto posteriore, la nota *Libra* del 1285 che contiene solo i nomi delle persone e la somma del valore dei loro beni. In sostanza, a Perugia tra la descrizione dei beni (su autovalutazione) e la loro valutazione da parte dell'autorità sono trascorsi circa 25 anni, durante i quali non è rimasta traccia univoca del sistema di accertamento del valore usato dagli estimatori del comune.[15] Certo, l'indicazione iniziale, ripetuta ancora nello statuto del 1279, di far coincidere il valore fiscale con il *pretium* del bene è già un dato politico importante: «tutti i possessi siano messi nella Lira secondo l'estimazione o *prezzo* dell'atto di acquisto in modo che siano valutati per quanto furono comprati».[16]

14. Grohmann, *L'imposizione diretta*, p. 35.

15. Come ipotizza fondatamente Alberto Grohmann, le operazioni di allibramento del 1260 dovettero costituire la base della libra del 1285; ma a parte i ripetuti richiami, presenti sia nello statuto sia nei frammenti di registri, di assegnare i propri beni portando tutti i documenti relativi, non abbiamo testimonianze chiare dei criteri usati per stimare il valore dei beni allibrati nel 1260. Nei frammenti di alcune parrocchie si parla solo di "assegnazione", vale a dire di autodenunce: per esempio gli abitanti della parrocchia di san Martino «iuraverunt [...] assegnando omnes et singulas possessiones quas ab uno miliario infra versus civitatem», Grohmann, *L'imposizione diretta*, p. 36.

16. Obbligo ripetuto nello statuto del 1279, che dispone di reperire tutta la documentazione relativa ai beni assegnati «et illas possessiones ponere in libram secundum extimationem sive *pretium* instrumenti emptionis, ita quod extimentur res quantum empte fuerunt», citato in Grohmann, *L'imposizione diretta*, p. 35.

Per mettere a punto il primo grande estimo comunale, i governanti scelsero di seguire, almeno su un piano teorico, un criterio *oggettivo*, il prezzo di acquisto scelto dai contraenti. Un tentativo di riflettere un valore accettato, anzi formulato, dagli stessi *cives* e non imposto modo arbitrario dal comune. In quale misura lo sforzo del comune di Popolo ebbe successo, tuttavia, non è dato sapere, anche perché il caso perugino sembra quasi un unico nel panorama dei grandi comuni italiani.

I tentativi di estimo del comune di Firenze alla fine del Duecento, per esempio, non partirono dal valore dei beni, ma da una valutazione complessiva della ricchezza delle singole ripartizioni urbane commisurate al fabbisogno della città in determinato momento. Dai dibattiti consiliari emerge un sistema di ripartizione che parte da una massa estimale definita a priori, da suddividere tra gli abitanti dei sestieri in base a una rudimentale valutazione delle ricchezze dei singoli; una valutazione che prescindeva da un esame analitico dei beni, per risolversi in un semplice "apprezzamento" del loro valore complessivo da parte degli estimatori che spesso si basavano sulle testimonianze dei vicini.[17] Era un sistema assai approssimato e fonte di innumerevoli conflitti, ma che rivela in maniera palese il carattere socialmente "costruito" del contributo che ciascun cittadino doveva dare al comune. Solo nel 1327, e con fortuna incerta, si provò a fare un estimo basato sull'accertamento reale dei patrimoni, un esperimento che ebbe vita assai breve.

Su un piano simile sembra essere Siena, dove, nella seconda metà del Duecento, i frequenti "alliramenti" erano condotti da commissioni elette dal governo oligarchico dei Nove e composte di mercanti o esponenti dell'élite novesca per tenere sotto controllo un sistema che si basava largamente sull'arbitrio dei valutatori e sulla loro discrezione, «che è la madre di tutte le virtù». Come recita infatti lo statuto che ordina la lira del 1312, gli allibratori «devono ponderare e considerare la condizione delle persone e i loro redditi e spese e profitti e debiti e le lor famiglie».[18] Una volta

17. Si tratterebbe, in sostanza, di ripartire una cifra d'estimo stabilita a priori fra i cittadini dei vari sesti; Barbadoro, *Le finanze della repubblica*, p. 79: «delle differenti condizioni economiche dei contribuenti tengono un *certo* conto gli allibratori nell'assegnare le quote d'estimo, a ciascuno distribuendo in quella misura che ritengono giusta e proporzionata alla sua sostanza»; e ancora più chiaro ivi, p. 90: il sistema di estimo rimase «in gran parte arbitrario appunto perché si volle esclusa di proposito la stima diretta dei beni». Dei beni era ripreso solo il reddito e non il valore capitale.

18. Bowsky, *Le finanze del Comune di Siena*, pp. 99-102.

stabilite le 15 stime presentate dai 15 alliratori, due sagrestani dovevano eliminare le sei valutazioni più basse e le sei più alte, fare una somma delle tre restanti e dividere per tre: in sostanza una media aritmetica dei tre valori mediani, secondo una prassi in uso in altre città e, come vedremo, in parte anche a Bologna.

In ogni caso, l'attribuzione dei carichi fiscali definiva, in termini monetari, i costi dell'appartenenza locale e quindi il ruolo dei singoli nella vita cittadina: quanto i singoli dovevano pagare in base ai beni e alla posizione sociale occupata nel contesto politico urbano; e questo per periodi mediamente lunghi, visto che l'estimo, spesso, rimaneva valido per diversi anni dopo la sua redazione, inchiodando le persone a una valutazione fissa in base alla quale venivano raccolte le tasse dirette; negli anni dove le raccolte delle collette o del dazio, come si chiamava a Siena, erano particolarmente frequenti, la valutazione iniziale fissata nell'estimo determinava la quantità di tasse da pagare. Era un meccanismo che si usurava presto e creava continui conflitti interni alle città italiane.

È bene dire subito che le varie soluzioni possibili tra autodenuncia e valutazione complessiva dell'autorità trovate dai governi comunali, subirono, nel primo ventennio del Trecento, un riassetto traumatico con esiti divergenti. Basti pensare alla perfetta sincronia di provvedimenti opposti presi a Firenze e a Siena. Nel 1315 a Firenze, dopo una lunghissima e faticosa gestazione di un estimo ordinato nel 1313 – e non del tutto terminato alla fine del 1314 –, il Consiglio dei Cento del Capitano decise di abolire l'estimo, o quanto meno di bruciare tutte le carte dell'estimo esistenti.[19] Siena, invece, mise in campo nel 1316 la più completa e capillare operazione di misurazione e censimento dei beni dei senesi, conosciuta come "Tavola delle possessioni": una descrizione minuta di tutti i terreni e gli immobili in città e nel contado, da registrare prima nelle tavolette e da copiare in registri intestati ai singoli contribuenti. L'operazione, lunghissima e molto difficile da aggiornare, rimase in piedi qualche anno per essere poi abbandonata dopo il 1320.[20] Si aprivano altri scenari, con il ruolo crescente delle imposte indirette e delle prestanze forzose (da scontare poi come crediti verso il comune al momento di pagare le imposte dirette), ma si metteva anche in luce una crisi di fiducia verso un sistema di valutazione

19. Barbadoro, *Le finanze della repubblica*, pp. 124-126 sull'abolizione dell'estimo.

20. Giovanni Cherubini, *La Tavola delle possessioni del comune di Siena*, in «Rivista di storia dell'agricoltura», XIV/2 (1974), pp. 5-14.

dei beni fondamentalmente arbitrario.[21] È in questo contesto che si situa la redazione dell'estimo di Bologna del 1315, oggetto di questo capitolo.

2. *La costruzione del valore dei* cives *a Bologna: le carte di estimo del 1315*

La procedura in uso a Bologna riprende gran parte dei passaggi prima esaminati nel contesto italiano ed europeo. Sappiamo che il primo passo era la decisione del consiglio cittadino di preparare un nuovo estimo. Si trattava di una decisione impegnativa sia per la scelta dei criteri (quali beni e in quale proporzione tassarli), sia per la durata relativamente lunga che aveva la classificazione economica dei *cives* stabilita nel singolo estimo. Vale a dire che, una volta assegnato il valore di estimo, la persona restava legata a quella cifra per tutta la durata dell'estimo, che spesso si estendeva per diversi anni.[22] Il grande estimo della città e del contado di Bologna redatto nel 1280 da Pace dei Paci – un notissimo giurista, esponente di rilievo dei Geremei, la parte guelfa della città che usò la fiscalità pubblica anche come arma di ritorsione contro i banditi ghibellini – rimase in vigore ben sedici anni; solo nel 1296 il consiglio comunale dispose la redazione di un nuovo registro fiscale perché quello di Pace era troppo "rovinato" per le tante annotazioni e tracce d'uso e non poteva essere più consultato facilmente. Sedici anni durante i quali, nonostante gli aggiornamenti apportati, i *cives* erano rimasti fissati al valore iniziale, in base al quale si calcolava l'importo delle collette (tasse dirette) negli anni successivi.

Dopo gli estimi del 1296-97, dei quali sono rimaste solo le dichiarazioni dei contribuenti, si deve aspettare il 1304-1305 e poi il 1308 per avere dei nuovi estimi validi per la città.[23] A questi seguì l'estimo per la città

21. Sottolinea la somiglianza dei due provvedimenti apparentemente diversi di Siena e di Firenze, Cammarosano, *Il sistema fiscale*, p. 246: «la comune difficoltà di mettere a punto un sistema ordinario di imposizione diretta» generò una rivolta contro l'arbitrio delle commissioni. Senza contare che Firenze cercò comunque di mantenere un sistema di accertamento dei beni, la Gabella delle possessioni, un'imposta che, formalmente indiretta, doveva fornire una base più oggettiva di valutazione dei beni fondiari.

22. La durata degli estimi nelle città italiane ed europee sarebbe un tema da studiare in scala comparativa: rimandiamo agli esempi di Siviglia in Menjot, *La fiscalité directe* e di Pisa in Violante, *Imposte dirette e debito pubblico*, p. 130.

23. ASBo, Comune, Estimi, serie I, Ruoli d'estimo, registro 6, Porta Procola.

e il contado del 1315, oggetto di questo studio, seguito poi dall'estimo ordinato dal cardinale legato Bertrando del Poggetto del 1329, il primo estimo "signorile", un'altra operazione fiscale fortemente politica e molto contestata dai bolognesi.[24] In realtà, la cifra di estimo non era solo o tanto un'indicazione economica reale, ma una sorta di cifra indicativa del "valore fiscale" dei *cives*, che rimaneva agganciata alla persona per lungo tempo (16, 8, 4, 7, 14 anni), quando invece i decenni tra il 1280 e il 1329 avevano visto una trasformazione sostanziale della popolazione bolognese, sul piano demografico, economico e naturalmente politico.

In particolare, durante il primo decennio del Trecento, gli equilibri politici furono sottoposti a violente fibrillazioni faziose. Il regime guelfo subì, nel giro di pochi anni, un duplice rovesciamento dovuto alla spaccatura fra guelfi neri (al potere nel 1303) e guelfi bianchi (di nuovo al governo nel 1306), con epurazioni e bandi nei confronti delle famiglie della fazione avversa, prima nel 1303 e poi nel 1306.[25] In entrambi i casi, i bandi furono accompagnati da un ricorso sistematico alla fiscalità punitiva verso i membri delle famiglie nere tendenzialmente filo-ghibelline – di cui è testimone prima l'estimo del 1304-1305 e poi quello del 1307-1308 – come conseguenza del ribaltamento della loro condizione giuridica da popolani a magnati.

24. Sugli estimi bolognesi, Francesca Bocchi, *Le imposte dirette a Bologna nei secoli XII e XIII*, in «Nuova rivista storica», LVII (1973), pp. 273-312. Per le dinamiche dell'estimo del 1296 si veda Rosa Smurra, *Città, cittadini e imposta diretta a Bologna alla fine del Duecento. Ricerche preliminari*, Bologna, Clueb, 2007, che si limita solo alla redazione del catasto del 1296 (non menziona i catasti precedenti e successivi); Ead., *Fiscal sources: the Estimi*, in *A Companion to Medieval and Renaissance Bologna*, a cura di Sarah Blanshei, Leiden-Boston, Brill, 2018, pp. 42-55; Antonio Ivan Pini, *Il patrimonio fondiario di un borghese negli estimi cittadini fra Due e Trecento*, in Id., *Campagne bolognesi. Le radici agrarie di una metropoli medievale*, Firenze, Le Lettere, 1993, pp. 39-92; Id., *Dalla fiscalità comunale alla fiscalità signorile: l'estimo di Bologna del 1329*, in «Atti e Memorie della Deputazione di Storia Patria per le province di Romagna», n. s., XLVI (1995), pp. 344-372; Paola Foschi, *Indagini preliminari e saggi campione per uno «scavo» archivistico in corso: l'estimo di Bologna del 1315*, in *Le fonti censuarie e catastali*, pp. 189-217.

25. Giuliano Milani, *L'esclusione dal comune. Conflitti e bandi politici a Bologna e in altre città italiane tra XII e XIV secolo*, Roma, Istituto storico italiano per il medioevo, 2003, dopo la cacciata dei guelfi bianchi nel febbraio 1306 (p. 385) furono redatti nuovi elenchi di Lambertazzi, nel 1307 per imporre loro una colletta come nemici del comune; visti i numerosi rovesciamenti di fronte era comunque difficile riconoscere i veri o nuovi Lambertazzi e la nuova schedatura si arenò perché le liste contenevano moltissimi ex Geremei, p. 389. Nuove collette ai nemici del comune furono imposte nel 1309 e nel 1311 per 6.000 libre, p. 395.

Inoltre, cosa ancora più grave, le richieste di tasse dirette, chiamate collette, erano in costante aumento dagli ultimi anni del Duecento in avanti, con precisione dal 1296, anno della guerra con il marchese d'Este di Ferrara. L'aumento della pressione fiscale aveva comportato anche un aumento dell'evasione, misurata grazie ai registri di *malpaghi* (gli evasori della colletta) redatti dal giudice del disco dell'Orso, incaricato di punire gli evasori del fisco comunale. Nel 1309 circa 6.000 persone furono punite per non aver pagato una o più collette al comune, o per non essere iscritte nell'estimo urbano: quasi la metà del corpo politico della città, calcolato fra le 15 e le 18 mila persone (a quanto ammontano, grosso modo, i membri delle corporazioni di arti e armi a fine Duecento).[26] Sia l'estimo del 1308 sia la repressione dei *malpaghi* del 1309 riflettevano quindi una situazione in crisi acuta del sistema fiscale bolognese. Una crisi, si direbbe, di legittimità politica del fisco comunale, dove la stessa capacità del comune di raccogliere periodicamente il contributo dei suoi *cives* veniva contestata di fatto e annullata da un altissimo numero di persone morose (vedi capitolo 3).

Pochi anni dopo, nel 1315, i lavori di rifacimento del nuovo estimo proiettano una luce ancora più cupa sulla crisi della città, ma ci mostrano anche, per la prima volta in chiaro, il funzionamento dei meccanismi principali del sistema di valutazione in uso in quel torno di anni. L'estimo del 1315 è infatti documentato da due serie di atti di particolare utilità: le *dichiarazioni* di estimo dei contribuenti che contengono, come in altri anni, l'elenco dei beni da valutare, i crediti e i debiti e il valore loro assegnato dagli stessi dichiaranti;[27] le *carte di attribuzione* della cifra di estimo, con l'indicazione della cifra finale da riportare nel registro ufficiale del comune (i *ruoli* di estimo), decisa da una commissione di circa 50-60 persone eletta dal comune bolognese.[28] È questa la maggiore novità documentaria, perché le 124 carte – lacerto di una documentazione che in genere veniva distrutta – contengono i risultati di una fase in genere segreta e opaca, la votazione finale sulla cifra definitiva. Queste rappresentano dunque l'anello

26. Vedi capitolo 3.

27. ASBo, Estimi, serie II, Denunce di estimo, busta 171.

28. ASBo, Estimi, serie I, busta 15, reg. 3 classificato come *assegnazione delle cifre di estimo ai cittadini di porta Procola 1304-1305*, in realtà dovrebbero essere del 1315. La nuova datazione è dovuta alla coincidenza dei nomi con quelli delle denunce d'estimo del 1315 (e non del 1304).

mancante fra la cifra iniziale (nella denuncia) e la cifra finale dell'estimo riportata nei ruoli (elenchi di nomi con la cifra di estimo a lato).

In sostanza, le due serie attestano due momenti cruciali del sistema pubblico di attribuzione del valore fiscale ai *cives* medievali, che creava ovunque tensioni politiche notevoli:

- da un lato l'autovalutazione dei *cives* espressa nelle dichiarazioni
- e dall'altro l'imposizione coercitiva delle cifre d'estimo da parte dell'autorità comunale, attestata nelle carte di attribuzione.

Una dialettica che rifletteva anche un divario, a volte drammatico, fra i valori dichiarati e i valori assegnati nell'estimo, fra stima personale e stima pubblica della ricchezza. L'estimo vive di queste contrapposizioni, anzi, in un certo senso, si costruisce a partire dal confronto di queste letture contrastanti che disegnano due sistemi "economici" coesistenti e alternativi.

Le denunce dell'estimo del 1315. Il documento di base al momento del rinnovo dell'estimo nel 1315, come nei decenni precedenti, era la dichiarazione presentata dai cittadini con l'elenco dei beni e del loro valore espresso con una cifra scritta a lato dei singoli beni elencati.[29] Possiamo ipotizzare che fossero gli stessi contribuenti ad attribuire il valore a case e terreni, oppure che si avvalessero di moltiplicatori elaborati dal comune, almeno per i terreni, che venivano valutati secondo l'estensione e la tipologia di coltura.[30] Dobbiamo però riconoscere che di questo momento di autovalutazione ci sfuggono ancora alcuni elementi.

Conosciamo invece i risultati, che presentano un quadro inziale di forte contrasto con la valutazione pubblica espressa nell'estimo precedente. Le dichiarazioni bolognesi hanno infatti una caratteristica importante, che li differenzia da altre realtà urbane dove si dispone sempre la distruzione dell'estimo precedente: nelle carte di denuncia, il contribuente, oltre al nome e alla parrocchia di residenza, doveva indicare come primo dato la cifra dell'estimo precedente, in questo caso quello del 1308 (se era già stato estimato). Questo sistema era già in uso nelle denunce del 1308 che riportavano la valutazione dell'estimo precedente, cioè del 1304-1305. Si

29. Sull'estimo del 1315 non c'è quasi nulla, salvo un breve contributo di Foschi, *Indagini preliminari* che tratta soprattutto estimi del contado, pp. 189-217.

30. In effetti nelle denunce si ripetono spesso valutazioni modulari di terreni di tipologia simile, valutati 20 o 40 lire.

tratta dunque di una procedura che mette subito a confronto due valutazioni: la prima cifra riporta il valore già attribuito alla persona dall'autorità comunale;[31] la seconda riflette la valutazione data dal contribuente ai suoi beni al momento della denuncia: una sorta di aggiornamento proposto dal contribuente.

Lo scarto fra i due dati è notevole, a volte siderale: la valutazione dei *cives* è in media pari a una cifra che va da 1/5 a 1/10 di quella dell'estimo precedente.[32] Si tratta appunto di due sistemi valutativi sempre più divergenti. Cerchiamo di inquadrare meglio la natura di questo scarto così grande.

Sono pochi esempi che riflettono un trend negativo generale, attestato dalla grande maggioranza delle denunce; un trend in parte reale, in parte accentuato nel momento della verifica fiscale imposta dal comune, che favoriva la retorica dell'impoverimento e della crisi per ragioni economiche, familiari, politiche e giudiziarie. Questa, tuttavia, è solo la prima fase del processo di determinazione del valore, quella in mano agli stessi cittadini contribuenti e non esprime affatto la cifra finale presente nell'estimo.

La valutazione pubblica. Come si è detto, dopo la denuncia interveniva una seconda fase della valutazione dell'autorità comunale, che ricalcolava i valori dei beni e li assegnava in via definitiva nei *Ruoli* i grandi registri in forma di lista con il nome e solo la cifra totale dell'estimazione decisa dall'ufficio dell'Estimo.

Quando il confronto fra le denunce (carte sciolte) e i Ruoli (registri) è possibile, come nel 1308, si vede che lo scarto fra la cifra denunciata e la cifra attribuita era amplissimo, segno che gli ufficiali dell'estimo, una volta ricevuta la denuncia ricalcolavano la cifra d'estimo, riportandola in genere ai livelli dell'estimo precedente. Quindi abbiamo sia nel 1308 che nel 1315 un movimento a onde che tende a ricostruire la massa di valori dell'estimo precedente: valore di estimo inziale, autovalutazione, che lo diminuisce, e nuova estimazione che rialza il valore fino ai livelli dell'estimo precedente. Una lotta sorda fra i *cives* che cercavano di modificare l'assegnazione

31. È un dato che la storiografia bolognese non ha mai colto nella sua rilevanza economica e politica; la presenza della cifra dell'estimo precedente nelle denunce del 1296 è ricordata da Smurra, *Città, cittadini e imposta diretta*, p. 41, senza altre notazioni. Avverte il contrasto tra i due valori presenti nelle denunce dell'estimo del 1329 Pini, *Dalla fiscalità comunale alla fiscalità signorile*, p. 360.

32. Si tratta di uno scarto simile a quello presente nelle carte del 1308 rispetto all'estimo del 1304-1305.

precedente e gli estimatori comunali che cercavano invece di riportarla in vigore.

In base a quali criteri era condotta questa seconda valutazione che portava poi alla cifra nel nuovo ruolo di estimo? Quali erano i sistemi di accertamento e di ri-valutazione dei beni che mettono in luce uno scarto macroscopico e strutturale fra la valutazione fatta dai *cives* e quella dell'autorità?

Su questo i dati delle fonti bolognesi sono balbettanti: si sa che esisteva un *officium extimatorum*, o i *domini* dell'estimo, a cui materialmente si consegnava la carta e che per primi valutavano la cifra ricevuta. Nelle operazioni di estimo del 1296 interviene anche una commissione di "accertatori" incaricata di verificare la presenza o il valore reale dei beni dichiarati.[33] Ma si tratta di un quadro ancora incerto, che non risolve del tutto il problema posto dallo scarto enorme fra autovalutazione e cifra catastale. Nelle carte di autodenuncia del 1308 abbiamo trovato poche indicazioni a penna della ri-valutazione delle denunce, che, come si è visto da un rapido confronto, tende a riconfermare i valori dell'estimo precedente.[34]

Per l'estimo del 1315 abbiamo una fonte che integra in parte questa lacuna. Sono le 124 carte di attribuzione di estimo prima menzionate, relative all'estimazione da parte degli uffici comunali di persone che chiedono di essere allibrate nelle parrocchie della porta san Procolo nel 1315.[35] Come si è detto, questo tipo di carte, uniche nella documentazione fiscale bolognese, mostrano per la prima volta "in chiaro" il processo di determinazione del valore nelle sue diverse fasi: dall'autodenuncia alla valutazione finale. È un percorso tutt'altro che semplice. Per capirne la natura e la rilevanza è bene partire dalla descrizione delle informazioni contenute nella carta.

33. Smurra, *Città, cittadini e imposta diretta*, usa una terminologia ambigua: prima parla di una commissione di dieci per quartiere, più 2 notai, detta anche dei Quaranta (p. 29); di questi 22 erano notai; poi chiama i Quaranta anche *inquisitori* perché dovevano usare l'*inquisitio*, confondendo due uffici diversi; infine menziona gli *accertatori* (p. 133): chi erano e quanti erano non è chiaro.

34. Il confronto è stato fatto sulle parrocchie di porta Procola – le stesse dell'estimo del 1315 – esaminando i valori presenti nelle denunce di estimo in ASBo, Estimi, serie II, busta 122, S. Maria Rotonda, e i valori corrispondenti nei "Ruoli di estimo", ASBo, Estimi, serie I, busta 6, ruoli d'estimo del 1308.

35. Conservate ASBo, *Estimi*, serie I, busta 15, reg. 3 erroneamente datate al 1304-1305; ne aveva fatto un cenno in nota solo Pini, *Il patrimonio fondiario di un borghese*, p. 47, avanzando due osservazioni da correggere: che «la quota che otteneva più voti fosse senz'altro presa come imponibile» e che questa quota «corrispondesse a quella suggerita dagli ufficiali dell'estimo».

La carta di assegnazione della cifra di estimo consta di due parti.

Nella parte superiore, dopo il nome e la parrocchia di residenza dell'allibrato, sono presenti quattro valutazioni dei beni, o meglio quattro livelli di definizione del valore:

Vetus: è la cifra indicata nell'estimo precedente (del 1308), usata come valore di partenza, e come soglia di riferimento per le successive valutazioni;

Voluntarium: è la cifra presente nelle dichiarazioni, quindi l'autostima delle persone presentata nelle denunce;

Inquisit(ores): dovrebbe essere una valutazione fatta da ufficiali predisposti alla ricerca di nuovi beni e alla verifica delle dichiarazioni; non è sempre presente e quando si trova, si avvicina in buona misura ai valori presenti nelle dichiarazioni;

Officium: nell'ultima riga abbiamo la definizione dell'ufficio degli estimatori, deputato ad attribuire il valore della cifra finale. Non sappiamo bene come lavorasse questo ufficio, se attribuisse i valori ai singoli beni usando dei parametri diversi da quelli dei contribuenti, oppure ricalcolasse il totale tenendo conto della cifra del *vetus*. Fatto sta che l'*officium* spesso rialza le valutazioni, riportandole in genere al livello del *vetus*. Questa fase, tuttavia, che normalmente segna la fine del processo di valutazione pubblico delle ricchezze, in realtà non è l'ultima.

Nella parte inferiore della carta, infatti, si trova la riproduzione grafica della seconda fase del processo di attribuzione del valore fiscale delle persone.

Voto della commissione: una fase poco o per nulla conosciuta, esterna agli uffici deputati dal comune (l'*officium extimatorum*), che dipende unicamente da una commissione di circa 50-60 persone incaricata di assegnare, mediante votazione segreta, il valore finale dei beni della persona. I nomi dei componenti non sono mai espressi nelle carte.[36] È chiaro, comunque, che si tratta di due enti diversi, formati entrambi dall'élite politico finanziaria della città – quindi notai in gran parte e membri dell'arte del Cambio – e che il secondo corregge spesso il primo determinando la cifra finale, riportata in numeri arabi in fondo alla carta: cifra

36. Potrebbero essere le stesse persone che troviamo in calce nella riformagione del 1314 che dispone l'estimo, ma l'incipit della carta è illeggibile, per cui non sappiamo se l'elenco si riferisce ai domini dell'*officium* dell'estimo (in genere 10 per quartiere) o alla commissione.

che veniva riportata nei Ruoli di estimo come valore di estimo ufficiale della persona. Per questo è importante capre come funzionava e in base a quali criteri decideva l'ammontare del valore. Qui arriva una prima novità.

La commissione, che esprime un terzo livello di stima – dopo gli inquisitori e gli officiali dell'estimo – agiva di fatto come una sorta di piccola assemblea politica, in cui i singoli membri esprimevano una valutazione soggettiva dell'ammontare complessivo dell'estimo dei singoli allibrati: ogni cifra veniva poi messa su una linea e i voti dati a ciascuna cifra venivano poi indicati con una stanghetta verticale su una linea retta.

La resa grafica è dunque elementare ma efficace: a sinistra le diverse cifre indicate seguite da una linea orizzontale con tante barrette verticali quanti sono i voti ricevuti da ogni singola cifra. Non ci sono rimasti documenti o pezze d'appoggio per capire su quali dati la commissione votasse,[37] ma si capisce bene, dalle enormi differenze fra le diverse cifre proposte, che non si trattava di una valutazione oggettiva della ricchezza, ma di una sorta di "attribuzione politica" del valore ai vari allibrati in base a fattori non economici.

3. *Logica del valore o logica del prelievo?*

La struttura stratificata delle carte di assegnazione della cifra d'estimo ci mette davanti una situazione complessa, dove coesistono e si alternano, come si è visto, almeno cinque diversi sistemi di valutazione: *vetus*, *voluntarium*, *inquisitores*, *officium extimorum,* e infine la commissione che si esprime con un voto.

Naturalmente, le differenti valutazioni presenti nella carta rispondono anche a logiche diverse e spesso in contrasto. Si tratta, infatti, di logiche che seguono sempre uno schema "dialettico". Le cifre – e quindi le valutazioni che le precedono – sono sempre elaborate *in rapporto* alla precedente: il *voluntarium* è una reazione all'estimo precedente; l'*officium* opera un ricalcolo in base al *voluntarium*; mentre la commissione si pone

37. È probabile che la procedura fosse più complessa: ogni membro indicava, su un breve, una cifra di estimo adatta alla persona da valutare; i brevi venivano poi aperti e il notaio, man mano che apriva i brevi, riportava i voti vicino alle diverse cifre indicate da ciascun membro della commissione.

su un livello superiore che ridefinisce la cifra espressa anche dall'*officium*. Per questo le valutazioni vanno lette in coppie oppositive, dove la seconda si pone come correttivo della precedente. La differenza fra i diversi totali riflette gli scarti fra questi diversi sistemi di valutazione. E sono scarti fortissimi, che esprimono valori quantitativi e monetari molto diversi. Esaminiamoli in sequenza.

a. *Riscrivere il valore: lo scarto fra il* voluntarium *e il* vetus. La denuncia dei *cives* esprime una valutazione nettamente più bassa di quella data dall'autorità sia per mezzo della stima del catasto precedente del 1308, sia attraverso la stima degli altri uffici: in media, l'autovalutazione rappresenta solo il 25% del valore stabilito dagli uffici, con punte di cifre 10 volte inferiori a quelle stabilite dall'estimo del 1308. Rispetto ai valori totali delle 124 carte esaminate, la differenza fra i due valori è la seguente:

Totale Vetus	163.893 lb	
Totale Voluntarium	39.287 lb	
Scarto	-124.606 lb	(rispetto ai valori del 1308)

La denuncia rappresenta, in altre parole, una valutazione autonoma del contribuente non solo slegata da quella degli uffici, ma posta su una scala di valore completamente diversa, e per certi versi incomparabile a quella dell'autorità (appunto appena ¼ del valore ufficiale). Sembrano due "economie" non comunicanti. Questo ci fa capire, per contrasto, l'importanza dei sistemi fiscali che invece prendono per buona l'autodenuncia, lasciando di fatto ai singoli la valutazione della propria ricchezza: si tratta di una scelta chiaramente politica, che permette ai governanti locali di far accettare la tassazione diretta ai membri del corpo sociale urbano, a patto che la determinazione dell'imponibile resti nelle competenze dei soggetti tassabili. A Bologna e in altri comuni italiani non era così: l'intervento degli uffici comportava una drastica rivalutazione del valore dei beni, così come l'autodenuncia rappresentava di fatto una altrettanto drastica riduzione del medesimo valore rispetto all'estimo precedente.

b. *Riportare l'equilibrio*: *lo scarto fra* voluntarium *e valutazione dell'*officium. Se gli inquisitori non modificano di molto la cifra finale rispetto alle denunce, ben più sensibile era l'intervento dell'*officium extimatorum* che rivalutava la cifra di estimo presentata dai contribuenti. Sempre sul totale dei valori delle carte abbiamo un aumento del volume complessivo rispetto al *voluntarium* di quasi il doppio del suo ammontare:

Totale Voluntarium	39.287 lb
Totale rivisto dall'Officium	113.465 lb
	+74.1781 lb

Gli ufficiali dell'estimo tendono, in linea di massima, a riportare i valori delle denunce a un livello simile a quelli dell'estimo del 1308, riducendo lo scarto fra le autovalutazioni dei *cives* e quelle dell'autorità comunale. L'aumento dei valori rispetto a quelli denunciati è infatti sensibile rispetto al *voluntarium*, ma non supera mai, o quasi mai, i valori stabiliti nell'estimo del 1308; anzi, molte volte gli *officiales* devono prendere atto che la cifra finale, spesso più alta del *voluntarium*, era comunque più bassa di quella dell'estimo precedente. Per quanto il loro fine fosse il bilanciamento fiscale fra due estimi (1308 e 1315) non sempre era possibile recuperare lo stesso ammontare.

c. *Il valore politico della cittadinanza: lo scarto* officium – *commissione*. Di altra natura sono invece gli scarti fra le valutazioni dell'*officium* e quelli della commissione incaricata di determinare l'importo definitivo; la commissione alza ancora lc cifre totali rispetto a quelle stabilite dall'*officium*:

Totale calcolato dall'Officium	113.465 lb
Totale stabilito dalla Commissione	134.100 lb
	+20.635 lb

Rispetto al totale stabilito dall'*officium* per 113.465 libre, la commissione ha infatti alzato la cifra a 134.100 libre, con un aumento di circa 20 mila libre (quasi il 20% in più). L'aumento è frutto di una revisione dei valori in 50 estimi su 124 (quasi il 40% delle carte conservate) per i quali la commissione ha deciso diversamente dall'*officium*. Quindi la commissione ha una funzione di controllo e in caso di integrazione dei valori espressi dall'organo comunale preposto all'estimo. Con quali risultati e con quali criteri? I risultati quantitativi sono evidenti: alzando gli imponibili il comune avrebbe dovuto incassare una cifra maggiore al momento di riscuotere le collette. Con un limite strutturale che neanche la commissione riusciva a superare: il totale dell'imponibile raggiunto dalla commissione è comunque inferiore al totale dell'estimo del 1308 (163.893 libre).

Dei 50 casi di estimi "aumentati" dalla commissione, 16 riportano le cifre ai livelli del 1308, 23 sono maggiori dell'ufficio, ma inferiori all'estimo del 1308, e solo in 11 casi sono superiori sia all'ufficio sia all'estimo del 1308. Vale a dire che in quattro casi su cinque la commissione ha deciso per una cifra *non* superiore a quella di partenza: ha recuperato moltissimo rispetto alle dichiarazioni dei contribuenti, che ormai si è capito, non avevano alcun valore per i commissari; ha aumentato molto anche le valutazioni dell'ufficio, ma come si è visto prima, il saldo con il 1308 resta negativo (- 29.792 libre).

Sul piano qualitativo, invece, emergono differenze importanti fra le due magistrature. La commissione ha palesemente un metodo di lavoro diverso dall'ufficio degli estimi: il fine era forse quello di "mantenere" i livelli dell'estimo del 1308, ma per farlo doveva elaborare una valutazione più "politica" dei beni, vale a dire stabilire – attraverso il meccanismo contorto della votazione segreta – più che il valore dei beni in sé una valutazione soggettiva di quanto la persona deve valere ai fini fiscali.

Capire il sistema di voto e di attribuzione del valore messo in opera dalla commissione è dunque fondamentale. La commissione era formata da un numero variabile di persone, da 48 a 60 secondo i casi: ogni componente vota una cifra relativa al valore presunto dei beni della persona estimata. La struttura di queste votazioni è importante, perché illumina il dato più sfuggente e più arbitrario e dunque politico del sistema: la formazione del valore assegnato ai patrimoni dei contribuenti.

Diciamo subito che non esiste una scala di valori condivisa né un rapporto reale con l'entità dei beni: le cifre votate hanno spesso valori molto diversi uno dall'altro, segno che per la stessa persona si usavano parametri non omogenei. Inoltre, la cifra attribuita alla fine dello scrutinio (quella scritta in numeri arabi in fondo alla carta) non sempre corrisponde alla cifra più votata, e neanche alla media matematica fra i voti, ma a una sorta di mediana fra i valori più votati, una cifra "tendenziale" che privilegia la soglia di valore che ha ricevuto più voti (quanti voti sono sopra o sotto una determinata soglia).

I casi più interessanti sono naturalmente quelli dove lo scarto fra *officium* e commissione è più alto: da cosa deriva questa differenza? Perché la commissione ha aumentato in maniera così marcata la valutazione dell'*officium* degli estimi? Esiste una possibilità di leggere gli aumenti decisi dalla commissione come atti di una fiscalità faziosa? In parte sì, ma con alcuni limiti. Se guardiamo alla qualità degli estimati a cui è stata modificata la cifra d'estimo, si vede bene come alle persone con redditi contenuti, artigiani e donne sole, l'estimo viene modificato solo per piccole cifre, diversamente da alcune grandi famiglie che sono oggetto di una revisione più sostanziale.

Alcune di esse, come i Galluzzi, erano colpite da bandi e dunque il dubbio di un "ricarico" politico del loro estimo è fondato. Ma anche qui il quadro è più sfuggente. Prendiamo il caso dei Galluzzi della parrocchia di santa Maria Rotonda. Tutti i membri, eccetto Adelasia, hanno presentato un "volontario" ridicolmente basso rispetto al vecchio estimo del 1308. L'*officium extimatorum* ha quasi sempre aumentato le stime; la commissione le ha rialzate ancora per otto membri: in alcuni casi quasi del doppio (1.500-3.000; 400-1.000; 600-1.000). Eppure, solo in tre casi l'aumento supera l'estimo precedente; negli altri la cifra sebbene più alta, non supera le stime precedenti del 1308.

	Vetus	*Voluntarium*	*Officium*	Commissione
Adelaxia uxor Guillelmi di Catalano	1.280	1119	2.000	2.800
Pupilli di Rogerio di Bianco	800	120	300	500
Bonifacio di Bianco	800	298	1.500	3.000
Soldano di Bianco	800	298	1.000	1.000
Dardo di Bianco	800	158	500	700
Paolo Gerardo Rolandini	1.600	340	400	1.000
Pietro di Rigucio	400	198	600	1.000
Richeldonna di Antonio	500	0	50	50

Si tratta quindi di una valutazione certamente politica, ma che valuta caso per caso, con maggioranze variabili che disegnano un ventaglio di valori ogni volta diverso per la stessa persona (si vedano i dati particolari in appendice). Insomma, la commissione non porta avanti una politica punitiva indiscriminata verso tutti i membri della famiglia, ma lavorava per casi singoli, riesaminati in una sorta di processo segreto di valutazione collettiva del valore da assegnare, con forti divisioni al proprio interno. Non è un caso che le votazioni più tormentate, dove i singoli commissari avanzano le proposte più diverse (a volte palesemente irrealistiche), riguardino personaggi politicamente compromessi. I membri della commissione votano secondo una propria idea del valore della persona; idea che prescinde palesemente da una valutazione analitica dei beni, limitandosi a indicare un valore presunto dell'imponibile tassabile.

Questo sistema mostra bene l'assoluta "politicità" del sistema di attribuzione del valore: la complessa procedura seguita dalla commissione riflette una sorta di valutazione collettiva non di quanto una persona effettivamente ha, né forse di quanto vale la sua ricchezza, ma di quanto una persona *deve* pagare; una sorta di valore fiscale del *civis*, indipendente in buona misura dai livelli reali di ricchezza. È questo il dato di fondo delle carte di estimo del 1315.

4. *Gli estimi e il valore dei* cives

L'esito dell'analisi delle carte bolognesi non ci coglie impreparati. L'estimo, come mostrano i numerosi esempi prima accennati, ha sempre avuto un elemento volutamente arbitrario e la commissione bolognese conferma che la stima dei beni non era funzionale alla ricerca del valore oggettivo delle cose. Le denunce, i controlli, le stime venivano piegate o comunque riadattate dalle commissioni fiscali che cercavano, in prima battuta, di conservare i valori di estimo simili a quelli dell'estimo precedente. Ogni estimo era così collegato alla serie di estimazioni precedenti nella speranza di ricreare a distanza di tempo la stessa massa fiscale (al contrario della prassi in uso altrove di bruciare gli estimi precedenti).

Davanti a questa pretesa, i *cives* ingaggiavano periodicamente una lotta di resistenza per riabbassare, fino ad annullarla, la valutazione precedente; a questa sfida rispondeva il comune, creando commissioni di valutatori che cercavano di riportare il totale dell'imponibile ai livelli precedenti, colpendo quando occorreva, le famiglie politicamente più esposte. Uno sforzo che non impedì una graduale diminuzione della massa d'estimo, come mostra lo scarto, parziale, fra la somma dei valori delle carte secondo l'estimo del 1308 con quella del 1315.

In ogni caso, i valori di allibramento dei singoli *cives* erano riformulati secondo parametri presuntivi e arbitrari che dovevano esprimere quanto la persona doveva valere per il fisco, e non quanto i suoi beni valevano nella realtà, avvicinando il caso bolognese alle tecniche usate a Firenze.[38] Si trattava di quantificare, attraverso valutazioni approssimate e personali, una sorta di "contributo di cittadinanza", in alcuni casi anche di carattere punitivo, che teneva conto del valore della persona come contribuente. Anche quando si cercò di raggiungere una maggiore oggettività del valore dei beni, sotto il dominio del cardinale Bertrando del Poggetto nel 1329, il primo progetto di estimo, elaborato in base alle direttive del cardinale, fu presto abbandonato per le proteste dei popolari; fu eletta allora una seconda commissione nel 1329, che doveva riformulare un estimo per quanto possibile "fedele alla realtà" («equaliter secundum vires patrimonii»), ma tenendo presente sempre "la condizione delle persone" e i carichi familiari, con la facoltà di diminuire l'importo come meglio convenisse ai domini estimatori.[39] Dopo l'estimo scompare fino al 1385.

Una situazione non del tutto eccezionale, anzi per certi versi comune a quella di altre città del Trecento, per le quali bisogna ugualmente rinunciare all'idea che la dichiarazione dei beni assicurasse automaticamente una distribuzione "oggettiva" dei carichi fiscali. È vero che in alcuni casi una relativa oggettività è stata inseguita dai governanti comunali, anzi quasi esibita nel tentativo di rendere accettabile la richiesta pressante di contributi ai *cives*: tutti i casi di misurazione/elencazione di terreni e immobili urbani tentati da Perugia, Orvieto, Siena nella seconda metà del Duecento lo attestano. Ma la riuscita non fu sempre positiva. Il caso della "Tavola delle possessioni" di

38. Come scrive Barbadoro, *Le finanze della repubblica*, p. 143: «Sono tutti indizi che nell'estimo l'elemento della persona è di gran lunga più importante dell'elemento del possesso».

39. Paolo Pirillo, *La provvigione istitutiva dell'estimo bolognese di Bertrando del Poggetto (1329)*, in «Atti e Memorie della Deputazione di Storia Patria per le province di Romagna», n. s., XLVI (1995), pp. 373-412; edizione della provvigione istitutiva, p. 391: «debeant dicti officiales considerare condicionem et qualitatem persone extimande et honera familie et expensarum et eis consideratis, extimum minorare prout dictis officialibus videtur convenire».

Siena del 1316 è in tal senso esemplare, ma anche paradossale: proprio la sua analiticità rendeva sostanzialmente ingestibile l'operazione, che fu abbandonata qualche anno dopo. Troppo numerosi i cambiamenti, troppo lunghi i tempi di verifica, soprattutto troppo lontana dalle consuetudini del tempo era l'idea stessa di un estimo vicino alla "realtà delle cose".

A Firenze, dopo l'abolizione dell'estimo nel 1315, ci furono altri due tentativi di riesumare l'estimo, entrambi sotto il governo di autorità esterne. Nel 1327 il Duca di Calabria ordinò, come misura contro i Grandi, un estimo impostato per la prima volta sulla denuncia dei contribuenti (con delle vere portate catastali) e il controllo di una commissione esterna.[40] L'anno dopo, tuttavia, l'estimo fu abolito dal regime dei Grandi che avevano ripreso il potere in città e i registri destinati al consueto incendio liberatorio. Stesso destino toccò all'estimo tentato sotto il Duca d'Atene nel 1343, dopo violenti disordini popolari.

A Pisa nel 1344 la commissione che preparava l'estimo, secondo una valutazione "media" dei beni dei cittadini, dovette interrompere i lavori perché «il detto estimo non era buono ma cattivo». Si tornò all'estimo "vecchio", diminuito di 10.000 lire, che i rappresentanti dei quartieri e delle cappelle dovevano dedurre ai «poveri» e ai «gravati» della loro parrocchia: come dire che il nuovo estimo doveva essere rimodulato in loco secondo criteri personali, che tenessero conto delle condizioni di impoverimento della popolazione urbana, senza un vero accertamento fiscale delle dichiarazioni (che erano quelle dell'estimo precedente).[41]

Naturalmente stavano cambiando rapidamente le forme di finanziamento dello stato: l'aumento delle imposte indirette e soprattutto la diffusione delle prestanze, volontarie e forzose, avevano ridotto di molto la funzione dell'estimo, senza però annullarla del tutto. Da un lato molte imposte apparentemente indirette conservavano di fatto una natura di imposta diretta (per esempio le varie Gabelle delle possessioni o le gabelle del sale); dall'altro le imposte dirette basate sull'estimo si rivelarono utili

40. Barbadoro, *Le finanze della repubblica*, pp. 172-176.

41. Cfr. Violante, *Imposte dirette e debito pubblico*, p. 149, n. 94; il minor carico doveva andare a vantaggio dei poveri e ai gravati: «Et illa quantitas que contigint in cappellis elevetur gravatis et pauperibus ipsarum cappellarum secundum quod videtur *convenire* hominibus ipsarum cappellarum ad hec eligendis». Il problema, a Pisa come altrove, era chiaramente politico: l'imposta diretta collegata all'estimo si poneva, infatti, in un rapporto di necessaria convivenza con le prestanze volontarie, che in quegli anni fornivano un gettito molto maggiore; inasprire le tasse dirette metteva a repentaglio la richiesta di prestiti (molto più vantaggiosi).

forme di compensazione con le prestanze. In alcuni casi, per non restituire l'intero ammontare dei prestiti ricevuti, si indiceva un estimo e si scontava l'imposta dal credito dovuto ai contribuenti. Un modo efficace per ridurre l'indebitamento del comune: non ridare il denaro ricevuto in prestito, ma diminuire l'ammontare delle tasse dovute al comune. Insomma, nel gioco di bilanciamenti della fiscalità urbana, l'estimo era ancora uno strumento prezioso per sostenere le finanze cittadine in momenti di necessità, purché la valutazione dei beni fosse sottoposta alla valutazione delle persone e il processo valutativo fosse ricondotto, per vie diverse, alle stesse forze cittadine che decidevano valore e importi.

In ogni caso essere nell'estimo era sempre una garanzia di essere riconosciuto come *civis*. Proprio la dimensione politica dell'accertamento del valore dei singoli ribadisce e conferma la funzione centrale dell'estimo di contenere la lista delle persone attive come cittadini sul piano giuridico e sociale. Lo prova il contrario: vale a dire la condizione di esclusione in cui cade chi non era iscritto all'estimo o non pagava le tasse.

Appendice
Le carte di estimo dei Galluzzi

Come si è visto, il gruppo familiare maggiormente colpito dai "rialzi" della commissione del 1315 è quello dei Galluzzi, residente nella parrocchia di santa Maria Rotonda, in porta Procola. Il quadro ravvicinato delle votazioni sui singoli personaggi però, mostra un quadro molto frammentato del lavoro delle commissioni, i cui membri esprimo le preferenze per cifre diversissime uno dall'altro.

L'estimo di Bonifacio di Bianco (fig. 1) è stato quello maggiormente modificato, prima dall'ufficio (da 298 di volontario a 1.500) poi dalla commissione, che lo alza da 1.500 a 3.000, ma con un range di voti che va dalle 500 alle 6.000 lire di valore:

500	7 voti
2.000	19 voti
2.500	3 voti
3.000	18 voti
4.000	8 voti
5.000	2 voti
6.000	2 voti

Sono voti molto frammentati, segno che la commissione aveva realmente idee diverse sulla valutazione del personaggio e non era indirizzata a colpire alla cieca un nemico politico: alla fine i voti si polarizzano tra ≤ 2.000 e ≥3.000; prevale 3.000 perché, almeno così sembra, i voti per cifre superiori a 3.000 sono leggermente di più (29 sotto i 3.000 e 30 sopra i 3.000).[42]

Per gli altri membri della famiglia si nota la medesima procedura. Nell'estimo di Dardo di Bianco (fig. 2), che l'ufficio aveva portato a 500 (da un volontario di 158), la commissione si divide fra un gruppo per 500

42. ASBo, Estimi, serie I, busta 15, reg. 3, carta 105.

(somma stabilita dall'ufficio) con 27 voti e un gruppo per 1.000 con 23 voti; la leggera maggioranza per cifre inferiori a 1.000 spinge la commissione a determinare la cifra finale in 700.[43]

A Paolo di Gerardo Rolandini, invece, la commissione alza la valutazione da 400 a 1.000, senza incertezze, con un voto nettamente maggioritario.[44]

Ma già con Pietro di Rigucio si torna a una maggiore frammentazione del voto: l'ufficio aveva proposto 600, la commissione si era divisa:

17 voti per 600, 5 per 800, 15 per 1.000, 6 per 2.000 e 3 per 1.500; la cifra finale è 1.000 che tiene conto appunto della volontà "tendenziale" della commissione per cifre $\leq$ 1.000.[45]

43. Ivi, carta 106.
44. Ivi, carta 109.
45. Ivi, carta 110.

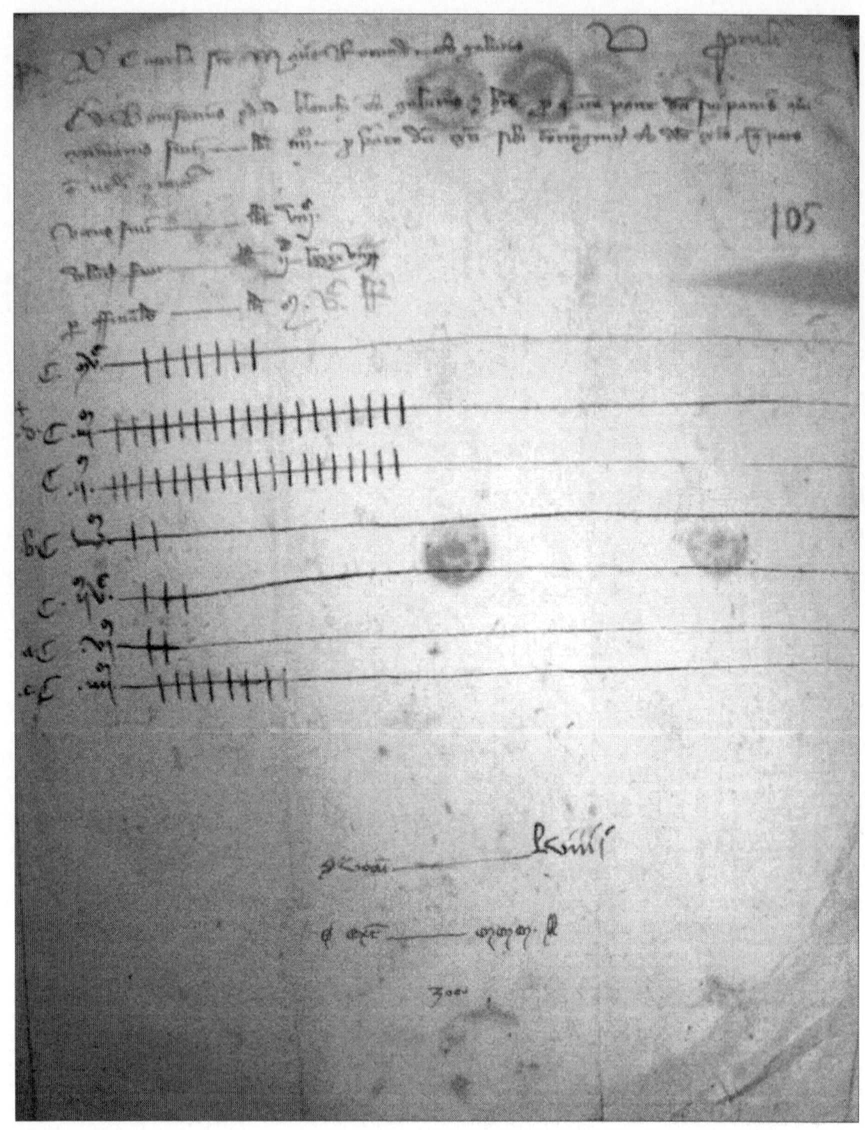

Fig.1. Estimo di Bonifacius domini Blanchi de Gallucis (105)

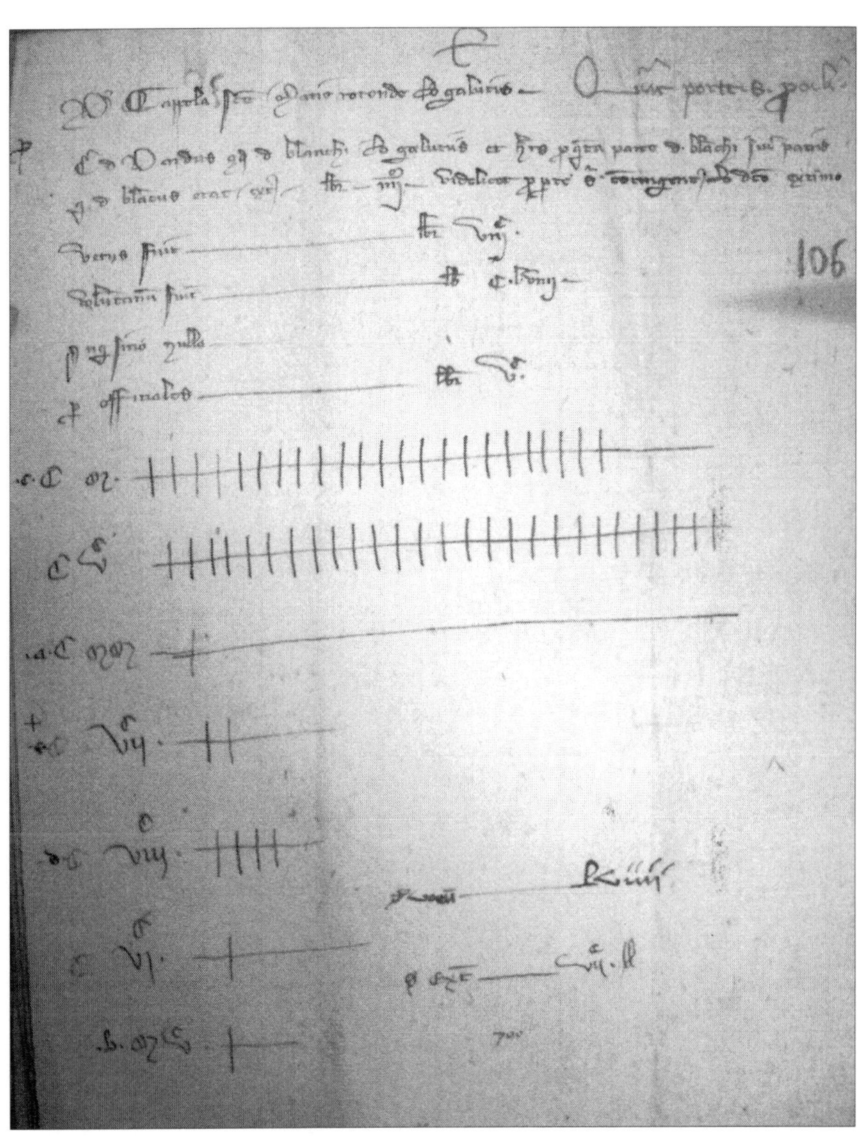

Fig. 2. Estimo di Dardus di Bianco de Gallucis (106)

3. Esclusione. Instabilità delle condizioni di *civis* e stati diminuiti di cittadinanza

La moltiplicazione dei doveri di appartenenza rese sempre più difficile per molte persone residenti in città mantenere uno standard così alto di completezza civica. In molti casi non era possibile soddisfarli tutti allo stesso momento. Davanti agli atti di infedeltà economica o politica – in particolare non pagare le tasse, non partecipare all'esercito, non presentarsi in tribunale – il comune reagiva con una serie graduata di provvedimenti di esclusione e di diminuzione dei diritti delle persone. In una visione essenzialmente pragmatica della cittadinanza, il suo contrario, la *non-cittadinanza*, prendeva le forme della "non protezione" della persona e dei beni dei soggetti interessati, vale a dire in primo luogo, l'esclusione dalla giustizia pubblica delle persone che avevano perso, temporaneamente o per sempre, la qualifica di *cives*.[1] Da questa pena iniziale, valida in generale, discendevano poi situazioni di privazione graduate secondo il tipo di reato e le persone implicate. Il comune di Popolo introdusse una serie variegatissima di status civici diminuiti o incompleti, come reazione alle numerose forme di disobbedienza civica messe in atto dalla popolazione urbana. Distinguiamo inizialmente due livelli.

L'esclusione era totale – e anzi era aggravata dal sequestro dei beni – per i banditi per maleficio (reati penali gravi) e per i banditi politici. Le diverse normative comunali usano un linguaggio sostanzialmente unitario, prevedendo il divieto per le persone bandite di ricorrere al tribunale pubblico e quindi di presentare un'accusa o di difendersi da accuse

1. Molto severa la normativa senese del Duecento, *Il costituto del comune di Siena dell'anno 1262*, a cura di Lodovico Zdekauer, Milano, Tip. L. Lazzeri, 1897, p. 135: far detenere in carcere gli evasori del dazio e sequestrare i loro beni.

ricevute da altri. Si poteva vivere in una condizione di "non protezione", ma a rischio e pericolo dei singoli. Nel caso dei bandi mortali (che prevedevano la pena di morte), ma in certi casi per tutti i bandi, il bandito poteva essere ucciso impunemente da chiunque. Una norma, quest'ultima, accesamente discussa dai giuristi del tardo Duecento, che ne contestavano, almeno in parte, i profili di piena legittimità. Era generalmente implicita l'esclusione dei banditi dagli uffici pubblici e dai consigli[2] e spesso la cancellazione dei loro nomi dalle matricole delle Arti, dove esse avevano il potere di far partecipare gli iscritti alle istituzioni di Popolo. Lo stesso si verificava per i banditi politici, confinati o esiliati in altre città, che potevano essere perseguiti personalmente e nei loro beni, spesso sequestrati e venduti. Su questi ultimi torneremo a breve.

Se allarghiamo l'ambito di indagine dal settore penale a quello civile, si vede bene come anche una parte notevole della popolazione urbana aveva, per vari motivi, una partecipazione diminuita e incompleta sotto il profilo giuridico in seguito a reati economici o di infedeltà fiscale verso il comune. Si pensi ai banditi per debito (fra privati), che a Bologna negli anni Settanta del Duecento ammontavano a circa 2.000 persone;[3] oppure ai banditi per evasione fiscale che si sottraevano al dovere di pagare le tasse: una volta dichiarati evasori, perdevano una quota importante di diritti di protezione giuridica del comune e non potevano richiedere giustizia né essere difesi dal tribunale in caso di aggressione, secondo un processo di penalizzazione crescente del reato di evasione nel corso del primo Trecento. Un reato di massa, di cui si resero responsabili migliaia di cittadini ogni anno – a Bologna, per anticipare un dato che prenderemo in esame tra breve, sono circa 6700 nel 1309 – che modifica radicalmente il concetto stesso di cittadinanza come un nucleo "unitario" di diritti/doveri.

Seguire la logica e il funzionamento di questi macrosistemi di esclusione serve quindi non solo a verificare l'ampiezza della popolazione urba-

2. Esplicitato invece nello statuto di Padova, *Statuti del comune di Padova dal XII secolo al 1285*, a cura di Andrea Gloria, Padova, Sacchetto editore, 1873, p. 174, cap. 534: la prima norma stabilisce che se il bandito viene ferito «non possit agere» in tribunale e che il podestà «non possit nec debeat super denuntiatione procedere»; nel 1261 fu aggiunta la norma secondo la quale i «conscritpti in libro forbannitorum nullum officium ordinarium vel extraordinarium, ambaxariam vel capitanariam vel potestariam … habere debeant».

3. Jean-Louis Gaulin, *Les registres de bannis pour dettes à Bologne au XIIIe siècle: une nouvelle source pour l'histoire de l'endettement*, in «Mélanges de l'École Française de Rome-Moyen Âge», 109-2 (1997), pp. 479-499.

na residente privata del nucleo originario della *civilitas* stessa (vale a dire la protezione della persona e delle cose), ma soprattutto a rendere visibili i limiti "interni" della *civilitas* che si presenta come uno status personale diminuito e modificabile nel tempo secondo regole flessibili di esclusione e di reintegrazione.

Prendiamo ancora una volta come filo rosso l'eccezionale documentazione bolognese prodotta fra il 1275 e il 1310: in primo luogo, il grande sistema dei bandi politici che tra il 1274 e la fine del secolo permise di organizzare l'esclusione controllata degli oppositori politici e della popolazione di incerta fedeltà guelfa; e successivamente il controllo degli evasori delle tasse pubbliche (1306-1312) che ha messo in luce un quadro di una sistematica "evasione di massa" e la formazione di un bacino molto ampio di cittadini non protetti.

1. *L'esclusione politica: i bandi politici e le liste di sospetti*

La diffusione del bando come strumento di isolamento ed espulsione dei nemici e dei *delinquentes* data naturalmente dai primi decenni della vita istituzionale del comune.[4] Ne abbiamo esempi precoci per Genova, dove il carattere politico della ribellione dei nobili del territorio è esplicitamente richiamato nel formulario. Era diffusissimo negli anni dello scontro fra le città della Lega e Federico Barbarossa, visto che nei patti intercittadini fra alleati si trovava sempre una clausola di equiparazione dei banditi della città alleata come banditi propri: una sorta di coordinazione giudiziaria sovracittadina per creare un'ampia regione indisponibile per i nemici dei comuni alleati.[5] Al bando ricorsero massicciamente le città del regno nei duri anni di scontri con Federico II, quando le cacciate delle parti nemiche assunsero una dimensione inedita: decine di famiglie in esilio e centinaia di individui fuoriusciti si alternavano ad ogni cambio di regime,

4. Giuliano Milani, *Giuristi, giudici e fuoriusciti nelle città italiane del Duecento. Note sul reato politico in età comunale*, in *Pratiques sociales et politiques judiciaires dans les villes de l'occident à la fin du Moyen âge*, a cura di Jacques Chiffoleau, Claude Gauvard e Andrea Zorzi, Roma, École Française de Rome, 2007, pp. 595-642.

5. Massimo Vallerani, *I rapporti intercittadini nella regione lombarda tra XII e XIII secolo*, in *Legislazione e prassi istituzionale nell'Europa medievale. Tradizioni normative, ordinamenti, circolazione mercantile, (secoli XI-XV)*, a cura di Gabriella Rossetti, Napoli, Liguori, 2001, pp. 221-290.

senza contare la pervasiva politica fazionaria promossa da Innocenzo IV nelle città appena riconquistate al dominio imperiale: fu proprio il papa a ordinare la redazione di liste di famiglie nemiche da isolare nel contesto politico urbano.[6]

La rottura più forte, sul piano politico interno nelle città italiane, avvenne però fra gli anni Sessanta e gli anni Ottanta del Duecento, dopo la stabilizzazione dei governi di Popolo nelle maggiori città del Regno italico. Un'affermazione spesso traumatica, accompagnata dalla cacciata della *pars* avversa, di tutti i membri maschi e a volte delle loro famiglie. Non si trattò solo di una serie di provvedimenti per rafforzare il regime in carica, ma della costruzione di un nuovo sistema politico, un "regime fondato sull'esclusione" – come lo ha definito Giuliano Milani che ha studiato a fondo la logica politica del bando[7] – impostato sull'emarginazione dei ribelli e quindi sulla reintegrazione controllata degli stessi nelle strutture politiche cittadine. Il comune come ente unitario si definiva, in altre parole, attraverso l'individuazione di una "parte" avversa che minacciava l'unità del corpo politico. Per esistere, questa parte doveva essere scritta in forma di lista con i nomi delle persone che la componevano.

La lotta contro i nemici interni subì una trasformazione profonda, nei modi e nella logica politica, negli anni del dominio di Carlo d'Angiò sulle città guelfe delle regioni centro settentrionali, tra il 1267 e il 1270: dalle città toscane, Firenze, Prato, Pistoia a quelle emiliane – Bologna in primo luogo – ai maggiori centri lombardi, come Piacenza, Cremona e Brescia. Sottolineare il momento angioino è importante, perché in quei pochi anni matura una diversa accezione della *pars* come raggruppamento politico-ideologico da isolare e reprimere in blocco e non solo per singoli individui: un insieme colpevole di appartenere a una medesima fazione, indipendentemente dal contributo concreto di ciascun membro.

Inoltre, la costruzione di un fronte stabile di città guelfe contribuì a rendere omogeni i provvedimenti in città a diverse, unificando il linguaggio e le tecniche della repressione della parte nemica, che prevedevano la redazione di liste di appartenenti alla *pars* e il bando dalla città con il sequestro

6. Laura Baietto, *Il papa e le città: papato e comuni in Italia centro-settentrionale durante la prima metà del secolo XIII*, Spoleto, Fondazione Centro italiano di studi sull'alto medioevo, 2007.

7. Su tutta questa prima fase seguiremo le ricerche di Milani, *L'esclusione dal comune*, ricchissima di rimandi alle fonti documentarie.

dei beni.[8] L'iniziativa regia riprese prassi già in uso nei regimi di Popolo, accentuandone però la dimensione punitiva e divisiva della cittadinanza, con una severità che gli stessi governi di Popolo, in alcuni casi, cercarono di temperare. Milani ha ricostruito bene il quadro delle tensioni interne allo schieramento guelfo e ha messo in luce come il sistema di esclusione adottato dai governi di Popolo nei primi anni Settanta risentisse di queste spinte contradditorie fra la volontà di punire i soggetti pericolosi da un lato e dall'altro i tentativi di recuperare almeno in parte, i banditi più debolmente implicati nelle lotte faziose. Nonostante le apparenze, i regimi di popolo non cercarono tanto di costruire delle gabbie per contenere i nemici, quanto un filtro flessibile per regolare l'uscita ma anche l'ingresso della popolazione di incerta o comprovata infedeltà nelle strutture politiche cittadine.

Riprendiamo i punti più rilevanti sul piano ideologico e documentario di questo sistema: con quali criteri erano selezionate le persone e come funzionavano i documenti che li registravano, in un contesto che vedeva moltiplicarsi le definizioni possibili dello schieramento nemico, ora inserito in una logica di potenza economico-politica (nobili-magnati/popolari) ora invece tarato su una *pars* ideologica bipolare, come i guelfi/ghibellini.

Le liste di banditi politici avevano un valore penale molto marcato. I banditi descritti erano di fatto considerati criminali sottoposti a pene graduate ma precise, allontanati dalla città e spesso sottoposti al sequestro dei beni che venivano messi all'asta e affittati a cittadini "popolari". Le persone erano dunque individuate per nome e venivano etichettate in base a una precisa appartenenza partitica, non secondo una qualifica socioeconomica generica: erano ghibellini, in Toscana, Lambertazzi a Bologna. Liste di banditi, esiliati o confinati, comparvero presto, come si è detto, a ridosso dell'affermazione angioina tra il 1267 e il 1270. A Firenze la prima lista complessiva riguardava appunto i *ghibellini suspecti* da mandare al confino, o già confinati, risale al 1268 e fu chiamata più tardi "Liber Karoli" proprio in ricordo del contributo di Carlo d'Angiò alla cacciata dei ghibellini.[9] La stessa azione di radunare i

8. Per un panorama delle iniziative regie Pierluigi Terenzi, *Gli Angiò in Italia centrale. Potere e relazioni politiche in Toscana e nelle terre della Chiesa (1263-1335)*, Roma, Viella, 2019, pp. 171-192 e pp. 215-220, dove si ricorda anche la disponibilità dei vicari angioini a riassorbire i ghibellini disposti a giurare fedeltà al re. In ogni caso le inchieste e delle liste di banditi entrarono stabilmente nel sistema amministrativo dei comuni italiani.

9. Milani, *L'esclusione dal comune*, p. 174; Vieri Mazzoni, *Accusare e proscrivere il nemico politico. Legislazione antighibellina e persecuzione giudiziaria a Firenze (1343-1378)*, Pisa, Pacini editore, 2010.

nomi dei *suspecti* giustificava il loro (iniziale) allontanamento dalla città, che poteva assumere le forme del confino – una residenza forzata presso una località del territorio – o del bando vero e proprio, che comportava anche il sequestro dei beni.

Elenchi di banditi e confinati erano presenti negli stessi anni a Prato e a Pistoia dove i *libri rebellium* del 1269 colpivano sempre ghibellini attraverso il confino, il bando e il sequestro dei beni. E sono attestati anche a Brescia, nello statuto del 1272.[10] A Parma e Reggio, invece, le liste comprendevano nomi di persone identificate da azioni precise: a Parma erano confinati quelli che *non* avevano giurato il *sequimentum* della *pars Ecclesie*;[11] a Reggio, negli stessi anni, la *pars* intrinseca comprendeva, in maniera altrettanto pragmatica, "chi non era presente il giorno in cui i nobili ghibellini da Sesso furono espulsi".[12]

Usando una tipologia più ampia di libri politici – sempre in forma di lista – alcuni comuni predisposero delle liste che prevedevano, come si visto, una divisione in due della cittadinanza basata sulla coppia oppositiva di Popolani/Magnati (o nobili). Per certi versi queste operazioni gemmavano dalla redazione delle matricole di Popolo. Dal momento in cui il Popolo aveva conquistato una posizione politica dominante, la presenza di un nome di persona nelle matricole ne cambiò radicalmente la funzione: quella persona non era solamente membro di una corporazione, ma un individuo politicamente attivo, eleggibile nei consigli del Popolo e nelle principali magistrature della città. Si apriva, di converso, la questione dei "non iscritti" nelle società di Popolo o delle persone che *non* potevano esserlo per limiti imposti dall'origine o dal mestiere: che ruolo politico potevano avere? Come si ponevano nei confronti delle società popolari? E soprattutto, come dovevano essere censiti?

Le risposte a questi problemi furono date attraverso una pletora di provvedimenti normativi che si accavallarono per tutto l'ultimo quarto del Duecento e il primo trentennio del Trecento, con formulazioni e strumenti molto diversi. A Firenze e Siena fu stilato un elenco di famiglie magnatizie

10. *Statuti di Brescia del secolo XIII*, col. 160.

11. *Statuta communis Parme ab anno MCCLVI ad annum circiter MCCCIX*, a cura di Amadio Ronchini, Parma 1857.

12. *Consuetudini e statuti reggiani del secolo XIII*, a cura di Andrea Cerlini, vol. I, Milano, Hoepli, 1933, pp. 199-200: «qui non erat die quo illi qui de Sesso fuerint expulsi de civitate et qui sunt infamati esse de alia parte».

da inserire nello statuto (quello 1322 per Firenze e quello del 1309 per Siena). Un'altra via era quella di far confluire le matricole delle (singole) arti in un grande "libro di Popolo" unitario, come a Cremona, dove il "Libro della società di Popolo" del 1283 (risalente probabilmente al 1270) comprendeva circa 7821 individui.[13]

In altri comuni invece si provarono a redigere due libri, uno del Popolo e uno dei nobili-magnati. Padova è un caso di eccezionale chiarezza: la duplice redazione di un libro della *Communancia* (presente già nel 1270) e del libro di tutti i magnati della città e del contado nel 1277 rendeva evidente la nascita fra due universi sociali e politici paralleli, dotati di diritti differenziati.[14] Questa tendenza a racchiudere i due gruppi sociali in libri raggiunse però la sua maturità nel primo Trecento. Il caso di Modena del 1306 è già stato ricordato: dopo la cacciata del marchese Azzo d'Este, il comune di Popolo divise in due la popolazione politicamente attiva, ordinando la redazione di due libri: nel primo andavano scritti tutti i nobili e potenti; nel secondo tutto il popolo,[15] dove si vede bene come le azioni di scrivere i nomi del *populus* e creare la *societas* di fatto coincidono. Il popolo esiste in quanto "conscriptus". Anche il libro dei nobili aveva questo effetto, benché i nomi potessero cambiare con maggiore frequenza.

In effetti, è proprio questa la funzione delle liste: rendere esistente un insieme di persone come gruppo unitario, attraverso la scrittura di una serie di nomi. Le operazioni di censimento dei primi decenni del Trecento, indipendentemente dalla loro formulazione tecnica, insistono proprio su questo punto: essere iscritto decideva la condizione delle persone.

Così a Treviso nel 1313, fu ordinato dal nuovo regime di Popolo un elenco di *milites* con l'esplicito intento di far coincidere la condizione di

13. Lorenzo Astegiano, *Ricerche sulla storia civile del comune di Cremona*, in Id., *Codice diplomatico cremonese (715-1334)*, *Historia patrie monumenta*, Cremona 1885, p. 317. Sulle liste lucchesi si veda Diane Chamboduc de Saint Pulgent, *Les listes de population lucquoises des années 1370-1372: outils d'histoire politique*, in *Le pouvoir des listes au Moyen âge*, vol. 2, pp. 21-44. Per Siena, Ugo Mondolfo, *Il* populus *a Siena nella vita delle città e nel governo del comune fino alla riforma antimagnatizia del 1277*, Genova, Formiggini editore, 1911.

14. Sul *liber della comunancia*, dal quale solo potevano essere estratti ed eletti gli Anziani del Popolo cfr. *Statuti del comune di Padova dal secolo XIII all'anno 1285*, a cura di Andrea Gloria, Padova, tipografia sacchetto, 1873, p. 134: cap. 416.

15. In *Respublica Mutinensis* a cura di Emilio Paolo Vicini, Milano, Hoepli, 1929-32.

miles con «qui in rodulis maioris gradus est et cetero erit scriptus».[16] E lo stesso avviene a Cremona, sempre nel 1313, quando si esclusero dagli uffici coloro che si trovano *iscritti* come nobili «in platea comunis Cremone et societatis militum».[17]

Presero la via del "libro dei nobili" anche Orvieto, dove convivevano una società generale del Popolo e un elenco di Magnati (1322); Perugia con la redazione del "Libro Rosso" dei nobili nel 1333, che insieme alle liste corporative racchiudeva il corpo politico cittadino in due libri completi; e Gubbio dove nello statuto del 1371 si menziona una «nobilium descriptio». A Todi nel 1337 e a San Gimignano nel 1339 si agiva invece per sottrazione: le norme punitive, soprattutto in campo giudiziario, valevano per quelli «non existentes de societatibus Populi».[18]

Nelle linee di fondo – come è ampiamente noto – la politica antimagnatizia dei popolari rispondeva a due esigenze principali: contenere la violenza militare aumentando le pene per i *milites* e concedendo privilegi giudiziari ai *populares*; e limitare la loro presenza nelle stesse società di Popolo e negli organismi direttivi del comune.[19] Era necessario dunque censire almeno le famiglie identificate come nobili e magnatizie – più difficile i singoli individui – per controllare la loro prepotente attività militare interna ed esterna alla città ed evitare una pericolosa intromissione nella vita politica cittadina. Tuttavia, l'esame di alcuni casi più documentati mette in luce una dinamica più complessa del semplice controllo. La logica compositiva di questi registri, quando è ricostruibile, lascia intravedere infatti una esplicita dimensione "volontaristica" nella costruzione della categoria di magnate e potente: nel senso che la qualifica di magnate dipendeva in buona misura dal comportamento delle persone più che da una scelta autonoma dei poteri comunali.

Prendiamo il caso di Volterra. Secondo lo statuto aggiornato al 1338, il "Libro dei casati magnati e potenti" – opposto al "libro del Popo-

16. *Gli statuti del comune di Treviso (secoli XIII-XIV)*, a cura di Bianca Betto, Roma, Istituto storico italiano per il medioevo, 1986, libro IV, 6.

17. Astegiano, *Codex Diplomaticus Cremonae*, vol. II, n. 170, pp. 26-40: sono gli statuti del popolo redatti sotto la protezione del re di Napoli, Roberto d'Angiò, una delle prime testimonianze trecentesche di statuti del Popolo sotto dominio regio; sugli stessi vedi Id., *Ricerche sulla storia civile*, p. 322.

18. Gina Fasoli, *Ricerche sulla legislazione antimagnatizia nei comuni dell'alta e media Italia*, in «Rivista di Storia del Diritto Italiano», XII (1939), pp. XX-XX.

19. Fasoli, *Ricerche*.

lo" – doveva classificare le persone secondo il grado di implicazione dei singoli nella lotta politica. Si doveva procedere per tappe. In primo luogo, bisognava rifare il libro del Popolo (in 3 copie), che doveva contenere 3 liste: quelli che erano iscritti nel libro del Popolo del 1319, più tutti quelli che avevano ricoperto la carica dei Dodici Domini negli ultimi 6 anni; più tutti i nomi dei consiglieri del consiglio maggiore. Si tratta, con tutta evidenza, di un'élite politica relativamente omogenea.[20]

Per i "magnati e potenti" la situazione era più difficile perché mancava una lista di famiglie attendibile. Allora si stabilì che una commissione doveva redigere un *Liber casasticorum magnatum et potentium*, secondo un criterio prevalentemente giudiziario: bisognava inserire i nomi di quelli che avevano offeso un membro del Popolo, vale a dire una persona presente nel libro dei popolari. Dopo la sentenza «Il notaio dei domini Dodici, in quel momento in carica, è tenuto entro il terzo giorno dalla sentenza di condanna dei detti malfattori, a scrivere gli stessi nei detti Libri dei casatici dei magnati e dei potenti».[21]

Ancora, se una persona, *già* iscritta nel libro dei Potenti, aggrediva o feriva un popolano, allora doveva iscritto in un secondo libro, chiamato *liber Albus* del Vessillifero, che evidentemente conteneva i nomi dei potenti ormai irrecuperabili; e se un potente, non ancora iscritto in nessun libro, uccideva un popolano, passava direttamente nel *liber Albus*. Queste pene erano estensibili all'intera famiglia: il consiglio dei Dodici poteva decidere se iscrivere tutto il parentado nella lista, oppure votare quali dei vari esponenti del casato erano da inserire nella lista come potenti.[22]

Questo complicato meccanismo di costruzione documentaria dei magnati colpisce proprio per la logica di produzione della lista: si diventava "magnati e potenti" solo se si fosse stati condannati per un'offesa portata ai

20. Archivio comunale di Volterra, *sezione G, statuti del 1332*, aggiunte del 1338, c. 321: «qui scripti et nominati fuerunt pro popularibus in libro scripto per ser Iannem notarium Bencivennnis in anno domini 1319, indictione tercia die undecimo martii. Et omnia nomina illorum qui a sex annis citra fierunt in offitio dominorum Duodecim vel eorum notariorum. Necnon omnia nomina consiliarorum qui ad presens sunt de consilio plenidominii».

21. «Et quod notarius dominorum Duodecim, existens pro tempore in offitio, teneatur et debeat, infra tercia diem post sententiam condempnationis de dictis malefactoribus, ipsos malefactores scribere in infrascriptis libris casasticorum magnatuum et potentum».

22. «Teneantur et debeant ipsi domini Duodecim mictere partitum nominatim de quolibet consorte dicti percucientis, vel percuti facientis et mandantis vel tractantis, usque da tercium gradum ex paterna linea masculini sexus».

popolani e in base alla gravità e alla ripetizione dell'offesa si sarebbe passati da una lista di contenimento a una lista di pericolosi malfattori, probabilmente da bandire. Sembra, al fondo, che la scelta se diventare "magnati" spettasse ai singoli e ai loro familiari, alle strategie conflittuali seguite. Il comune registrava i comportamenti secondo una scala crescente di gravità e prendeva atto del passaggio da una categoria all'altra.

La molteplicità dei criteri di individuazione dei nemici di questa prima generazione di liste non cancella la relativa uniformità delle misure previste contro i banditi: non solo cacciata ed esilio in luoghi più meno lontani dalla città, ma anche, come si è detto, il sequestro dei beni, l'isolamento sociale e professionale – che poteva coinvolgere anche i membri della famiglia rimasti in città – e naturalmente l'esclusione da tutte le cariche istituzionali del comune.

Detto questo, però, rimanevano aperti alcuni canali di negoziazione e di riammissione in città, soprattutto con il "giuramento della parte" (guelfa) che consentiva un passaggio autorizzato dalla lista dei banditi a quella della parte guelfa. Non solo, in quasi tutte le città, le prime liste erano state preparate con materiali di incerta provenienza e facilmente contestabili: testimonianze dei vicini, processi, inchieste generali sui disordini. Era possibile opporsi alla qualifica di ghibellino e al sequestro dei beni mediante una petizione al consiglio supportata da testimonianze a favore.

Le richieste presentate al consiglio del Popolo di Prato nel 1276 ci mostrano un sistema già avviato: dopo il giuramento davanti ai Capitani della Parte, si chiedeva al Comune di essere tolto dai confini e dal libro dei confinati, dove era stato inserito per errore, e di "essere trattato e reputato come un vero guelfo".[23] Non è chiaro se pesasse più l'errore o il nuovo giuramento di parte, ma l'esito era comunque lo stesso. A Firenze il sistema

23. Si veda Renato Piattoli, *I Ghibellini del comune di Prato dalla battaglia di Benevento alla pace del Cardinale Latino*, in «Archivio storico italiano», VII, XIV (1930), pp. 195-240, p. 220 sulle richieste di grazia, il consiglio del 27 aprile 1276: Id., *I consigli del comune di Prato*, Bologna, Zanichelli, 1940, pp. 127-128, n. 92, p. 128: la richiesta era abbastanza semplice: «Bolsettus quondam Iacopi petit cum sit guelfus et de parte guelforum et esse velit – et sunt et fuerunt sui maiores – extrahatur de confinibus et ex confinatis ghibellinis terre Prati ubi de novo inique ac contra iustitiam tempore domini Rossi olim potestatis Prati positus fuit; et quod tractetur et habeatur pro guelfo et de parte guelforum terre Prati»; la decisione fu approvata, ordinando che il suo nome fosse cancellato «et nunc et in posterum tractetur pro guelfo et non pro ghibellino, maxime cum iuraverit coram capitaneis partis Guelforum de Prato et eorum consilio partem Guelfam».

di riammissione funzionava a pieno regime fino alla metà del XIV secolo, quando molti esponenti dei casati ghibellini scelsero di cambiare nome di famiglia assumendo una nuova identità sociale e politica proprio per evitare il sequestro continuato dei beni.[24]

Il bando, in altre parole, non qualificava solo una condizione di esclusione, ma apriva una possibilità di percorsi diversi: rimanere banditi e dunque politicamente pericolosi; chiedere una rettifica della qualifica ricevuta per errore, o ancora, in caso di necessità, giurare la parte (guelfa-popolare) chiedendo di essere riammessi e trattati come veri guelfi. Ancora una volta, quello che contava era contrattare la propria condizione con il regime del momento. Il percorso tuttavia restava lungo, sia quello per costruire il dispositivo del bando, sia quello per uscirne. Il caso bolognese è ancora una volta esemplare.

2. *Banditi a Bologna: censimento e gradi di esclusione (1277-1308)*

A Bologna il sistema di esclusione durò a lungo e soprattutto ha lasciato una grande messe di tracce documentarie che hanno permesso una ricostruzione precisa delle procedure di esclusione e di reintegro. Già prima del 1274, le società di Popolo avevano stabilito una serie articolata di criteri che potevano portare all'espulsione dalle società per indegnità o per la pericolosità sociale e politica della singola persona.

È importante ricordare questo precedente, perché il meccanismo di filtro/esclusione dalle liste di iscritti (e dunque di eleggibili) per ragioni politiche era destinato a larga fortuna nei decenni successivi e fu usato per la prima volta in maniera sistematica proprio nei primi anni Settanta del Duecento. Le società di Popolo (Arti e Armi) di Bologna dovevano rivedere periodicamente le proprie matricole di iscritti, cacciando i membri che per varie ragioni non dovevano o non potevano essere accettati dalle Arti. Non era un obiettivo semplice, perché in quegli anni, le matricole erano diventate libri complessi – con elenchi di centinaia di nomi per ciascuna società per un totale di quasi settemila membri –[25] e per di più le categorie

24. Cfr. Christiane Klapisch-Zuber, *Ritorno alla politica. I magnati fiorentini 1340-1440*, Roma, Viella, 2009, anche sul sistema delle liste del primo Trecento.

25. Le matricole delle società di Popolo, redatte già intorno agli anni 30-40 del Duecento erano documenti generalmente abbastanza semplici: libri in forma di lista con elenchi

pericolose per il regime di Popolo erano numerose e confuse. O meglio: avevano ormai confuso pericoli diversi e condizioni diverse in un sistema classificatorio cresciuto per accumulo. Esaminando i nomi erasi dalle matricole delle Arti e delle Armi di Bologna fra il 1272 e il 1274 e le motivazioni delle cancellazioni, si può avere un'idea più precisa dell'opera di ripulitura realizzata dal ceto dirigente popolare. Sono almeno 8 i motivi di espulsione/cancellazione.

In primo luogo, i sospetti politici per origine sociale; la categoria si costruisce come sommatoria di pericoli diversi: sospetti per la natura socioeconomica del loro status, come i "magnati", o socio politica come *nobilis*.

In altri casi, come per *iudex* (accompagnato da *magnas*) prevale la dimensione professionale; mentre saldamente ancorate alla natura militare della distinzione sono le qualifiche di *miles*, con le appendici più strettamente rivolti al mondo della dipendenza feudale, come *vasallus, serviens militis*.

Seguono i sospetti in base alla provenienza dal contado, come *fumans* o *comitatinus*, dove la natura rurale della persona rimanda spesso a una facile dipendenza dal mondo militare, come si trova spesso nell'endiadi *fumans* et *vasallus*. Da notare che per le condizioni di *fumans* e di *miles* vige anche il criterio genealogico, vale a dire la condizione di sospetto si tramanda anche via familiare come attestano le numerose qualifiche di *filius militis, filius fumantis*.

A queste si aggiungono le categorie escluse per motivi giudiziari e morali, vale a dire tutto il mondo frastagliato degli infami, riconosciuti come "assassini", "ladri" e "falsari" (qualifica guadagnata dopo una condanna formale), o segnalati, in maniera più indefinita, come *suspectus* e *infamatus*, forse dopo inchieste interne alle Arti. Difficile indovinare le fonti di questi contro-elenchi. Le qualifiche di *fumans* potevano essere dedotte dalle liste di estimi del contado; mentre per *miles* o *magnas* si doveva forse ricorrere ai libri di banditi o qualche lista militare non specificata.

Dalle matricole emerge inoltre un'applicazione combinata di più forme di esclusione per indicare il grado di pericolosità delle persone. Se prendiamo come esempio la matricola della Società dei Notai, quella più numerosa ma anche la più colpita dalle espulsioni, avremo un quadro dominato, in primo luogo, dal criterio della residenza: la maggior parte dei

di nomi dei membri in due o tre colonne. Salvo la matricola dei merciai, che comprendeva anche i *servientes* di ogni *statio*, le altre matricole non avevano suddivisioni interne che rimandassero a qualche forma di gerarchia.

notai cancellati erano del contado e *fumantes*; seguita dall'infamia penale, con una buona quota di falsari (di cui almeno 3 dipinti nel palazzo comunale), ladri, assassini; e infine dal criterio politico, con alcuni nobili o *iudices* e *nobiles*, o *filii militis*.

Un quadro da cui ricaviamo come, negli anni Settanta del Duecento, le linee del discrimine passino ancora sul crinale fondamentale che divideva città e contado, intrecciato, a volte, con quello sociale, basato sulla contrapposizione fra *milites/magnates* (poco usato) e popolari. In sostanza, le società di Popolo, per mettere un filtro alla partecipazione alle associazioni di base del comune, usarono in maniera prevalente dei criteri generali verificabili solo a partire dalle grandi liste di appartenenza della città, in particolare gli estimi e liste di *milites* redatte fra il 1271 e il 1274.

La crisi del 1274 con lo scontro frontale tra Lambertazzi e Geremei e la cacciata che ne seguì dei Lambertazzi sconfitti, cambiarono in profondità questo quadro iniziale. Il primo passo per il nuovo sistema di esclusione fu la costruzione dell'insieme dei nomi dei Lambertazzi, la famiglia con cui a Bologna si indicavano i ghibellini. La prima lista fu redatta dopo i disordini del 1274, una feroce battaglia di piazza che causò numerosi morti in città. Un evento traumatico che segnò lo spartiacque tra i due schieramenti partitici. Per redigere questa lista originaria di banditi bisognava però stabilire con un'inchiesta chi era presente alla battaglia e in quale fronte: solo la visione diretta dei vicini o dei presenti poteva fornire una prova dello schieramento ideologico delle persone implicate. Molti cittadini bolognesi testimoniarono sui disordini. Sia le domande che le risposte insistevano sulla fedeltà alla pars *prima* della battaglia, e sulla partecipazione (o non partecipazione) a quella battaglia: interessava quindi accertare se la sua adesione alla *pars* era stata confermata dall'uso delle armi nella realtà. A questo primo elenco di membri attivi, tuttavia, furono aggiunti numerosi altri nemici della parte guelfa e del Popolo. Il censimento e i criteri di individuazione dei ribelli furono graduali e a ogni tipo di lista corrisponde un significato politico e giuridico diverso. In prima istanza si ebbe un libro dei banditi del 1274 (ne resta solo un frammento ed è chiamato «*Liber rebellium bannitorum comunis Bononie* pro tempore domini Rolando Putalei potestatis Bononie»). I banditi erano accusati di tradimento e di aver messo in pericolo il comune e il popolo di Bologna («cuius occasione Populus et Commune Bononie civitatis vel districtus in periculo mortis fuit»). Per questo, furono puniti con il bando perpetuo e il sequestro dei beni. Nello stesso anno si prepararono anche liste fiscali punitive con le tasse (collette) imposte solo ai Lambertazzi, vale a dire ai cittadini individuati come sospetti, amici o parenti di quelle persone bandite che avevano partecipato direttamente ai disordini. Sempre nel 1274, un'altra operazione complessa prevedeva la redazione di liste di assegnazione di cavalli ai *milites* Lambertazzi per impedire loro la partecipazione all'esercito: i *milites* censiti di parte lambertazza dovevano assegnare il cavallo a un *miles* geremeo, trovando un sostituto per ricostruire l'esercito comunale con persone politicamente affidabili.

Dalla somma di tutte queste liste preparatorie si arrivò finalmente a una lista generale dei banditi e dei confinati, perfezionata nel 1277. La lista conteneva una complessa graduatoria di provvedimenti di allontanamento e di controllo a distanza secondo la pericolosità delle persone: il più grave consisteva naturalmente nell'espulsione definitiva fuori dal contado, con residenza obbligata in altra città; in seconda battuta interveniva il "confino" con diversi gradi di allontanamento: presso una comunità del distretto (esterna al contado), una interna al contado o in città (confini di primo, secondo e terzo grado). Questi ultimi, chiamati de *garnata*, dovevano allontanarsi in caso di pericolo di scontri in città. Secondo i calcoli più aggiornati, questi provvedimenti interessavano fra i 3.500 e 4.000 cittadini.

I gradi di allontanamento riflettevano naturalmente il grado di implicazione della persona ma servivano anche a costruire una complessa macchina di riabilitazione progressiva. Fin da subito, fu prevista infatti la possibilità di avvicinarsi alla città, cambiando condizione, o di rientrare, facendo un giuramento alla Parte guelfa che comportava un cambiamento visibile di schieramento e un'interruzione dei legami di solidarietà verso la *pars* precedente. Fuoriuscire dalle liste era quindi non solo una possibilità, ma anche un obiettivo di quanti volevano, o potevano, modificare il proprio status; e così, di converso, redigere le liste di banditi in maniera articolata serviva a rendere mobili e permeabili, in entrata e in uscita, le categorie discriminanti.

In generale il *liber* del 1277 ebbe un successo duraturo e rimase a lungo, con varie correzioni e integrazioni, la lista di base per identificare la parte lambertazza (o nemica) fino al Trecento avviato, quando anzi fu copiata e riattualizzata per colpire gli eredi delle famiglie ghibelline "originarie". Divenne dunque una lista-matrice, probabilmente perché mostrava per la prima volta tutte le potenzialità logiche della lista come strumento di governo.

In primo luogo, rendeva riconoscibile la *pars* come insieme di persone concrete e non più come un'entità astratta e indefinita. Senza la scrittura, e la scrittura in forma di lista, un'operazione del genere non sarebbe stata possibile. La differenza salta agli occhi se confrontiamo queste liste con gli strumenti documentari usati precedentemente per definire la *pars* nemica. Nei processi celebrati dal Capitano del Popolo nel 1275 per individuare i Lambertazzi,[26] i testimoni chiamati a deporre definirono la *pars* come una rete mobile di solidarietà familiari, amicizie, rapporti di dipendenza e di vicinanza. Un insieme difficilmente catalogabile, tanto che l'inchiesta sulla fama si infranse davanti questo muro flessibile e deformabile di relazioni plurivalenti: a volte la persona era indicata come lambertazza, ma allo stesso tempo era legata anche a personaggi guelfi. La lista complessiva del 1277, invece, forniva un'immagine concreta e sintetica della *pars*, composta da un elenco di nomi di persona e di famiglie individuate da legami di parentela indicati con segni paragrafali a parentesi: il segno grafico, che estendeva la responsabilità politica a tutti i membri del casato, assumeva così un rilievo politico-giuridico inedito, semplificando la funzione connotativa della lista.

La redazione di elenchi negativi permise così di dividere gli abitanti della città – e delle singole parrocchie – secondo l'appartenenza alla *pars* nemica: un elenco riconosciuto e pubblico, dove il censimento implicava, allo stesso tempo, la definizione dei ribelli, dei *milites* infedeli, dei nemici tassabili con collette straordinarie. Erano chiari fin da subito i risvolti negativi per gli iscritti in queste varie liste, ancorché come sospetti o simpatizzanti: fiscalità punitiva, intesa come risarcimento per i danni subito dai Geremei; divieto di partecipazione all'esercito, compensazione monetaria di questa assenza forzata, espulsione o e allontanamento degli elementi più pericolosi dalla città.

In secondo luogo, la lista rendeva possibile ora la costruzione pragmatica di una *civilitas* che doveva sempre più tener conto della fedeltà politica dei singoli per l'attribuzione dei diritti di partecipazione ai *cives*. Permetteva di usare in maniera sistematica il criterio della pena "preventiva" come sistema di controllo esteso nel tempo: le persone non erano punite per qualcosa che avevano fatto, ma per il sospetto di quello che avrebbero potuto fare, vista la loro adesione, vera o presunta, a una fazione politicamente infedele. Su questa base si poteva procedere a revisionare le altre liste di appartenenza come le matricole delle Arti e gli elenchi di eleggibili ai consigli cittadini.

26. Esaminati da John Koenig, *Il Popolo nell'Italia del Nord nel secolo XIII*, Bologna, il Mulino, 1986, pp. 392-398, e da Milani, *Il governo delle liste*, pp. 199-208.

L'inserimento di un nome in una lista negativa comportava così la cancellazione di quel nome dalle liste elettorali, legando in maniera stabile la condizione civica delle persone alla possibilità di accedere alle istituzioni. Si trattava di una punizione simbolica importante, perché rendeva incompleta la *civilitas* di una parte consistente della popolazione urbana sotto il profilo della partecipazione politica. Esserne privati diventava un segno di diminuzione sociale: un nesso destinato, come vedremo, a grande fortuna.

Ultima notazione conclusiva: questo status di minorità non era perenne, ma temporaneo e rivedibile secondo un meccanismo mobile che permetteva la fuoriuscita dal bando in base al comportamento della persona, vale a dire in base all'*obbedienza* dimostrata al nuovo regime: se avesse giurato la parte, avrebbe potuto essere riammesso nel Popolo e iscritto nei libri della parte Geremea. La vita politica delle persone ridiventava possibile. Quello che contava per il regime era in sostanza la possibilità di controllare il flusso che rendeva una persona bandita, riaccettata, pericolosa e nuovamente affidabile secondo i casi.

In effetti, per completare un'analisi realistica dei sistemi di esclusione, va ricordato che la via del rientro fu presa da moltissimi banditi presenti nella lista originaria. Anzi, gran parte dei provvedimenti relativi ai banditi negli anni successivi al 1277 fu occupata proprio dalle discussioni, a volte violente, per decidere quali e quanti dei banditi lambertazzi potessero tornare in città.[27] Con l'aggravante che uscire dalle liste dei banditi per entrare in quelle dei popolari o dei Geremei, non cancellava del tutto la memoria lambertazza originaria della famiglia, come vedremo nel prossimo capitolo.

Questa sommatoria di provvedimenti contrastanti – da un lato riammissioni da rinnovare frequentemente e dall'altro nuove liste di nemici banditi – lasciò aperte le porte a una diffusa opera di negoziazione e di contestazione dei provvedimenti di espulsione e soprattutto di quelli che prevedevano il sequestro dei beni. L'attività dei giudici del Capitano del Popolo fu prevalentemente occupata dai processi per ridefinire le condizioni delle persone bandite e dei loro beni: chi contestava la qualifica di Lambertazzo perché aveva giurato la parte guelfa e dunque non era sottoposto al sequestro dei beni; chi invece – soprattutto donne – opponeva dei diritti pregressi sui beni sequestrati, in genere provenienti dalle doti o da acquisti precedenti. Soprattutto i processi del primo tipo, come vedre-

27. Il dibattito è ricostruito in Milani, *L'esclusione dal comune*.

mo, mettono in luce i numerosi punti oscuri di questa politica reintegrativa, con provvedimenti di amnistia che però dovevano essere rinnovati frequentemente, come se perdessero di validità a distanza di pochi anni. Si trattava comunque di un meccanismo regolativo peculiare, guidato da una volontà politica che intendeva costruire un corpo civico flessibile, secondo un parametro mobile di fedeltà politica della persona e della sua famiglia verificato nel tempo. Si poteva entrare e uscire secondo i momenti, l'importante era controllare la valvola che regolava i flussi si transito.

Su questo parametro si costruì gradualmente un sistema di controllo della popolazione residente che andava oltre la sola sfera ideologica, per abbracciare altri campi della vita associata. Il rientro dei banditi dietro giuramento a Bologna e in altre città, mostrano come le liste di banditi o di magnati creavano di fatto una soglia mobile e relativamente aperta a numerose eccezioni secondo le decisioni discrezionali degli organismi di Popolo. Mostrano, soprattutto, che – al di là delle formule retoriche di sapore biblico che associavano i nobili ai lupi rapaci – la presenza di famiglie militari nelle società popolari rimaneva un atto politico contingente, da approvare caso per caso. Come si è detto, il "controllo del flusso" di uscita ed entrata nel corpo civico contava di più della definizione normativa dei provvedimenti di esclusione. Questo naturalmente non toglie che molte famiglie e molte persone fossero tenute fuori dai centri di potere dei governi di Popolo, ma condiziona questa esclusione ai percorsi di recupero e di reinserimento offerti da quegli stessi regimi.

In maniera sensibilmente diversa funzionavano invece le esclusioni a bassa intensità causate dalle inadempienze amministrative, dove la natura automatica della sanzione rendeva meno necessaria la negoziazione riparatrice con il potere politico. Pene (apparentemente) meno dure, ma più sistematiche generavano una forma diversa di diminuzione dei diritti per una quota rilevantissima della popolazione urbana.

3. *Gli evasori delle collette e la non protezione del comune*

Verso la fine del Duecento, i livelli di verifica dei comportamenti dei *cives* aumentarono in maniera geometrica, facendo crescere i campi dove la disubbidienza anche parziale, ai doveri pubblici veniva caricata di un valore ideologico negativo. Primi fra tutti, per rilevanza economica e dimensioni, l'evasione fiscale, sempre presente nelle varie fasi della costruzione del sistema fiscale, ma oggetto di una precisa attività di criminalizzazione nel corso del primo decennio del XIV secolo.

Se la presenza nell'estimo era un criterio di base per riconoscere le persone abilitate ad agire come *cives*, l'assenza dall'estimo o il non pagamento delle tasse, di converso, comportavano una partecipazione largamente imperfetta alla vita pubblica, una menomazione dei diritti delle persone che andava fino alla messa in bando degli evasori e alla privazione della protezione del comune. Le rubriche statutarie contenevano norme relativamente severe sulle conseguenze dell'evasione fiscale, basate in genere sul divieto di rendere giustizia a chi non pagava le collette. A Bologna, negli anni Sessanta del Duecento, si insisteva molto sul danno arrecato alla comunità da chi non si iscrive all'estimo e sulla necessità di tassare tutti senza eccezioni: «Poiché il comune di Bologna è colpevolmente danneggiato da quelli che fino ad ora non vollero fare estimare i propri beni e frodano e impoveriscono il comune di Bologna e i suoi vicini».[28]

A Siena, nello statuto del 1262, non solo si ordinava l'arresto e la vendita di beni per chi non pagava le imposte dirette (chiamate "dazi"), ma gli evasori che pretendevano di essere garantiti «pro cive per instrumentum de citadinatico» erano privati della "difesa del comune"; il podestà si impegnava a non proteggerli: «non devo e non sono tenuto a difendere lo stesso (evasore) come un cittadino, né a difendere i suoi beni in quanto cittadino, né sarò tenuto a osservare i privilegi e le garanzie che spettano ai cittadini senesi».[29]

28. *Statuti del comune di Bologna dall'anno 1245 all'anno 1267*, a cura di Luigi Frati, Bologna, Regia tipografia, 1869-1884 (Monumenti istorici pertinenti alle Province di Romagna), vol. III, r. 96, p. 198: «Quia comune Bononie per quosdam est nequiter pergravatum qui hactenus bona sua extimare noluerint et comune Bononie et suos vicinos graviter defraudant et decipiunt». Una preoccupazione che riecheggia anche nelle decisioni del consiglio del comune di Siena, cfr. Archivio di Stato di Siena, *Consiglio generale* 6, f.122, citato in Robert Davidsohn, *Forschungen zur Geschichte von Florenz*, Berlin 1901, II, 645: «quod libram faciant... ita quod omnes qui habent marsupios divites allibrentur in totum, et quod non debeant aliquod sublevare».

29. *Il constituto del comune di Siena dell'anno 1262*, rub. 359, pp. 136-137: *De cive non allibrato*: «non debeam nec tenear ipsum defendere pro cive, nec sua bona defendere tamquam civis, nec privilegia que civibus senensibus competunt, nec immunitates, debeam servare». Va anche ricordata, per l'uso di un linguaggio ideologicamente avvertito, la rubrica che impegna il podestà a far catturare i debitori insolventi se i creditori dimostravano che, senza quel denaro, non erano in grado di pagare le imposte e i dazi, cfr. *distinctio* II, rub. 2, p. 206.

Di più, l'evasore era punito con il carcere come un criminale comune:[30] un linguaggio apertamente politico che intendeva la cittadinanza come un insieme di privilegi concessi solo a chi contribuiva alle necessità collettive con i propri beni. Questa normativa fu ripresa e inasprita nello statuto del 1309, che raccoglieva e volgarizzava anche una serie di provvedimenti emanati dal comune senese tra il 1281 e il 1305 contro gli evasori dell'estimo e dei dazi.[31] Una norma del 1291, particolarmente lunga, condanna gli evasori non solo con la non protezione, ma anche con il bando, finché non avrà pagato il dovuto, e con il divieto per lui e per i figli di assumere offici pubblici.[32]

Anche nello statuto del Popolo di Pisa del 1287, uno dei più severi in materia, chi non pagava la *colta* non poteva essere eletto in nessun ufficio comunale e non poteva ricevere giustizia dal comune – non sia ascoltato in tribunale da nessun giudice – con una particolare attenzione ai nobili che rifiutavano di far allibrare e i loro beni e non pagavano la *colta.*[33]

I giuristi ripresero le norme statutarie quasi *ad litteram*, come mostranò alcune *quaestiones*-modello assai diffuse nelle raccolte degli anni Settanta e Ottanta del Duecento. Era pacifico che chi non pagava le collette non poteva ricevere giustizia dal comune; vale a dire che, in analogia con le limitazioni imposte alle persone soggette al bando, non poteva presentare un'accusa e soprattutto non poteva essere difeso dalle aggressioni alla persona e ai beni. Le *quaestiones* di Bartoluccio dei Preiti sull'evasore

30. Ivi, *distinctio* I, rub. 356, p. 135: «Quod potestas et capitaneus teneantur facere capi et detineri in carcere illos qui non solverint suum datium».

31. William Bowsky, *Le finanze del comune di Siena, 1287-1355*, Firenze, La Nuova Italia, 1976, p. 145 ricorda le difficoltà di riscuotere il fodro: il comune nel 1287 stabilì che i soci in affari dei debitori del comune fossero costretti a pagare al comune al loro posto. Norme sulla non protezione degli evasori in *Il costituto del comune di Siena volgarizzato nel MCCCIX-MCCCX*, a cura di Mahamoud Salem Elsheikh, Siena, Fondazione Monte dei Paschi, 2002, rub. 347: escludeva la giustizia "eccetto che nei malefici", p. 273; nella rubrica 349 si dispone l'elezione di 6 uomini incaricati di cercare «quali non si truovano allibrati», e una volta valutati in maniera arbitraria, costringerli a pagare il dazio presente e quello degli anni passati.

32. Ivi, rub. 359, p. 279.

33. Cfr. *I brevi del Comune e del Popolo di Pisa dell'anno 1287*, a cura di Antonella Ghignoli, Roma, Istituto storico italiano per il medioevo, 1998, p. 179; si vedano anche rubrica 107, pp. 184-185 e la norma antinobiliare a p. 187: «Et teneatur etiam dictus nobilis se facere et bona sua extimari in civitate Pisana et dictum extimum poni facere in libro extimi cappelle in qua habitat. Et secundum dictum extimum teneatur et debeat solvere datas et prestantias, quod si non fecerit non audiatur ad ius ab aliquo iudicante».

che non pagava una colletta e per questo non poteva accedere al tribunale, o quella di Iacopo Buttrigari sul dovere del giudice di interrompere un processo inquisitorio se la vittima era malpago – prassi, come vedremo, comunemente seguita a Bologna – mostrano a sufficienza che il nesso tra evasione e giustizia era ormai accettato dai *doctores legum*. Ma ancora più forte era il legame fra residenza in un luogo e dovere di contribuire alle necessità collettive. Francesco d'Accursio aveva più volte affrontato il caso di un residente in una città che voleva rinunciare alla cittadinanza («desinere esse civis») per trasferirsi in un'altra città (e non pagare le imposte in quella di origine): lo poteva fare, ma solo dopo aver pagato le collette dovute.[34] Si capisce, in sostanza, che pagare le imposte era diventato un obbligo regolatore di altri diritti.

Non si trattava solo di teoria. Notizie di una politica severa dei comuni nei confronti dei debitori sono frequenti. A Siena, gli ufficiali del Dazio erano incaricati di cercare periodicamente nei sobborghi le persone non allibrate e di registrare gli evasori delle singole collette in libri specifici. Una pratica poliziesca che metteva in luce un fenomeno importante, e direi strutturale, della popolazione cittadina: l'esistenza di una quota rilevante di irregolari che risiedevano in città senza essere cittadini e che non avrebbero chiesto la cittadinanza se non costretti dal comune.[35] A Milano, dove sono rimaste tracce di libri di condannati per *malo estimo* dal 1260, alcuni atti frammentari lasciano intravedere le conseguenze nefaste dei debiti con l'erario pubblico, che costringeva le persone a vendere i propri beni.[36] Anche a Pisa si ricordano casi di cittadini arrestati per non aver pagato le prestanze obbligatorie.[37] Nella

34. I casi sono esposti in Sara Menzinger, *Diritti di cittadinanza nelle* quaestiones *giuridiche duecentesche e inizio-trecentesche*, in «Mélanges de l'École Française de Rome-Moyen Âge», 125-2 (2013), p. 5. Si veda anche Vallerani, *Diritti di cittadinanza.*

35. Piccinni, *I "villani incittadinati"*, p. 167.

36. Gerolamo Biscaro, *Gli estimi del comune di Milano* in «Archivio storico lombardo», LV (1928), p. 455. Altri casi in Paolo Grillo, *L'introduzione dell'estimo e la politica fiscale del comune di Milano alla metà del secolo XIII (1240-1260)*, in *Politiche finanziarie e fiscali nell'Italia settentrionale (secoli XIII-XV)*, a cura di Patrizia Mainoni, Milano, Unicopli, 2001, pp. 11-38: p.19. Un vassallo del monastero di S. Ambrogio, Aimerico Colderarius, cede all'abate nel 1254 tutto il feudo a lui spettante «occaxione debitorum et honerum diversorum Comunis Mediolani», per questo: «cottidie captus foret nec haberet aliunde unde solvere».

37. Violante, *Imposte dirette e debito pubblico*, p. 147, nota 80.

Firenze del Quattrocento, dovevano essere esclusi da tutti gli uffici coloro che non avevano pagato le gravezze o le prestanze nei mesi o anni precedenti; fu anche redatto un grande registro chiamato lo "Specchio" con i nomi dei debitori con debiti scaduti da oltre 4 mesi.[38] Per altro, il debito verso il comune condannava le persone a una continua incertezza delle proprie condizioni. Come annota nei suoi *ricordi* Matteo Palmieri, gli ufficiali del catasto erano spesso costretti a negoziare con i debitori forme di recupero parziale delle cifre non corrisposte, una situazione in cui si trovarono molti cittadini anche abbienti. Per accordarsi bisognava comunque pagare un terzo o un quarto delle imposte dovute; quando questo non bastava si arrivava all'arresto e, più di frequente, alla fuga nel contado per evitare l'arresto, uno stato di contumacia definita, al tempo, come «guardarsi dalle gravezze».[39]

Tuttavia, di questa dimensione problematica dei rapporti dei *cives* con il fisco pubblico conosciamo solo i contorni esterni o casi singoli poco utili per ricostruire un quadro complessivo delle dimensioni dell'evasione e della sua incidenza sui rapporti di appartenenza alla città delle persone interessate. È evidente che il sistema fiscale poteva segnare una frontiera mobile di entrata e uscita dalla cittadinanza, confermando, da un lato, la natura contrattuale e relazionale della *civilitas* – intesa come appartenenza a una comunità locale condizionata all'assolvimento di alcuni doveri di base –, ma aumentando dall'altro l'instabilità di questo legame, la messa in mora dei diritti di protezione per i *cives* inadempienti.[40] Evadere il dovere di pagare finiva infatti per creare insiemi di *cives* non provvisti di alcuni diritti, in particolare, come si è visto, la protezione dei beni e della persona; insiemi temporanei, ritagliati secondo le politiche di controllo dei governanti e le possibilità di vivere al di fuori della protezione pubblica da parte dei *cives*.

Ma quali dimensioni assumeva questo fenomeno? Fino a che punto la cittadinanza era realmente "diminuita" e per quante persone questo avveniva? In altre parole, come si riversava questa normativa così severa sui meccanismi di produzione di diritti civici della popolazione urbana?

38. Guidobaldo Guidi, *Il governo della città repubblica di Firenze del primo Quattrocento*, vol. I., *Politica e diritto pubblico*, Firenze, Olschki, 1981, p. 127.

39. Elio Conti, *L'imposta diretta a Firenze nel Quattrocento (1427-1494)*, Roma, Istituto storico italiano per il medioevo, 1984, pp. 302-318.

40. Si veda *Cittadinanza e disuguaglianze economiche*.

Tenteremo una verifica ravvicinata sulla realtà di Bologna del primo Trecento, quando le politiche fiscali divennero particolarmente aggressive nei confronti degli evasori, grazie a una grande operazione amministrativa di censimento degli evasori, chiamati "malpaghi". La possibilità di incrociare fonti diverse – dai provvedimenti fiscali dei consigli, ai libri degli evasori, per finire con i processi penali – permette una lettura ravvicinata dei meccanismi di produzione degli evasori e delle conseguenze di questa complessa attività di selezione su una quota rilevante della popolazione urbana.

4. *Un caso di esclusione (parziale) di massa: i Malpaghi a Bologna nel 1309*

Il sistema fiscale dei comuni italiani era nato sotto il segno dell'emergenza. La stessa definizione di *sistema*, o di politica fiscale, oscura in parte la dimensione empirica, improvvisata e spesso francamente emergenziale dei provvedimenti relativi alle entrate del comune. Entrate, che, come ha notato Paolo Cammarosano, non erano previste in anticipo, ma quasi sempre seguivano alle spese decise dai consigli del comune.[41] È un'inversione importante: le spese erano improvvise e spesso non prorogabili, soprattutto quelle relative agli acquisti annonari e alle guerre, mentre le entrate erano spesso decise a posteriori – o nell'immediata vigilia delle operazioni da finanziare – da commissioni di sapienti che emanavano provvedimenti ad hoc. L'insieme di questi provvedimenti, riuniti a volte in più organici *Ordinamenta pro invenienda pecunia*, costituiva di fatto la trama applicativa della politica fiscale del comune, che doveva far cassa ricorrendo a soluzioni assai diverse e non coordinate tra loro: vendita di gabelle, appalti di beni comunali, amnistie, tasse ai nemici politici, nuovi estimi, collette straordinarie, rientro di banditi e altro ancora.

In questa prospettiva, l'estimo – con la raccolta delle autodenunce dei *cives* controllate poi dagli *inquisitores* comunali – poteva diventare uno strumento prezioso per incrementare le entrate in momenti di emergenza, perché da un lato aggiornava le valutazioni dei patrimoni degli estimati, dall'altro, intervenendo spesso a distanza di diversi anni dal precedente, permetteva alle persone non estimate di iscriversi al nuovo registro,

41. Cammarosano, *Il sistema fiscale delle città toscane*, pp. 243-254.

aumentando la platea dei contribuenti. Sulla base dell'estimo, come è noto, veniva calcolata l'imposta diretta da riscuotere ai singoli *cives*.

Indipendentemente dalla quota effettiva che il ricavato dalla colletta rappresentava nel totale delle entrate, le imposte dirette rappresentavano un'entrata relativamente rapida da usare per un'emergenza in *quel* momento e per una data spesa. Gli estimi mostrano spesso questo carattere di urgenza immediata: cercano soldi per una necessità precisa. Il nuovo estimo messo in opera a Bologna fra il 1296 (3 maggio) e il 1297, come si è visto, doveva servire come base per le collette per coprire i costi della guerra contro il marchese Estense di Ferrara. Era necessario però aggiornare l'estimo precedente del 1281, ormai inutilizzabile per le numerose aggiunte che rendevano il libro illeggibile.[42]

Più questa natura emergenziale aumentava, più l'evasione si avvicinava a un "mancato aiuto" in tempi di guerra e la sanzione diveniva più severa. Nella riformagione istitutiva dell'estimo del 1296, infatti, si decisero anche regole stringenti per la punizione degli evasori: oltre alla giustizia negata per dieci anni, era previsto il sequestro dei beni non dichiarati, che potevano essere incamerati dal comune e dati in appalto, secondo le stesse modalità usate per i beni dei banditi.[43] Sulla base di questo nuovo estimo furono imposte tre "collette" nel 1297, registrate in appositi libri con le liste dei contribuenti. Ma nello stesso anno si prepararono anche libri di evasori delle collette, chiamati "malpaghi": uno specchio rovesciato della cittadinanza passiva, che viene meno al compito primario del sostentamento del comune. Sulle dimensioni e la natura di questa quota di *cives* non paganti, i registri di Bologna gettano una luce nuova, che aiuta a cogliere meglio i contorni di uno scontro politico inedito fra *cives* e governi cittadini.

Liste di non paganti – o malpaghi come sono definiti nel lessico amministrativo bolognese – sono attestate a Bologna dal 1236, quando si censiro-

42. ASBo, Comune, Governo, *Riformagioni dei consigli minori* (da ora *Consigli minori*), vol. I, c. 79r, si ordina il nuovo estimo, con l'elezione di 10 sapienti per quartiere; a c. 114r. elezione dei sei per quartiere per rivedere gli estimi del tempo di Pace de Pace. Sull'estimo del 1296 si veda Smurra, *Città, cittadini*, che pubblica in nota le provvigioni istitutive del nuovo estimo. Sugli estimi di fine Duecento si veda anche Antonio Ivan Pini, *Il patrimonio di un borghese negli estimi cittadini fra Due e Trecento*, in Id., *Campagne bolognesi. Le radici agrarie di una metropoli medievale*, Firenze, Le Lettere, 1993, pp. 39-92.

43. Smurra, *Città, cittadini*, p. 20, nota 41 per l'equiparazione ai beni dei banditi: «locentur secundum quod locantur bona bannitorum».

no i nobili "privilegiati" esenti, che non pagarono la colletta di sei denari per cento lire loro imposta; i nomi furono *cridati* e posti in bando, dal quale non potevano uscire prima di aver pagato la colletta.[44] Il provvedimento colpiva qualche decina di persone del contado (77), ma lascia intravedere un meccanismo già impostato sull'obbligo di pagare le collette dietro pena del bando.[45]

Una lista simile è sopravvissuta per il 1255: si tratta sempre di nobili residenti nei quartieri di porta Stiera e di porta Procula che non avevano pagato una colletta di 9 denari per cento lire per i lavori stradali vicino a Porta Nuova. Cambiano però le dimensioni: i nomi ammontano, per la sola porta Stiera, a 326.[46] Difficile capire se fosse aumentata veramente l'evasione delle imposte comunali oppure la capacità di controllo dell'evasione da parte del comune. Certo, il rapporto fra il numero delle persone colpite e quello dei ravvedimenti è assai basso: nel registro del 1255 si assesta intorno al 20% (67 su 326) di cancellazioni per pagamento dell'imposta e della multa per il ritardo.

I registri di malpaghi aumentano in maniera esponenziale negli anni Novanta del Duecento, in occasione delle guerre contro il marchese d'Este, e soprattutto del nuovo estimo del 1296 in base al quale, come si è detto, furono raccolte le collette del 1297, sotto due podestà diversi. La frequenza delle imposizioni, quasi tutte necessarie per pagare le milizie, obbligava il comune a un lavoro amministrativo complesso: ogni colletta richiedeva infatti un elenco dei tassabili con la cifra da pagare in base all'estimo e poi, al riscontro delle entrate, un secondo elenco di non paganti o malpaghi che non avevano saldato il dovuto.[47]

I dati di questi ultimi, per quanto parziali, indicano un ordine di grandezza sensibilmente superiore a quello dei decenni precedenti, senza contare che le collette erano raccolte più volte l'anno, coinvolgendo persone diverse anche a distanza di pochi mesi.[48] La somma dei nomi

44. ASBo, *Podestà*, *Disco dell'Orso*, busta 1, reg. 1.

45. Su questa vedi Bocchi, *Le imposte dirette*; Pini, *Il patrimonio fondiario*, che ricorda 10 estimi: 1239, 1250, 1279-82, 1287-88 (perduti), 1296-97,1304-1305, 1307-1308, 1315-16, 1327 (bruciato), 1329 impostato dal cardinale Bertrando del Poggetto, sul quale si veda Id., *Dalla fiscalità comunale alla fiscalità signorile*.

46. ASBo, *Podestà, Disco dell'Orso*, busta 1, reg. 3.

47. Per lo stato di emergenza, cfr. Dario Bortoluzzi, *Governare l'emergenza. Il caso di Bologna alla fine del XIII secolo*, in «Mélanges de l'École Française de Rome-Moyen Âge», 130-2 (2018), online.

48. Come mostra il caso di due collette ravvicinate per porta Procola del 1296 al tempo del podestà Iacobus de Cassero de Fano, vedi ASBo, *Podestà, Disco dell'Orso*, busta 12 reg. 1: la prima colletta da cc. 1 a 23; a c. 24r inizia una seconda colletta: «Infrascripti sunt

di intestatari di estimi dichiarati evasori si aggira sulle 750 unità per la sola Porta Procola (308 la colletta di 1 denaro e 442 la seconda colletta, con poche ripetizioni di nomi), quasi 1/3 del numero degli estimati del quartiere, che nelle carte di "consegnamento" per l'estimo del 1296 (le autodenunce dei contribuenti) ammontano a 2.656.[49] I dati per la porta Ravennate sono simili: la colletta di 3 soldi ogni 100 lire raccolta dal podestà Maruello Malaspina nel 1297 conta nel quartiere 727 evasori su 1.908 estimati.[50]

Due osservazioni possono essere fatte subito: il numero delle persone che si ravvedevano pagando la colletta nei mesi successivi continua ad essere assai basso, segno che raramente si arrivava a una soluzione condivisa nei mesi successivi il bando.

Il secondo dato riguarda la qualità degli evasori, elemento che approfondiremo nel campione successivo: è evidente che i malpaghi erano numerosi presso tutti gli strati sociali, ma l'impatto dell'evasione di interi casati nobiliari era, sul piano economico e politico, molto più rilevante. Questa evasione qualificata è destinata ad aumentare notevolmente negli anni seguenti, anche perché fra i pochi nomi che si ripetono in più registri, la maggior parte appartiene proprio a queste famiglie di alto livello economico. Gli altri nomi, soprattutto gli intestatari di estimi bassi, non sembrano ripetersi, segno che le collette avevano evasori diversi di volta in volta.

Il momento di impennata dell'evasione si pone tuttavia fra il 1307 e il 1309, anni di intensa produzione normativa sul controllo della fiscalità pubblica, in seguito al nuovo estimo del 1305-1306. Il nuovo catasto, iniziato nel 1305 aveva lo scopo esplicito di trovare soldi («pro invenienda

qui non solverunt collectam unius denarii pro libra ad extimum novum». Nel registro 2 sono riportate altre tre collette: una senza data «Infrascripti sunt malpaghi qui non solverunt collectam sex denariorum pro libra, eis impositam pro comuni Bononie per extimum tempore Pacis de Pacibus»; a c. 38 un'altra colletta di 2 denari sempre sotto Iacobus de Cassero de Fano; e una terza al tempo di Tegghia de Frescobaldi.

49. Le carte di consegnamento sono le fonti principali su cui si basano gli studi sulla fiscalità bolognese; sono conservate nella serie ASBo, *Comune*, *Estimi*, serie I, per le quattro porte. Ad esse hanno fatto ricorso Pini, *Il patrimonio fondiario*, e Massimo Giansante, *I banchieri e la città. Azzonamento territoriale e livelli di ricchezza nell'estimo del 1296-97*, in Id., *L'usuraio onorato. Credito a Bologna in età comunale*, Bologna, il Mulino, 2008; sui limiti di questa fonte si veda *infra*.

50. ASBo, *Podestà, Disco dell'Orso*, busta 15, reg. 8, del mese di ottobre.

pecunia»).[51] Il rifacimento dell'estimo cadeva inoltre in un momento di fortissima tensione interna alla compagine di governo e la natura politica dello strumento fiscale era evidente a tutti.

L'anno successivo, nel 1306, un cambio di regime favorì il ritorno al potere delle famiglie dei Guelfi neri – riprendendo la terminologia fiorentina – e si provvide a una rettifica repentina dei parametri di imposta dell'estimo precedente, ritenuti punitivi verso alcuni membri della nuova élite di governo (vedi capitolo 5).[52] La linea di divisione fra paganti e malpaghi era dunque complicata da una torsione politica interna al regime che aveva rovesciato i fronti con conseguenze gravi sulla stabilità dei governi cittadini e sulla possibilità di individuare con chiarezza fronti di fedeli o di avversari. Di certo, nei mesi successivi al nuovo estimo il tema dell'evasione si fece più urgente e la risposta delle autorità assunse le dimensioni di una vera schedatura di massa contro i cittadini evasori. Gli esiti documentari di questa politica repressiva sono fortunatamente sopravvissuti.

Sono rimasti alcuni registri di malpaghi delle collette del 1307 per porta Ravennate[53] e porta Procula[54] (3 collette) e una serie più completa di libri relativi al 1309, redatti sotto il podestà Ferrantino de Malatesta, che permettono finalmente di avere un quadro più chiaro dell'evasione operata dai ceti urbani e in generale dell'impatto delle politiche fiscali di emergenza sulla cittadinanza bolognese. I registri di malpaghi contengono i nomi degli evasori – radunati sotto il capo famiglia, in caso di più persone della stessa famiglia – e la cifra di estimo sulla quale dovevano pagare la collet-

51. Primi tentativi nel 1303, *Consigli minori*, vol. III, c. 175v elezione di 8 sapienti che devono fare gli estimi; da questi ne vengono eletti *ad voces* 4; Balia data al consiglio del popolo di rifare gli estimi c. 243.

52. Nel 1306, ivi, c. 257v, «provisiones extimorum» affidate a Filippo dei Pepoli, parente di Romeo, grande mercante che guidava lo schieramento geremeo. La revisione è ordinata a ottobre, c. 277v; ne vengono beneficiati i Gozzadini e i Buvalelli, i Beccadelli, tra i più colpiti nelle lotte del 1303.

53. ASBo, *Podestà*, *Disco dell'Orso*, busta 15, reg. 9: «De quarterio porte Ravennatis et capelle sancti Thome de Braina qui non solverunt collectam unius denarii pro libra domino Berthono fabro, colletori pro dicta cappella dicte collette imposite hominibus civitatis Bononie occasione solutionis militum, tempore Gerardi de Bustighis potestatis bononiensis millesimo trecentesimo septimo indictione quinta, scriptum per me Albertucium Cipriani».

54. ASBo, *Podestà*, *Disco dell'Orso*, busta 12, reg. 8: «Infrascripti sunt malpaghi colecte unius denarii pro libra de mense agusti … pro solucione militum comunis Bononie tempore secundi regiminis domini Gerardi de Bostichis».

ta; la somma evasa non era riportata, ma i notai la deducevano a posteriori dividendo il totale dei valori degli estimi degli evasori per la quota decisa dalla singola colletta (nel caso di 1 denaro per lira si divideva il totale in lire, per 240). In alcuni registri, e solo per alcune parrocchie, è riportato in coda l'elenco dei malpaghi che non avevano "presentato l'estimo", evidentemente persone registrate negli estimi passati ma non più presenti in quelli attuali. Una quota, come vedremo, tutt'altro che trascurabile.

Dai registri di malpaghi del 1308-1309 è dunque possibile tentare una stima delle persone implicate, o meglio degli "estimati" presenti nelle liste. I dati assoluti sono importanti: disegnano i contorni di un fenomeno di evasione di massa, che coinvolgeva quasi 7.000 intestatari di estimo (il numero degli individui è leggermente superiore). Dalle serie di macro-dati demografici che abbiamo a disposizione – membri delle matricole delle arti del 1294 con 10.684 persone,[55] e membri delle venticinquine (i ruoli di atti alle armi) del 1324 – si vede che, grosso modo, il numero degli estimati evasori superava di molto la metà della popolazione attiva.[56] Ma sono paragoni approssimativi, vista l'assenza di dati certi sulle serie demografiche bolognesi che ritagliano quote di popolazione sempre diverse.

Il confronto con i soli intestatari di estimo potrebbe essere più stringente. Più che i dati tratti dalle autodichiarazioni degli estimati (*consegnamenti*), assai poco attendibili e incompleti,[57] ci baseremo sui 3 *Ruoli di estimo* del 1308, grandi libri pergamenacei con gli elenchi di tutti gli estimati per quartiere e la loro cifra di estimo. I *ruoli* di Porta Procola, per esempio, contano 3.207 estimati; il *liber malpagorum* della stessa porta del 1309 ne contiene 1833, vale a dire una cifra pari al 57% degli estimati.[58] Percentuali leggermente più basse si ricavano dai ruoli di porta Ravegnana[59] e di porta

55. Antonio Ivan Pini, *La ripartizione topografica degli artigiani a Bologna nel 1294: un esempio di demografia sociale*, in Id., *Città comuni e corporazioni*, pp. 149-178.

56. Roberto Greci, Antonio Ivan Pini, *Una fonte per la demografia storica medievale: le venticinquine bolognesi (1247-1404)*, in «Rassegna degli Archivi di Stato», XXXVI (1976), pp. 337-381, qui p. 378.

57. Sui quali la storiografia bolognese si è finora basata. Per i consegnamenti del 1296, calcolati solo sulle denunce di estimo, per un totale di 9.635 contribuenti cfr. Giansante, *I banchieri e la città*, p. 147.

58. Il calcolo è stato fatto sulla base del registro di ruoli in ASBo, *Comune*, *Estimi*, serie I, busta 6, *Ruoli d'estimo*, Porta Procula.

59. Calcolati sul registro di Porta Ravegnana in ASBo, *Estimi*, serie I, busta 5, *Ruoli d'estimo*.

S. Pietro:[60] la metà degli estimi sottoposti a riscossione della colletta risulta comunque non pagante.

	Ruoli di estimo 1308	Malpaghi 1309	Atti alle armi 1324**	Estimi 1329***
S.Pietro	3.354	1.800 (53,6%)	2.953	2.343
Ravennate	3.265	1.637 (50,1%)	2.890	2.475
Procola	3.207	1.833 (57,1%)	3.176	2.208
Stiera*	2.186[61]	1.606	3.416	3.014
		6.876	12.435	10.040

* consegnamenti 1307
** Pini-Greci, *Una fonte*, p. 378
*** Pini, *Dalla fiscalità comunale*, p. 360

Per porta Stiera, invece, dobbiamo ricorrere alle denunce e il totale è molto più basso, anche se era il quartiere più popoloso di Bologna. I dati dei consegnamenti del 1329 forniscono ugualmente un ordine di grandezza simile, anche se meno sicuro.[62]

Bisogna dire che non si tratta di un quadro fisso. Se facciamo un confronto fra le due collette del 1307 e del 1309 – possibile per almeno due quartieri, Procola e Ravennate – vedremo variazioni sensibili nel numero dei malpaghi, a volte con cifre raddoppiate nel giro di poco tempo. Segno dell'estrema mobilità della popolazione urbana, ma anche del diverso impatto delle singole collette da un anno all'altro.

Un trend in comune, tuttavia, esiste: la colletta del 1309 ha sempre un numero maggiore di malpaghi di quella del 1307; in altre parole l'evasione, pur nell'instabilità dei dati da un anno all'altro, tende a crescere sempre, in tutte le parrocchie urbane. Una differenza assai sensibile anche per porta Ravegnana, dove la colletta del 1308 conta alcune centinaia di evasori in più rispetto a quella dell'anno precedente.

60. In ASBo, *Comune*, *Estimi*, serie I, busta 6, *Ruoli d'estimo*, ruoli del 1308 podestà Malpigli di san Miniato.

61. La cifra è calcolata sommando le denunce degli estimati delle singole parrocchie presenti nell'inventario dell'Archivio di Stato, *Estimi*, serie I. Nel 1296, sempre secondo la stessa fonte, le denunce erano 2.680; sono sempre cifre da prendere con prudenza.

62. Pini, *Dalla fiscalità comunale alla fiscalità signorile*, pp. 343-371.

Malpaghi delle parrocchie di Porta S. Procolo nel 1307 e nel 1309

S. Caterina di Saragozza	76	170
S. Cristoforo	59	86
S. Damiano	50	64
S. Giacomo	27	86
S. Giovanni in M.	66	84
S. Lucia	74	158
S. Mamolo	52	132
S. Maria de Car	22	56
S. Maria Clavesana	22	36
S. Maria Muradelli	59	97
S. Procolo	76	196

Il numero dei malpaghi rispetta, grosso modo, la proporzione di abitanti delle singole parrocchie e la distribuzione della ricchezza tra i quartieri. La città era divisa fra due quartieri meno popolati ma più ricchi, verso oriente – porta S. Pietro (o Piera) e porta Ravegnana (Ravennate) – e due verso occidente, più popolati ma con redditi medi più bassi, porta S. Procolo e Stiera. All'interno dei quartieri, è stato notato che la ricchezza tende a concentrarsi nelle parrocchie interne alla seconda cerchia di mura, quella duecentesca, per diminuire nelle parrocchie della terza cerchia, più esterne.[63] Sono dati che ritroviamo nelle tabelle dei malpaghi, chiaramente più numerosi nelle parrocchie più densamente abitate, ma senza altri meccanismi specifici che influenzino la distribuzione geografica degli evasori in una particolare zona della città. Né la presenza o meno di artigiani, né tanto meno una possibile "marginalità" sociale degli evasori spiegano il quadro generale dei malpaghi.

Qualcosa di più si potrebbe dire sulla distribuzione dei "senza estimo", presenti solo in alcune cappelle ma, anche qui, senza regole precise. Nei ruoli di porta S. Pietro del 1308, un fascicolo finale riporta l'elenco delle persone che non avevano consegnato le liste dei propri beni per essere valutati,[64] un insieme che ammonta a 818 persone su 3.354, vale a dire

63. Dati desunti dall'estimo del 1296 in Giansante, *I banchieri*, pp. 150-151, con rimando puntuale alle tabelle pp. 179-182.

64. ASBo, *Estimi* I serie, vol. 6, *Ruoli d'estimo di Porta S. Pietro*, c. 87r: «Infrascripti sunt exstimati per predictos dominos qui coram eis non comparuerunt secundum formam cridarum ex parte eorum factarum et qui eis bona earum porigere sive dare in scriptis contempserunt secundum formam provixionum eorum super hoc factarum et de hoc loquencium».

il 24,3%, quasi un quarto degli allibrati. È una cifra assai alta, che riguarda tuttavia una fascia di estimi molto bassa, sotto le 50 lire per la gran parte (circa il 70% degli estimi censiti).

I non estimati presenti nei registri dei malpaghi sembrano invece distribuirsi in un arco di parrocchie e di livelli economici più variegato e meno facilmente inquadrabile. Se per porta Ravennate la loro presenza è forte nelle cappelle più periferiche comprese tra la seconda e la terza cerchia di mura (S. Biagio, S. Tommaso in Braina, S. Leonardo) – lasciando intravedere una possibile concentrazione di persone immigrate dal distretto insediate nelle cappelle più esterne – diverso è il quadro per porta Piera, dove i "senza estimo" sono presenti in maggior numero in cappelle ormai interne alla città, fra la prima e la seconda cerchia (S. Tommaso de Mercato, S. Vitale, S. Martino in Aposa).

Questo esame un po' pedante dei dati, ha una sua utilità nella comprensione del fenomeno: nessun automatismo può spiegare la distribuzione de malpaghi, che si trovano fra tutti i ceti sociali e in tutte le ripartizioni urbane. Come la presenza di una quota considerevole di persone senza estimo era un dato strutturale dell'assetto sociale urbano, così l'evasione riflette una porzione importante del "corpo cittadino", non una parte minoritaria o protestataria: mostra piuttosto un rifiuto diffuso – o un'insostenibilità ormai endemica – verso l'imposizione diretta come sistema ordinario di raccogliere soldi in breve tempo, anche a dispetto del criterio proporzionale che mitigava il peso delle tasse per le fasce a reddito basso.

Più interessante è il peso "relativo" dell'evasione secondo le fasce di ricchezza e il numero di evasori. All'interno dei singoli quartieri, infatti, la distribuzione della ricchezza è profondamente diseguale, riflesso di una polarizzazione fortissima fra i redditi alti e altissimi da un lato – in mano a una quota assai ridotta della popolazione – e la pletora di estimati sotto le 100 o le 50 lire. Nell'estimo del 1296 il 4% dei cittadini estimati possiede più del 53% della ricchezza totale.[65] Una situazione congruente con quelle di altri grandi comuni di popolo del Duecento come Siena e Perugia, dove la concentrazione della ricchezza assunse dimensioni analoghe.[66] Se

65. Giansante, *I banchieri*, p. 158.

66. Esami sulle sole liste di estimi, contenenti il valore complessivo dei redditi dichiarati, si trovano per Perugia in Alberto Grohman, *L'imposizione diretta nei comuni dell'Italia centrale nel XIII secolo. La Libra di Perugia del 1285*, Roma, École Française de Rome, 1986, e per Siena in Daniel Waley, *Siena e i senesi nel XIII secolo*, Siena, NIE, 2003, pp. 41-69.

l'evasione proveniva da tutti i ceti sociali, in proporzione i redditi alti sottraevano al fisco una quantità ben maggiore di denaro.

L'impatto dell'evasione deve essere quindi calcolato sul valore del mancato introito e non solo sul numero degli evasori. Le cappelle più popolose non sempre sono quelle che, in proporzione, sottraggono più soldi al comune.[67] Al contrario, le parrocchie con pochi abitanti, ma occupate da reti familiari di lignaggi potenti si presentano come blocchi di evasori coerenti, che spesso tornano negli anni, segno di una possibile resistenza di alcune famiglie alla politica fiscale del comune.

Per esempio, la parrocchia di S. Michele di Lebroseto, abitata intensamente dai Gozzadini (con sette membri malpaghi), dai Lamandini (Bonacosa Upicini, con un estimo di 7.000 e Guidotto Egidi per 5.300) e dai Pegolotti, grandi famiglie mercantili. Oppure, su scala più limitata, S. Maria Rotonda con i Galluzzi, S. Tommaso in Braina con i Basacomatri, costituiscono punti di straordinaria concentrazione di patrimoni che si sottraggono alla tassazione pubblica. Lo stesso discorso si può fare per i Tettalasina e i Pepoli,[68] tanto per citare le più grandi famiglie di banchieri, entrambi residenti nella parrocchia di S. Agata – la più densamente abitata da famiglie di Cambiatori[69] – da soli causano un danno al comune pari a quello di intere cappelle. Gli esponenti dei Pepoli, la famiglia di gran lunga più ricca di Bologna, hanno un reddito complessivo di circa 73.000 lire, con un mancato introito di 304 lire; ma mentre i Pepoli, malpaghi nel 1307, sono assenti nel registro del 1309, i Tettalasina insistono nell'evasione con i quattro esponenti più ricchi registrati come malpaghi della colletta anche in quell'anno.[70] La medesima persistenza si nota nei Tettalasina della parrocchia di S. Giovanni in Monte, che ripetono gli stessi nomi nei due registri.[71] Un esempio seguito anche dai

67. Anche qui possiamo tentare qualche ipotesi di lettura per grandi linee, ma con risultati scarsamente indicativi. È noto che i membri delle corporazioni di mestiere erano disseminati in tutti i quartieri, senza particolari fenomeni di concentrazione, Pini, *La ripartizione topografica degli artigiani*, p. 165.

68. Dei Pepoli sono presenti Iohannes q. Boniohannis de Pepolis con un estimo di 5.000 lire, Zengolus q Ugolini de Pepolis 10.650, Filippo di Zoanne de Pepolis 27.400, Romeo de Pepolis 29.400.

69. Dati disponibili in Pini, *La ripartizione topografica*, p. 165 e Giansante, *I banchieri*, pp. 171-172.

70. Bombolognus domini Bombologni Tettalsina con un estimo di 6.000 lire, Lotaringus Uguitonis Tettalasina con 2.000 e Petrus Bombologni de Tettalasina 2.500.

71. Albericus Iohannis, 11.000 lire di estimo, Opizo quondam Paroli 8.000; nel 1309 si aggiunge Boniohannes Odorici con un estimo di 6.000 lire.

Galluzzi della parrocchia di S. Maria Rotonda, con 23 esponenti attestati nel 1307 e 14 nel 1309 (tra cui quelli con estimi più alti).

Difficile capire se in questi casi l'evasione affondi in una tradizionale ritrosia delle famiglie aristocratiche a sottoporsi alla tassazione diretta, oppure, come è più probabile, nasca da un dissenso specifico verso le scelte fiscali delle istituzioni comunali, di cui pure erano sostenitori attivi. Ma se è comprensibile che i Galluzzi, più volte banditi, fossero evasori, lo è meno che lo fossero Romeo Pepoli, – sempre presente come "privato" cittadino alle riunioni dei consigli ristretti – o Filippo de Pepoli che aveva ricoperto la carica di Massario e Depositario dell'avere nel 1306 o Benno Gozzadini, anch'esso Depositario dell'avere del comune nel 1310.[72] Le ragioni dell'evasione erano quindi diverse e creavano in ogni caso un danno erariale notevole alle casse comunali. Le collette si succedevano a breve distanza l'una dall'altra anche per questo continuo ridimensionamento del gettito previsto. Non stupisce, dunque, che la mancata contribuzione fosse avvertita sempre di più come un atto di dissidenza politica.

5. *La criminalizzazione del debito e i suoi effetti*

Due anni dopo l'instaurazione del nuovo regime dei Neri e del rifacimento del nuovo estimo (1307), il comune bolognese procedette a due grandi operazioni documentarie di delimitazione della popolazione bolognese. La prima in positivo, dispose nel 1309 la revisione della lista dei *privilegiati* di Popolo: vale a dire delle persone che, secondo lo statuto, avevano il privilegio di portare armi difensive, di essere creduti nelle accuse anche senza testimoni e di essere protetti dalle aggressioni con pene più alte. Nel nuovo elenco fu incluso un numero assai alto di persone: tutti gli Anziani in carica, dal marzo del 1306 in avanti (regime dei Guelfi neri), insieme ai loro notai; tutti i membri del consiglio del Popolo dal gennaio 1307 al 1308; il consiglio del Popolo in carica e i ministrali delle società; un totale che si aggira sui 10.000 nomi.[73]

72. Vitale, *Il dominio della parte Guelfa*, p. 131.

73. ASBo, *Consigli minori*, vol. III, 28 febbraio 1309, c. 289r. Nel giugno 1310 si ridefinisce lo spettro del privilegio, accentuando gli aspetti di semplificazione probatoria: in caso di aggressione il privilegiato deve essere creduto senza giuramento, Ivi, c. 294r. Sul periodo Milani, *L'esclusione dal comune*, pp. 380-396.

La seconda operazione fu invece in negativo: nel 1311, si dispose la redazione di un libro generale di tutti i malpaghi della città. Dal tono delle provigioni di quei mesi, si capisce che il regime entrò in fibrillazione dopo il 1310. La discesa di Enrico VII e la riorganizzazione del fronte imperiale spinse il comune di Bologna a intensificare le spese militari e le alleanze fra città guelfe.

Questo clima emergenziale rendeva il regime ipersensibile verso qualsiasi forma di disobbedienza: quella fiscale, nello specifico, fu elevata al livello di infedeltà politica. La repressione dell'evasione delle collette doveva essere attuata in due tappe. Come spesso accade nei momenti di stretta, la prima operazione tentava un recupero concordato delle imposte evase: ai malpaghi si lasciavano tre mesi di tempo per regolare la colletta, dall'inizio di giugno alla fine di agosto; se avessero pagato sarebbero stati esenti da ogni pena personale e reale contro di loro.[74] Chi si ostinava a non pagare doveva invece essere perseguito. Il tono della minaccia tradisce una dimensione pienamente penalistica dell'evasione che era ormai considerato un reato politico: il non pagamento delle collette fu equiparato al tradimento e alla *rebellio*. Si ordinò infatti che tutti quelli che non pagavano le collette – e si assentavano dalla città – fossero trattati come ribelli e iscritti in un libro apposito: «Siano intesi e siano trattati come Lambertazzi e siano iscritti nel libro o nei libri dei Lambertazzi e dei ribelli del comune di Bologna».[75]

L'anno successivo, il 22 novembre 1312, si dispose una seconda e più generalizzata opera di selezione dei malpaghi. Il provvedimento è diviso in tre punti. In prima battuta, si concedeva un termine per pagare le collette arretrate; dopo la scadenza, gli evasori erano dichiarati "offendibili" e non potevano essere ascoltati in tribunale: «Vale a dire che è possibile essere offeso in qualsiasi modo e impunemente nelle cose e nella persona e a lui non sia resa giustizia né civile né criminale».

74. ASBo, *Consigli minori*, vol. IV, c. 3r: «quod omnes et singuli malpaghi collectarum et prestantiarum impositarum a kallendis iunii retro possint teneantur et debeant solvere omnes collectas et prestantie hinc retro impositas, a dictis kallendis iunii usque per totum mensem augusti, et solvendo sortem infra dictum terminum, sint et intelligantur esse absoluti a penis in quibus incurrissent a die reformationis in antea, solvendo infra dictum terminum; a dicto vero termine mensis augusti in antea, incurrant et incurrisse intelligantur omnes penas reales et personales quas hinc retro incurrerunt aliqui malpaghi, excepto quod interfici non possunt».

75. *Ibidem*: «intelligantur et habeantur pro Lambertaciis et scribantur in libro seu libris Lambertaciorum et rebellium comunis Bononie».

In secondo luogo, si stabilì che il "libro dei malpaghi" doveva valere come prova per dimostrare la condizione di evasore:

> e che si presti piena fede vedere quella persona o quelle persone che non pagarono entro i termini ordinati e loro essere malpaghi nei libri dei malpaghi delle collette e delle prestanze che sono e saranno conservati presso il disco dell'Orso o altri ufficiali.[76]

Come terzo provvedimento si ordinò di redigere un altro libro riassuntivo di tutti i malpaghi, dividendo i banditi in due parti: gli insolventi fino al 1306 in «unus liber pro quolibet quartiere» e gli insolventi dal 1306 in avanti in un altro volume, dopo aver dato un mese di tempo per pagare gli arretrati.

Si tratta dunque di un nuovo grande libro di tutti i malpaghi delle collette di Bologna degli ultimi decenni, con speciale attenzione agli evasori dal 1306 in avanti, anno considerato come indice nella costruzione politica del reato di evasione. L'operazione documentaria, inedita per le dimensioni e l'arco temporale interessato, si rivela dunque il più grande tentativo del comune bolognese di censire e isolare dal corpo sociale gli evasori delle imposte dirette, catalogati ormai come ribelli, soggetti alle offese di altri e non difendibili dalle corti pubbliche. Il grande libro dei malpaghi non è rimasto, ma restano i registri penali dove si possono verificare le conseguenze di questi provvedimenti. Limitiamoci, per ora, a esaminare gli effetti dell'evasione sulla cittadinanza, vale a dire in quale modo i diritti delle persone erano diminuiti.

La principale conseguenza dell'evasione era la mancata difesa in tribunale dell'evasore e l'impunità per chi l'offendeva. Concretamente, un imputato poteva chiedere, sotto forma di *exceptio* processuale, di sospendere il processo perché la vittima, o l'accusatore, era malpago, evasore delle collette pubbliche o non iscritto all'estimo. Una volta presentata l'eccezione, il giudice verificava sui libri contabili fiscali del comune la presenza del nome della persona tra i malpaghi e quindi sospendeva il processo in

76. ASBo, Comune, Governo, *Consigli minori*, IV, c. 13r: «videlicet quod possit quomodolibet impune offendi in avere et persona et non reddatur ei ius in civili vel in criminali, in agendo et defendendo»... «et quod plena fides sit et habeatur videre eam vel eas personas que non solverunt ad terminum vel terminos ordinatos vel ordinandos et eos esse malpagos (ut dictum est) per libros malpagorum collectarum vel prestanciarum qui sunt vel erunt ad discum Ursi vel penes alios officiales».

base al principio, più volte ricordato, che non si poteva dare giustizia al cittadino evasore dichiarato evasore.

È interessante notare che il numero delle eccezioni di questo tipo, quasi assente nel Duecento, aumenti tra il 1310 e il 1315 in occasione dell'inasprimento legislativo del 1311-12. Che si tratti di una conseguenza diretta di quelle leggi non vi è dubbio: i riferimenti normativi delle eccezioni sono sempre gli ordinamenti del 1311-12, e il registro dove si verificava la presenza del nome era chiaramente il grande *liber malpagorum* ordinato nel 1311. Le eccezioni, scritte dai procuratori, contengono già gli elementi essenziali per decidere la causa, a iniziare dalla prova documentaria della condizione di malpago: una carta estratta dai libri di estimo, per i non possessori dell'estimo, o dal *liber malpagorum* per gli evasori delle singole collette. È evidente, e le eccezioni lo dimostrano, che verificare la condizione dell'avversario e ottenere un attestato dall'ufficio delle collette era un'operazione relativamente semplice. Soprattutto era semplice bloccare il processo in base alla normativa antievasori.

Nel processo contro Bonaventura Bertoli, accusato di aver ferito con il coltello un tale Giacomo sulle scale del palazzo, l'eccezione vuole dimostrare che la vittima era malpago e poteva essere offeso impunemente e per provare l'eccezione presenta un lungo elenco di documenti estratti dai libri del comune:

- il libro dei malpaghi, portato davanti al giudice dallo stesso notaio del giudice alle collette: «produxit coram vobis et ostendit librum malpagorum in quo malpagus est ipse Iacobus et ut malpagus est conscriptus»;[77]
- la copia della riformagione che condannava i malpaghi alla non protezione del comune;
- un altro *publicum instrumentum* in cui si attestava che Giacomo, la vittima, era malpago di due collette.

Attestazioni documentarie simili si potevano ottenere per coloro che non avevano l'estimo. Sempre nel 1313, Petrizolo di Simone si difese da solo dall'imputazione di aver ferito Perendeo, sostenendo che quest'ultimo poteva essere impunemente offeso «negando che lo stesso Perendeo avesse l'estimo»; presentò quindi una *publica scriptura* in cui si attestava

77. ASBo, Podestà, *Inquisitiones*, busta 83, 1313, reg. 1, c. 45r.

che Perendeo non era presente nei libri di estimo.[78] Ancora, Tommasino Clerico di Ventura si difese affermando che la vittima non era iscritto nelle venticinquine e quindi era da considerare ugualmente malpago.[79]

Le liste di potenziali esclusi aumentano negli anni successivi, nel 1315 e nel 1316, anche se il numero dei processi inquisitori interrotti perché la vittima era malpago si mantiene grosso modo costante, nel novero di qualche decina. Si perfeziona semmai la capacità di allegare documentazione pubblica da parte dei procuratori e di motivare la sospensione del processo.

Nel 1315 – in cui abbiamo, su 133 processi, 26 sospensioni perché malpaghi – un certo Tura Dainisi, bandito per aggressione manuale contro Catalano di S. Tecla, ricomparve il 21 agosto con tre eccezioni contro l'inquisizione del podestà: la prima riguardava la tipologia del reato, che non rientrava tra quelle permesse; con la seconda ricordava che Tura godeva di un privilegio di Popolo; nella terza affermava che Catalano, la vittima, non doveva ricevere giustizia in quanto non iscritto all'estimo, secondo la *provvisione sacrata* relativa al tema.[80] La stessa abbondanza di motivazioni si trova in un processo di poco successivo, quando i due aggressori di un certo Ugolino furono assolti dopo che il procuratore aveva dottamente ricordato al giudice che la vittima non poteva ricevere giustizia «in aliqua causa civili vel criminali, excepto quam in causa homicidii» perché non era iscritta all'estimo.[81]

A maggior ragione, la regola valeva per i malpaghi delle collette, ricordate ora con precisione con il nome del podestà che le aveva imposte e il libro come prova.[82] Inoltre, il comune ampliò la tipologia di evasione che

78. Ivi, reg. 2, c. 18r.

79. Ivi, reg. 4, c. 73r.

80. ASBo, Podestà, *Inquisitiones*, busta 88, 1315, reg. 1, c. 16r: «dictus Telanus est talis persona que potuit impune offendi, ex eo quia non habet extimum et sua bona non porrexerit in scriptis coram dominis extimatorum, prout tenebatur et debebat secundum formam provixionum de hoc loquentium, salvis aliis suis iuribus et exceptionibus».

81. Ivi, c. 20r, processo contro Guillelmus Bondidei e Martinus Bruni per ferimento con un coltello da pane di Ugolino: l'inquisizione non era valida «cum predictus Ugolinus sit persona cui ius reddi non debet in aliqua causa civili vel criminali, excepto quam in causa homicidii, eo maxime quia negatur ipsum comparuisse coram officialibus comunis Bononie ad extima facienda hominibus civitatis Bononie, ad faciendum se extimari secundum quod tenebatur ex forma provixionum factarum Comunis Bononie».

82. Ivi, c. 23r: processo contro Iacobus Ugolini per ferimento di Iacobus Bonaventure con un coltello in faccia; il reo viene prima incarcerato, poi il procuratore ne chiese l'assoluzione perché non aveva pagato le collette, «... et maxime collecte unius denarii pro

rendeva le persone offendibili. Nel 1318 comparve tra i criteri per presentare un'accusa, il pagamento della tassa sul sale, i cui evasori, equiparati ai malpaghi, erano ugualmente esclusi dalla protezione del comune,[83] segno che il meccanismo punitivo poteva essere esteso ad altre forme di evasione e che ogni nuova imposta creava i suoi malpaghi. Così un certo Domenico era dichiarato due volte evasore:

> la prima perché Domenico non pagò la prestanza di 4 soldi (per cento) imposta dal comune di Bologna al tempo del podestà Guiberto de Monticulo; e la seconda perché si nega che il detto Domenico abbia preso il sale, o la sua parte di sale, secondo la sua quota di estimo come era tenuto a fare.[84]

La rete di registri degli evasori si era dunque allargata e consentiva ormai una consultazione facilitata e rapida dei nomi registrati; con un numero così alto di evasori era dunque abbastanza facile trovare il nome di una persona con cui si aveva un confronto processuale aperto e chiedere la sospensione del processo. La messa in mora della giustizia pubblica era dunque un fattore centrale della lotta contro l'evasione registrata nei libri pubblici.

Questa impostazione fu avallata dai giuristi nei loro *consilia*, indicativi di una linea interpretativa univoca che avvalorava i registri come fonte legittima di prova della condizione di non *civis*. Dal 1315 per altro, il ricorso al sapiente era quasi obbligato quando una parte presentava un'*exceptio* per chiedere la sospensione del processo. Così, un esempio fra tanti, un maestro come Pietro de' Cernitti accolse alla lettera l'eccezione presentata dal procuratore di Francesco Polloni de Malavolti contro Dosio de Buvalelli. Il *consilium* definisce Dosio malpago in quanto erede della madre e dunque possessore di beni non denunciati all'estimo (Appendice 2).

In un altro *consilium* sempre del 1315, il consultore ricorda con precisione sia la carta dell'ufficio delle collette che attestava la condizione di malpago verificata sul libro, sia l'ordinamento che consentiva di offendere

libra imposite tempore domini Gerardi de Bostichis, pro solutione militum, ut constat ex instrumento scripto manu Pizoli Filippi notarii».

83. ASBo, *Inquisitiones*, busta 96, 1318, reg. 2, c. 45r dove si porta anche la riformagione in cui si disponeva che ai malpaghi del sale non si dovesse rendere giustizia civile e criminale.

84. Ivi, reg. 6, c. 10r, in cui la vittima era due volte malpago: «primo quia dictus Dominicus non solvit prestanciam quatuor solidorum pro centenario impositam, pro comune Bononie, tempore domini Guiberti de Monticulo; secundo quia negavit ipsum Dominicum accepisse salem, seu partem suam salis, pro extimo suo et pro rata extimi prout tenebatur».

impunemente un evasore senza ricevere giustizia dal comune. Entrambi i documenti erano forniti, come si è visto, dai procuratori al momento della richiesta di sospensione.

In presenza del nome della persona nel libro, in altre parole, non si trovavano argomenti contrari che potessero annullare o mitigare le conseguenze penali di quella posizione. Se si pensa che in questi anni un altro buon numero di processi furono interrotti perché l'accusato godeva di un privilegio, e dunque non poteva essere processato, si vede bene come la morsa dei privilegi da un lato e delle esclusioni dall'altro sottraevano alla giustizia pubblica più della metà dei processi inquisitori iniziati dalla curia podestarile; mentre la procedura accusatoria, ancora ben in vita, era riservata di fatto ai soli estimati che ora dovevano portare, fin dall'inizio, le prove della loro iscrizione all'estimo per far accettare la loro cedola di accusa dal giudice pubblico.[85] Il nesso fra *cives* iscritti all'estimo e accesso alla giustizia era ormai diventato un elemento stabile dei rapporti fra *cives* e istituzioni comunali.

6. *Conclusioni*

Alla fine del Duecento, come si è visto, *cives* si diventava grazie a una serie di atti che rendevano riconoscibile la propria condizione all'interno di un sistema di controllo documentario ormai capillare e individualizzato. Le liste delimitavano insiemi "discreti" di persone con diritti e capacità differenti e soprattutto, modificabili nel tempo. I sistemi di esclusione erano dunque pensati in questa chiave: rendere visibile l'uscita dal novero dei *cives* degni di protezione delle persone che si erano rese colpevoli di reati gravi o di infrazioni amministrative caricate di significato politico.

La redazione delle liste di banditi era naturalmente la forma più grave; tuttavia, la gestione concreta dei banditi mostra una pluralità di criteri usati per trattare le persone da escludere; questa ricchezza di classificazioni riflette la necessità degli organismi comunali di una continua opera di filtro delle condizioni individuali, che accompagnava i provvedimenti di esclusione e di riammissione. L'eredità vera del bando politico forse è proprio questa: la capacità/necessità di procedere caso per caso quando

85. Dati maggiori in Massimo Vallerani, *Giustizia pubblica medievale*, Bologna, il Mulino, 2005, cap. 5.

si dovevano prendere decisioni relative ai banditi, che potevano essere espulsi, riclassificati e riammessi in momenti alterni. La condizione intermittente di bandito illustra benissimo la natura artificiale e provvisoria della *civilitas* che poteva essere tolta e restituita in un breve lasso di tempo.

Non molto diverso era il trattamento riservato degli evasori fiscali, soggetti a un sistematico abbassamento dei diritti civici di base "a tempo": gli evasori, come recitano tutte le legislazioni cittadine, dovevano essere «privati della protezione pubblica», vale a dire della prima forma di inclusione nella comunità urbana fino a quando non pagavano le tasse in base all'imponibile stabilito nell'estimo. Lo abbiamo visto: l'estimo accertava che la persona avesse iscritto i propri beni nel registro pubblico e possedesse i requisiti per essere riconosciuta *civis*, ma poi, la reale condizione di *civis* dipendeva anche dalle scelte dei singoli. L'iscrizione all'estimo consentiva infatti un'apertura controllata a gradi diversi di cittadinanza: essere iscritti permetteva di ottenere alcune garanzie di base (per esempio la giustizia e l'eleggibilità ai consigli); avere un estimo alto apriva le porte a una partecipazione politica qualificata; non averlo escludeva del tutto (o quasi) dalla vita pubblica nelle magistrature di governo.

La fedeltà/infedeltà fiscale divenne il rovescio della fedeltà politica, determinando forme ibride e incerte di appartenenza alla città. La non iscrizione all'estimo riguardava una parte – non sappiamo quanto consistente – della popolazione urbana che viveva fuori dai limiti della cittadinanza riconosciuta. Ci viveva per scelta, forse per necessità o per inefficienza dell'amministrazione comunale, ma di certo rappresentava una componente strutturale delle società urbane medievali. Come mostra anche il caso di Siena, dove le persone senza estimo, costrette a chiedere la cittadinanza, non erano un insieme mobile o poco radicato in città; al contrario, la metà dei supplicanti era composta da residenti in città da più di dieci anni, con attività lavorative ben avviate.[86] Anche a Bologna i "senza estimo" non sembrano persone in mobilità. Semplicemente non trovavano conveniente o necessario – o non potevano per mancanza di sostanze – iscrivere i propri beni all'estimo pubblico; risiedevano in città, ma erano prive dell'accesso alle strutture istituzionali comunali. Una *citadantia* passiva, in qualche modo prevista dagli statuti che infatti

86. Piccinni, *I "villani incittadinati"*, p. 167: il 50% dei richiedenti era già residente in città, 438 su 872 domande per il XIV secolo.

consentivano periodicamente l'aggiornamento degli estimi proprio per integrare gli esterni nel sistema politico-economico urbano.

Diverso e più grave, per certi aspetti, il caso degli evasori; per pochi soldi non pagati, migliaia di persone si trovano di fatto esposte al pericolo di vendette, non protette in caso di aggressione e incapaci di iniziare una qualsiasi azione legale. I processi interrotti del 1313-15 dimostrano bene che la lettera delle normative antievasori era nota e fatta rispettare. Si sa che l'estimo era in grado di generare insoddisfazioni profonde e prolungate, ma colpisce ugualmente il divario, o meglio la sproporzione, tra l'infrazione e la pena, tra la severità della norma e la quantità di persone coinvolte. Il sistema fiscale, pensato per includere chi pagava, finiva per provocare esclusioni di massa, temporanee ed estese, che nel primo Trecento colpivano più della metà dei tassabili. Dobbiamo allora pensare a una forma di rischio calcolato, o sopportato, dai *cives*, una sorta di accettazione collettiva di una cittadinanza incompleta, comprimibile secondo le necessità, che tutti o quasi i bolognesi potevano assumere nel corso degli anni, anche gli appartenenti al ceto dirigente urbano, come si è visto nel caso dei Pepoli, finanziatori del comune ed evasori allo stesso tempo.

Il sistema di esclusione generava, in sostanza, una grande massa di persone con diritti civici diminuiti o parzialmente cancellati: banditi esclusi, banditi riammessi ma senza diritti riconosciuti, ex banditi riammessi ma ancora presenti nei registri di bandi, *cives* non iscritti all'estimo e *cives* malpaghi che non potevano accedere al tribunale. Il confine fra *cives* e non *cives* non correva solo fra residenti e forestieri o immigrati, ma sezionava la società urbana per insiemi verticali, forniti di una quota differenziata di diritti civici. La nozione stessa di *citadantia* si conferma un nodo mobile di relazioni possibili tra individui e istituzioni più che uno status giuridico fisso. Una dimensione di instabilità programmatica, di non finitezza della condizione di *civis* che riflette bene la natura empirica, incerta e continuamente rimodulabile dell'attribuzione di diritti nelle società urbane medievali.

Appendice

Consilia *sull'evasione*

Consilium di Pietro di Cernitti
ASBo, Podestà, *Inquisitiones*, busta 88, 1315-II, reg. 1, c. 37v

Super questione seu puncto questionis michi commisso super exceptionibus oppositis per Francischum, qui dicitur Checcus, domini Pollonis de Malavoltis et alios in inquisitione contentos, viso titulo inquisitionis et visis exceptionibus oppositis per eos contra dictam inquisitionem, et viso quod non habet extimum Doxius seu Doxiolus de Buvalellis, et viso quod est heres domine Francisce quondam domini Nicholai de Tebaldis quondam matris dicti Doxoli et viso quod dictus Doxulus est malpagus ex persona dicte sue matris tamquam heres eius – ut apparet ex instrumentis productis coram me –
conscilium mei Petri de Cernettis legum doctoris est tale, silicet quod possit admicti procurator et quod impediatur inquisitionem et processum potissime seu saltim ille due exceptiones, silicet quod dictus Doxolus non habet extimum et quod est malpagus ut dictum est.

Consilium di Giacomo di Bongiovanni giudice

In Christi nomine amen. Consilium mei Iacobi domini Boniohannini iudicis, super posta facta per Petrum quondam domini Benvenuti Parolini et Rodulfi Petri, cuius poste tenor tale est [...]
est tale: quod cum apparet instrumentum scriptum de libris malpagorum, qui libri sunt penes officiales electos ad exigendas collectas per Fulcum de Burellis officialem electum ad dictas collectas exigendas, dictum Nicolaum esse malpaghum unius collecte unius denarii pro libra imposite tempore domini Bernardi de Cornio olim potestatis bononiensis – et secundum formam ordinamenti Comunis et Populi bononiensium impune offendi potuit nec ei ius reddi in agendo vel defendendo et sufficit ad fidem predictorum faciendam ipsum inveniri malpaghum in libros qui sunt penes officiales predictos – quod in inquisitione predicta procedi non debeat nec possit secundum formam ordinamentorum predictorum.

4. Negoziazione. La contestazione dello status tra testimonianze e libri

Nonostante queste politiche di controllo generalizzate, per tutto l'ultimo ventennio del Duecento e i primi anni del Trecento, i *cives* conservarono ampi margini di manovra per contrattare o evitare l'assegnazione di una condizione sfavorevole. Potevano avanzare proteste formali contro l'iscrizione in una categoria sgradita (per esempio fumante invece di cittadino, lambertazzo invece che geremeo), richieste di revisione del proprio status, note personali inserite nei documenti da presentare al comune per modificare la propria qualificazione pubblica. E avevano anche il diritto di vedere esaminate le loro richieste dai magistrati competenti. A Bologna sono rimasti centinaia di veri e propri micro-processi aperti per chiedere la revisione della categoria assegnata, con accuse, *intentiones* a difesa e testimoni o prove documentarie a sostegno delle proprie richieste.[1] Di questo momento di ri-formulazione delle identità civiche delle persone vanno presi in esame almeno due aspetti: gli argomenti usati dai *cives* per rinegoziare le forme della loro presenza nel sistema politico-documentario comunale; il rapporto fra la natura necessariamente strategica di queste richieste e le scelte di autorappresentazione dei *cives*.

È vero, infatti, che i ricorrenti volevano e potevano contestare la qualificazione ricevuta, ma lo scopo prevalente di queste richieste era quello di restare all'interno del circuito dei *cives*, non di uscirne. Era una contestazione costruttiva: si criticava l'applicazione discriminatoria al caso singolo di una norma, più che la sostanza del sistema di inquadramento. Per questo l'autorappresentazione dei *cives* in queste petizioni seguiva un doppio bi-

1. Ne hanno trattato anche Milani, *L'esclusione dal comune*, pp. 291-327; Blanshei, *Politica e giustizia* pp. 175-196, e per Firenze Klapish-Zuber, *Ritorno alla politica*.

nario: era necessario presentare il proprio caso in maniera diversa rispetto alla posizione assegnata nei libri comunali, riferendosi però a modelli sociali condivisibili con gli ufficiali pubblici. Vale a dire che si doveva presentare un quadro diverso ma non opposto a quello previsto dalle regole di appartenenza del comune: si era comunque buoni *cives*, iscritti all'estimo, pagatori regolari delle tasse o buoni popolani iscritti nelle matricole, ma per errore si era avuta una qualifica non appropriata.

Esaminiamo alcune situazioni più diffuse presenti nella ricca documentazione accessoria bolognese: le richieste dei *cives* contribuenti di rivedere il valore degli estimi; le petizioni di cittadinanza per essere iscritti negli estimi urbani e, infine, i processi condotti dal giudice del Capitano a carico di persone iscritte nelle società di Popolo contro le normative comunali (vale a dire che non avrebbero dovuto essere iscritte in quelle liste.

1. *La contestazione dello status economico*

Se ci si addentra in questa dimensione processuale dell'auto-rappresentazione, i contorni delle identità si fanno molto più sfumati; soprattutto diventano meno intuitivi, se non contro-intuitivi, i criteri che guidano le persone implicate nella scelta delle proprie condizioni e nella contestazione di quelle attribuite. Un esempio è fornito dalle carte di estimo.

Ogni dichiarazione contiene, come si è detto, il nome della persona, la parrocchia di residenza, l'elenco degli immobili urbani e la lista dei debitori e dei creditori, con le cifre relative che andavano a scomputo della cifra totale in caso di debiti non pagati. La carta, però, non era un mero elenco di beni. Per la sua struttura, si prestava a una serie di interventi personali del contribuente che poteva specificare, glossare, chiedere favori e comprensione in un dialogo costante con gli ufficiali dell'estimo. La denuncia assumeva in questi casi i contorni di una sorta di "lettera" destinata agli ufficiali dell'estimo, spesso con l'intenzione di chiarire proprio lo scarto fra la valutazione precedente dei beni e quella che si presentava nella carta, cosa già presente nelle denunce del 1296 e in quelle successive del 1329.[2] Il dichiarante, in altre parole, sapeva di rivolgersi agli estimatori e doveva

2. Sulle motivazioni presenti nelle denunce del 1296 si veda Smurra, *Città, cittadini e imposta diretta*, pp. 132-133. Per l'estimo del 1329 vedi Iole Matassone, "*Piangere miseria". Le motivazioni dei bolognesi per impietosire gli ufficiali addetti all'estimo del 1329*,

giustificare come il suo patrimonio fosse diminuito di valore in maniera così sensibile. Emerge tutto un sistema di motivi e di ragioni che spingono le persone a dichiararsi povero o almeno impoverito, chiedendo una diminuzione sostanziale dell'imponibile.

Una parte delle giustificazioni insisteva sui mancati introiti o sulla mancata restituzione di crediti ormai inesigibili. A volte il denaro contenuto nell'estimo precedente era stato solo promesso e non corrisposto, come nel caso delle doti: Richeldonna *filia quondam Anthoni de Gallucis* segnalava come delle 70 lire che doveva ricevere dal padre non avesse avuto nulla e dunque si dichiarava nullatenente.[3] Antoniolo di Grisopolo dichiarò un reddito di 132 lire rispetto alle 600 dell'estimo, perché era impoverito dai crediti non pagati e inesigibili da parte di «cattivi debitori dai quali non posso esigere nulla né credo di poter chiedere visto che sono andati via già da 15 anni».[4]

Anche avere proprietà fondiarie non metteva al riparo dalla crisi. Francesco, figlio ed erede di Manno di Petrolino dei Catelani, nel 1308 era stato stimato per 1.500 lire; ne dichiarava ora 449 perché i prati che aveva erano stati inondati e quindi erano improduttivi, ma soprattutto si appellava alla coscienza dei domini estimatori perché tenessero conto dei crediti inesigibili di debitori banditi: «che riceve poca rendita da questi prati e quindi lascio alla coscienza dei signori sia (la valutazione de) i prati predetti sia i sopradetti debitori che tutti si allontanarono e li ho fatti bandire».[5]

Appello poco efficace, perché gli estimatori riportarono il suo estimo a 1.200 lire. Diverse erano le donne che si dichiaravano impoverite e con famiglie da mantenere. Adelasia giustificava l'abbassamento del suo estimo da 500 lire a 40, con la povertà e il peso delle figlie da maritare: «Dice di avere 3 figlie grandi e nubili che non hanno niente al mondo ed è necessario maritarle».[6]

in «Atti e Memorie della Deputazione di Storia Patria per le province di Romagna», n. s., XLVI (1995), pp. 413-427. I temi sono quasi sempre gli stessi presenti nelle carte del 1315.

3. ASBo, Estimi, serie II, busta 167, S. Maria Rotonda, carta n. 111.

4. Ivi, San Giacomo dei Carbonesi, carta n. 48: «mali debitores a quibus nihil possum exigere nec credo posse exigere quia recesserunt iam sunt xv annis».

5. ASBo, Estimi, serie II, busta 171, S. Maria de Gotescalchis, carta, n. 41: «quod parva habet utilitatem de dictis pratis et immo relinquo *conscientie* dominorum tam de pratis predictis quam de supradictis suis debitoribus qui debitores omnes recesserunt et eos habeo in banno».

6. Ivi, S. Maria de Cararis, carta sciolta: «Item dicit se habere tres filias magnas et nubiles que nihil habent in mundo et eas oportet nubere de domo predicta».

Stessa situazione di Donna, figlia di Provinciale di Dugliolo, vedova, che tracolla da 300 lire a 20 senza altre sostanze e con un nipote a carico.[7]

La contrazione dei redditi colpisce anche, anzi soprattutto, le famiglie nobili e dei grandi mercanti come i Galluzzi, Tettalasini, Catelani, Foscarari. Paolo di Gerardo Galluzzi, stimato nel 1308 in 600 lire, ne dichiarò ora 340, perché una parte dei beni era stata venduta per pagare i debiti del padre;[8] Nicolao di Uguzzone dei Tettalasini passò da 1.500 a 79 lire di estimo; Pietro de Cazanimici de Cazzetti da 1.800 a 420. Alcuni di questi addussero ragioni politiche per il loro impoverimento: condanne, confische, bandi avevano annullato la loro capacità contributiva. È il caso di Egidio di Provinciale de Foscarari, membro di un'importante famiglia di giuristi: il suo estimo inziale era di 2.000 lire, mentre quello nella denuncia del 1315 è di 10 lire, un tracollo verticale, dovuto alla necessità di vendere tutti i suoi beni a Romeo Pepoli per pagare una condanna ricevuta nel 1315 al tempo del podestà Gualterotto.[9] Un altro giurista della famiglia dei Galluzzi, Ubaldino di domino Antonio *legum doctor*, scrive dal confino, denunciando di essere stato stimato nel 1308 in 4.000 lire per odio e "contro la verità"; ora denuncia beni per 297 lire.[10]

Un bandito famoso, Filippo dei Pepoli, fratello di Romeo, confinato a Ferrara, passa da 30.000 lire dell'estimo del 1308 a 6.400 del 1315, con l'aggravante che i debiti non riscossi ammontano a più di 5.000 lire: 3.900 per la povertà dei debitori e 1.500 per le proibizioni imposte dal comune in quanto bandito.[11] Ma anche il ben noto fratello Romeo, l'uomo di gran lunga più ricco di Bologna – irraggiungibile da qualunque altro cittadino

7. ASBo, Estimi, serie II, busta 162, S. Agata: «Item dicit que ipsa in maxima paupertatis statu et etent cum ea quandam eius neptem que nihil habet pro amore dei».

8. ASBo, Estimi, serie II, busta 167, S. Maria Rotonda, carta n. 109.

9. ASBo, Estimi, serie II, busta 171, S. Maria de Cararis, carta sciolta.

10. ASBo, Estimi, serie II, busta 167, S. Maria Rotonda: «Ubaldinus filius quondam domini Anthonii de Galuciis, legum doctor qui est confinatus ad presens per comune Bononie et absens a civitate Bononie ad confinia sibi per comune Bononie deputata in civitate Regii et qui extimatus fuit in quantitate 4.000 librarum, *in odium et contra veritatem*, et nunc vult extimari in dictis quarterio et capella». Una persecuzione quella contro i Galluzzi: nel 1308 anche un altro membro della famiglia, Gerardo Rolandini de Galluzzi era stato stimato nel 1304 in 3700 lire, ma secondo le sue parole «fraudolenter et proter hodium partis»; egli ne dichiara 950, in ASBo, Estimi, serie II, busta 122, cappella s. Maria Rotonda, carta 26.

11. ASBo, Estimi, serie II, busta 161, registro degli estimi dei Pepoli; la somma dei debiti che Filippo non riesce a esigere «propter inopiam debitorum» è 3904 lire e 17 soldi («Summa debitorum qui exigere non potuit in totum nec in partem propter prohibitionem

e con un estimo di circa 200 carte – passa da 80.000 lire dell'estimo del 1308 a 54.237 del 1315.[12]

Abbiamo solo un caso di aumento del reddito: quello del grande canonista Giovanni d'Andrea, che dichiarò terre per 1.912 libre, ma anche un debito di 220 lire con persone non iscritte all'estimo; nelle note in fondo alla dichiarazione pregò i *domini* dell'estimo di fidarsi della sua «legalitas» e di detrarre comunque le somme anche se non dichiarate dai creditori; insomma, la sua onestà non doveva nuocergli: «quod uti veritate sibi non noceat».[13]

Le cose non migliorano con i redditi bassi. Molti dei nuovi iscritti all'estimo di porta San Procola provenivano da altre città o da altri quartieri: spesso erano persone socialmente mobili come vedove, figli emancipati, piccoli artigiani che, quando andava bene, dichiaravano solo il possesso della casa (esente da imposte), risultando nullatenenti per il fisco. A volte cercavano di commuovere l'ufficiale. Graziadeo di Rainaldo originario di Ferrara che prima non aveva l'estimo, ora lo chiede ma dichiara di non avere nulla se non il suo lavoro: «e disse che non ha nulla se non la sua sola persona e dato che si guadagna la vita di giorno in giorno vendendo vino come servitore, la somma è "nulla"».[14]

Tommaso di Francesco, sarto, era stato stimato in 400 lire, mentre ora dichiara di possedere solo la casa di abitazione e quindi di essere esente.[15] Gerardo di Novelone da Sassuolo, nel contado modenese, chiese ugualmente di voler essere estimato nella parrocchia dove viveva da 8 anni, ma anche di non aver nulla da dichiarare.[16] Una situazione assai diffusa: un insieme di persone di bassa condizione che viveva in città da anni e che appena era possibile o conveniente, si iscriveva all'estimo nella categoria dei nullatenenti.

Anche molti esponenti del ceto artigianale e mercantile rientravano in questa nuova classe di nullatenenti (*nihil habentes*), specialmente quelli di

comunis bononie ex eo quod dicunt ipsum esse banitum comunis pro malleficio et capi in summa 1517»).

12. Ivi, cc. 1-190.

13. ASBo, Estimi, serie II, busta 167, S. Giacomo dei Carbonesi, carta 55.

14. Ivi, S. Geminiano, carta n. 1: «Et dixit quod non habet in aliquid in bonis nisi solum personam suam et sicut lucratur de die in die ad vendendum vinum pro serviente, summa est nihil».

15. Ivi, S. Geminiano, carta n. 8.

16. Ivi, S. Giacomo de Carbonesi, carta n. 26.

prima immatricolazione. Bentivoglio di Mattei, *magister lignaminis*, era stato estimato nel quartiere di porta Ravennate per 100 lire; ora si spostava in porta s. Procola dichiarando un estimo di 8 lire, vale a dire il valore di 2 pezzi di terra nella località di Manzolino, mentre gli altri beni (presenti nell'estimo del 1308) li aveva venduti, vivendo solo della sua arte: «dice che sono sei in famiglia e null'altro ha se non le sue mani, cioè la sua arte».[17]

Baldizone di Dondideo, battitore di lana, passò da 60 a 3 lire, con un debito di 19 e solo la casa come possesso, situazione comune a molti altri nuovi allibrati che dichiarava solo la casa di abitazione.[18]

Da questi casi emerge chiaramente la fissazione, e l'uso ormai formulare, di un modello di *paupertas* urbana che certo non coincideva con l'indigenza, ma doveva giustificare un abbassamento sostanziale dei redditi e del valore dei patrimoni denunciati. La particolare natura delle denunce di estimo, che riportavano la valutazione dell'estimo precedente, rendeva subito visibili le differenze di valutazioni e spingeva in qualche misura i contribuenti a motivare i nuovi valori con ragioni condivisibili, almeno in teoria, con gli ufficiali comunali.

Il ricorso al tema della *paupertas*, del resto, era diffusissimo nella società bassomedievale, soprattutto in ambito fiscale e non comportava una reale *diminutio* della considerazione sociale della persona. Nella scala dei valori civici spendibili nel mondo comunale, l'impoverimento momentaneo, imputabile a cause esterne, non era disonorevole in sé. Anche grandi mercanti potevano essere messi in difficoltà da prestiti non rimborsati o non rimborsabili. Ancora di più se questo impedimento dipendeva da una situazione contingente creata dalle emergenze politiche: bandi, condanne, sequestro dei beni e altri provvedimenti presi dal comune.

Non sembra disdicevole neanche dichiararsi nullatenenti da parte dei piccoli artigiani. Anzi l'espressione vivere solo del "lavoro delle proprie mani" – anche se usata per attestare uno stato di necessità – ricalcava pur sempre una forma di identificazione del buon *civis* artigiano assai usata sotto i regimi di Popolo. "Vivere del proprio lavoro" o del "lavoro delle

17. Ivi, S. Giacomo de Carbonesi, carta n. 45: «dicit quod sunt sex in familia et nihil aliud habet nisi manus suas silicet artem suam».

18. Ivi, S. Giacomo de Carbonesi, carta n. 15; Giacomo di maestro Napoleone dichiara solo una «domumculam parvam, in qua habitat cum familia»; una situazione molto diffusa presso i novi *habitatores* di bassa condizione, che si iscrivono all'estimo, ma restano esenti dalla contribuzione.

proprie mani" era uno dei criteri richiesti per essere iscritti nelle società di mestiere che, sotto il regime delle Arti, non aveva solo una valenza tecnica necessaria a essere riconosciuto abile nel mestiere, ma anche un valore ideologico anti-nobiliare: l'artigiano che viveva lavorando non era un possidente, era libero e non dipendente, spendeva presumibilmente la sua vita all'interno di uno spazio sociale controllato dalle società. Essere povero, ma lavoratore, giustificava in sostanza un reddito basso senza indicare una decadenza economica minacciosa per lo status della persona, così come un ricco esponente di famiglie aristocratiche poteva dirsi impoverito senza perdere il suo status, come mostra il caso, assai noto, dei poveri "vergognosi", che anzi proprio in virtù della loro origine nobile erano meritevoli di aiuto più dei poveri ordinari.

Questi equilibrismi erano possibili, in altre parole, perché sotto il regime del Popolo l'appartenenza alle *societates* di mestiere era un'azione non solo positiva ma necessaria a qualificare il *civis* attivo, come attesta il lessico ideologico popolare della seconda metà del Duecento. Una prospettiva destinata a un totale rovesciamento di valori nel secolo successivo. Detto questo, l'efficacia delle richieste rimase relativamente bassa in questi anni, visto che raramente ebbero seguito. Testimoniano piuttosto di un colloquio possibile fra *cives* e autorità al momento della valutazione e dell'esistenza di un canale di comunicazione in cui anche il dovere fiscale poteva essere commisurato alle necessità dei cittadini.

2. *Difendere l'identità civica: le prove di cittadinanza*

Un altro discrimine spesso messo alla prova è quello fra *civis* e *fumante/forense*, il primo grande spartiacque della società urbana: una persona è cittadina *perché non è* del contado o di luoghi esteri al distretto. La separazione dei due mondi, apparentemente facile da tracciare, non era in realtà così netta: sia perché potevano cambiare i criteri per considerare una persona *civis* o *fumans* – era consentito in alcuni casi provare di essere cittadino dimostrando che l'iscrizione nell'estimo dei forensi era un errore – sia perché l'identità delle persone poteva essere più flessibile delle categorie normative, presentando i caratteri di entrambe le residenze: cittadino per alcuni mesi l'anno e contadino per altri. La normativa comunale prevedeva questo status misto, come prevedeva, lo si è visto prima, la possibilità di presentare una petizione in caso di errata iscrizione nell'estimo dei fumanti per ottenere una sentenza di cittadinanza (capitolo 1). A partire da questo spazio di indeterminazione (e di errore) si aprivano chiaramente numerose possibilità di rimediare a una classificazione errata o comunque contestabile; ma si aprivano anche numerosi conflitti intorno alle identità delle persone. Identità civiche, in primo luogo, ma anche politiche e fiscali.

La natura ideologica del sistema societario del Popolo complicava questi conflitti di identità. L'iscrizione alle società di Popolo richiedeva, come si è visto, criteri molto stringenti, fra i quali *non* essere nobile o figlio di nobile, e non essere residente nel contado. L'esempio della matricola dei notai, "ripulita" nel 1272 da tutti i membri macchiati da questi difetti di origine, ne è un esempio lampante. Tuttavia, l'inserimento di migliaia di persone nelle matricole tra il 1270 e il 1294 non poteva evitare il riprodursi di situazioni ambigue, dovute ai cambiamenti di status nel corso degli anni, al prolungamento delle residenze multiple di persone immigrate, e in generale alla complicazione delle storie personali e familiari nella generazione successiva all'instaurazione del regime di Popolo negli anni Sessanta del XIII secolo.

In altre parole, dopo 20 o 30 anni, se la condizione di una persona, dichiarata cittadina, poteva dirsi relativamente definita, lo era molto di meno quella dei suoi avi. Nell'ultimo decennio del Duecento, questa ambiguità delle origini iniziava a diventare un problema per molti *cives* di seconda generazione, soprattutto per la diffusione perniciosa di un criterio genealogico preso a modello dalla legislazione antimagnatizia che rendeva necessario provare non solo la propria provenienza/status, ma anche quella del padre e in certi casi del nonno.

A questa dobbiamo aggiungere un altro dato: la competizione per gli uffici pubblici. Essere iscritto nelle matricole apriva le porte a un gran numero di incarichi comunali – circa 1.800 ne sono stati contati per Bologna – anche di basso livello, che costituivano un'integrazione importante dei redditi della popolazione urbana.[19] Da qui una conflittualità, spesso strumentale, nata intorno alla legittimità o meno dell'assegnazione di un ufficio a una data persona o in generale della presenza del suo nome nelle liste del Popolo.

Molte persone venivano quindi denunciate presso la curia del Capitano del Popolo, per essere iscritte alle società in maniera illegale: perché erano nobili o del contado. Le denunce, segrete o palesi, davano inizio a

19. Giorgio Tamba, *Una corporazione per il potere*, Bologna, Clueb editore, 1998.

un vero processo penale, in cui l'accusato si trovava costretto a provare un'identità sociale e politica *contro* le liste e non con l'aiuto delle liste: doveva dimostrare di essere iscritto nella matricola perché aveva i titoli richiesti e *non aveva* quelli vietati (non era nobile, non era fumante).[20]

In questi casi, che coinvolgevano spesso persone dalla storia familiare non lineare – immigrati recenti o persone con residenza mista tra città e contado – l'identità degli accusati doveva essere ricostruita soprattutto attraverso le testimonianze dei vicini che conoscevano le persone e potevano certificare la loro qualità civica.[21] Lo schema è abbastanza simile per tutti i processi: era necessario provare di risiedere in città in maniera continuativa, di essere iscritto all'estimo e pagare le collette. Sono questi gli atti che trasformavano la semplice residenza in *citadantia*, una residenza attiva che rendeva un abitante in città un «cittadino»: azioni, per altro, considerate così importanti che nel 1287, i redattori della nuova lista di banditi scrissero chiaramente di non arrecare danno alle persone che pagavano le collette anche se inserite nei libri dei banditi.[22] I casi esaminati, tuttavia, presentano sempre un punto di ambiguità nelle biografie delle persone che doveva essere risolto nel corso del processo. Le accuse, in altre parole, non erano del tutto infondate.[23]

Bacio Guidotti era stato accusato di non essere cittadino ma *forense* e di non essere iscritto all'estimo (e quindi non poter far parte delle società di Popolo). Nella sua difesa, cercò di dimostrare invece che risiedeva in città da 12 anni facendo *citadanzia* come gli altri *cives* («tamquam civis, faciendo citadantiam secundum quod faciunt alii cives»); che possedeva

20. Milani, *L'esclusione dal comune*, specialmente pp. 307-320.

21. Sulle forme di ricostruzione dell'identità si vedano le osservazioni importanti di Etienne Hubert, *Il progetto di una società evidente. Riconoscere le persone e le cose nello spazio politico (XII-XIV secolo*, in *La necessità del segreto. Indagini sullo spazio politico nell'Italia medievale ed oltre*, a cura di Jacques Chiffoleau, Etienne Hubert e Roberta Mucciarelli, Roma, Viella, 2018, pp. 239-266 e Id., *Identificare e controllare. Lo Stato e l'identificazione delle persone nell'Italia comunale e signorile*, in *Tra potere e controllo del territorio* a cura di Livio Antonelli e Stefano Levati, Soveria Mannelli, Rubbettino, 2017, pp. 273-290.

22. Un'evidente forzatura dei normali criteri usati, tanto che il giudice del capitano chiese conto ai redattori della lista della presenza di questa strana clausola eccettuativa nel registro – in Milani, *L'esclusione dal comune*, p. 315 – ricevendo risposte imbarazzate e incerte; ma questo non cambia la natura dei criteri usati: la forza del pagamento delle collette come legittimazione dei cittadini.

23. Ne tratta ampiamente, soprattutto per i casi politici, Blanshei, *Politica e giustizia*, pp. 175-196; sui *fumantes* e il ruolo di lista di riferimento del libro del 1282 pp. 190-192.

beni in città, in comune con il fratello e gli zii, e che, al tempo dell'estimo (1280) il suo nome non fu iscritto perché era ancora minorenne, anche se i suoi parenti avevano ugualmente pagato le collette: «Ancora, che al tempo in cui erano stati redatti i libri, lo stesso Bacio e Petrucio suo fratello erano così piccoli che i loro nomi per questa ragione non furono posti né scritti nei libri di estimi del comune e del popolo di Bologna».[24]

Secondo Bacio, dunque, si doveva giustificare l'assenza del suo nome nel libro di estimo in ragione dell'età, e correggere l'anomalia della lista con l'attestazione di una cittadinanza di fatto asseverata dai vicini. Le domande poste ai testimoni, redatte il più delle volte dai procuratori delle persone denunciate, confermarono in effetti la sua cittadinanza grazie alla conoscenza diretta della persona e dei suoi comportamenti. I testimoni avevano "visto" Bacio e i suoi parenti pagare le collette e risiedere nella parrocchia *sicut alii cives*, avvalorando così l'adesione a un modello tautologico di cittadino – si è *civis* perché ci si comporta come gli altri *cives* – molto diffuso negli statuti e in numerosissime pratiche amministrative e giudiziarie che assegnavano alla "voce dei vicini" un ruolo fondamentale per definire la condizione delle persone (status coniugale, fama, occupazione), e ancora di più per riconoscere una persona come cittadino.[25]

Il processo contro Aspettato di Giacomo è molto simile al precedente. Anche lui è accusato di essere forense e *alienigena* e quindi da cancellare dalle matricole; e anche in questo caso un elemento di verità, o meglio di ambiguità, persisteva, perché il padre di Aspettato, Giacomo era effettivamente un abitante di Ligliano, un villaggio vicino a Bologna. Nei capitoli della difesa, Aspettato doveva così ricostruire una vita fatta

24. ASBo, *Giudici del Capitano del Popolo*, reg. 136, *Liber Testium*, 1289-90, cc. 1-2r: «Item quod eo tempore qui dicti libri facti fuerunt ipse Bazus et Petrucius eius frater erant ita parvi quod nomina eorum ob illam causam posita seu scripta non fuerunt in dictis libris extimorum comunis et populi Bononie».

25. Sull'importanza della residenza nei sistemi di riconoscimento comunali cfr. Etienne Hubert, *Droits sur le sol, résidence et citoyenneté dans les villes de l'Italie centrale et septentrionale (XIe-XIVe siècle)*, in *Faire la preuve de la propriété. Droits et savoirs en Méditerranée*, a cura di Jacques Dubouloz e Alice Ingold, Roma, École Française de Rome, 2012, pp. 129-143. Lo statuto di Firenze del 1355 richiedeva una lunga inchiesta nella parrocchia per stabilire la durata della residenza dei forestieri immigrati, Laura De Angelis, *La cittadinanza a Firenze (XIV-XV secolo)*, in *Cittadinanza e mestieri. Radicamento e integrazione nelle città bassomedievali*, a cura di Beatrice Del Bo, Roma, Viella, 2014, pp. 141-158.

di passaggi complicati e difficili da provare. In primo luogo, le vicende del padre: Giacomo era nato effettivamente a Ligliano, poi era stato bandito da Bologna per maleficio ed era tornato in città quando fu espulsa la parte lambertazza (1274); da allora (sempre il padre, Giacomo) aveva trovato un lavoro come banditore del comune e aveva fatto *citadantia* come gli altri *cives*, pagando le tasse. Tutti i testimoni erano concordi su questo attestando la *citadantia* come sequenza di atti iscrivibili nei libri; il teste Bentornato disse

> che dopo che il detto Giacomo tornò nella città di Bologna fece residenza (citadantia) come gli altri cittadini di Bologna; interrogato come lo sa: risponde perché aveva sentito dire da molti e continuamente che abitava a Bologna e aveva pagato le collette e le tasse pubbliche.[26]

Piccolo di Melanciolo ugualmente afferma che «Lo stesso assolveva le collette e i doveri pubblici del comune di Bologna come gli altri cittadini e andava all'esercito e alla cavalcate con gli altri cittadini di Bologna».[27] In entrambi i casi la voce della vicinia contava moltissimo: tutti sapevano e tutti dicevano che Giacomo risiedeva in città facendo le cose che facevano i *cives* "come vicini che vivono nella sua stessa parrocchia".

La seconda serie di capitoli a difesa era relativa ad Aspettato (finalmente entra in causa). Bisognava provare che:

> era nato a Bologna (*oriundus*) e così era ritenuto pubblicamente nella contrada della sua abitazione e dai suoi amici e parenti (agnati); e ancora, che il predetto Aspettato ha l'estimo in città come gli altri cittadini e ha pagato e paga le tasse pubbliche in quanto cittadino e come gli altri cittadini.[28]

Comportamenti provati dai testimoni per visione diretta: tutti avevano visto il padre Giacomo pagare le collette ogni anno e partecipare alle

26. ASBo, *Giudici del Capitano del Popolo*, reg. 136, cc. 16r-19r «dixit quod postquam dictus Iacobus rediit ad civitatem Bononie fecit citadantiam sicut alii cives bononienses; interrogatus quomodo scit, respondit quia audivit dici pluribus et continue habitavit in civitate Bononie et solvit collectas et publicas faciones».

27. Ivi, c. 19r: « ipse solvebat collectas et honera comunis Bononiensis sicut alii cives et ibat in exercitibus et cavalcatis cum aliis civibus Bononie».

28. *Ibidem*: «et in civitate Bononie fuit oriundus et ita publice habetur et reputatur in contrata sue habitationis et ab amicis et agnatis ipsius Aspectati»...«item quod predictus Aspettatus habet extimum in civitate Bononie *sicut alii cives* et facit et fecit publicas factiones tamquam cives et sicut alii cives».

cavalcate dell'esercito comunale, e tutti reputavano Aspettato oriundo e non *alienigena* perché pagava le collette regolarmente e abitava da sempre nella parrocchia.

Ma tutti chi? In realtà quelli che «fanno la fama» erano poche persone, cinque o sei, come recita un testimone su domanda del giudice.[29] In altre parole, la reputazione di cittadinanza, in grado di correggere il dato (mancante) del registro, era sorretta da uno sparuto manipolo di vicini che accertavano l'assolvimento dei doveri minimi del buon *civis*. Le azioni pratiche della *citadantia* si rivelano sufficienti a riconoscere lo status di *civis*: lo sapevano i procuratori, che taravano il linguaggio delle cose da provare su questi elementi di base e lo sapevano bene i testimoni e i vicini, che infatti confermano le azioni di base della *citadantia* "come gli altri". L'identità del cittadino, ancora una volta, si costruisce sull'adesione a un canone di *civis* condiviso da tutti: bisognava essere "identici a" per essere riconosciuti.

3. *Contestare la categoria di* nobilis *e lambertazzo*

Ci sono casi, invece, in cui era necessaria una strategia diversa, tesa a negare l'origine urbana e nobile della famiglia e la stessa presenza in una lista. Raniero di Donato di Campezo fu accusato di essere un nobile del contado, iscritto nel libro dei nobili del contado (*liber nobilium forensium*): una doppia identificazione che avrebbe posto Raniero in un'area di sospetto e di sorveglianza diretta da parte del comune. Nelle *intentiones* a difesa, Raniero si impegnò a dimostrare essenzialmente che non era nobile, e anzi apparteneva a una categoria bassa della ruralità contadina, e che non era iscritto nelle matricole dei nobili del contado, anzi, se il suo nome fosse stato trovato nella matricola sarebbe sicuramente per errore: «e se il nome del detto Ranieri si trova scritto in qualche libro del comune tra i nomi dei nobili del contado, è stato fatto per errore e contro la verità, perché in realtà è plebeo e non nobile e di modesta condizione».[30]

29. Ivi, c. 19v, quando chiedono quanti uomini fanno la fama, Piccolo di Milanciolo risponde: «quot homines: V o VI et cum plures sunt maiorem famam faciunt».

30. Ivi, c. 50: «si nomen dicti Rainerii reperitur scriptum in aliquo *libro comunis inter nomina nobilium* comitatus, per errorerm et contra veritatem facta est, cum in veritate plebeus et ignobilis et modice condicionis sit».

Per determinare l'origine dell'accusato era necessario però estendere l'indagine anche alla sua parentela ascendente, secondo un criterio che assegnava alla genealogia familiare un peso sempre più rilevante nella definizione sociale delle persone. Per questo, Raniero dovette ricostruire tutta la sua genealogia e insistere sull'origine rustica e popolare anche del padre e del nonno:

> e i parenti e suoi maggiori sono e sempre furono uomini popolari e del Popolo dei rustici, escludendo che possa essere nobile o nato da famiglia nobile; e così fu sempre ritenuto e considerato, lui e i suoi ascendenti; e che nel contado è reputato come un uomo della parte della Chiesa e dei Geremei; e i parenti del detto Ranieri nati dalla stessa parentela del detto Ranieri, sono fumanti e iscritti nel libro dei fumanti e sono estimati con gli uomini e tra gli uomini del contado di Bologna, e non sono nobili, come Scarpa del fu Berlenerio e Scata suo nipote.[31]

Il lessico usato nelle testimonianze è importante perché le parole sono pesate attentamente: per smentire l'accusa di appartenere alla nobiltà, bisognava ricorrere alla terminologia della dipendenza signorile che qualificava Raniero come *plebeus* e *rusticus*: una condizione caratterizzata dal criterio, degradante, del lavoro manuale. Tutti i testimoni descrivono la *rusticitas* della famiglia di Ranieri proprio attraverso l'elenco – in parte stereotipato – dei lavori agricoli che svolgevano quotidianamente; Zanne di Baldo precisa che «lui stesso vide lui e suo padre lavorare la terra e le vigne come fanno gli uomini rustici».[32]

Mentre Balduccio confermò sia la natura rustica di Raniero: «vide il detto Raniero e suo padre Donato de Campezzo fare i lavori agricoli che fanno abitualmente gli altri lavoratori, cioè arare i campi e potare le vigne»,[33] sia la fama di Raniero, sparsa ovunque nella comunità: «e si ritie-

31. *Ibidem*: «et parentes et sui maiores sunt et semper fuerunt homines populares et de Populo rusticorum absque eo quod nobilis sit vel de nobili progenie natus et ita semper fuit *habitus et reputatus* ipse et sui maiores et quod est in comitatu reputatur de parte ecclesie et ieremiensium; quod parentes dicti Rainerii et qui nati sunt de eadem parentela de qua est dictus Rainerius sunt fumantes et *scripti in libro fumantium* et extimati cum hominibus inter homines comitatus bononiensis, qui non sunt nobiles, sicut Scarpa quondam Berlenerii et Scata eius nepos».

32. *Ibidem*: « ipse [...] vidit ipsum et patrem suum laborare terram et vineas sicut faciunt alii homines rustici».

33. *Ibidem*: «vidit dictum Rainerium et patrem eius Donatum de Campezo facere laboreria que faciunt alii laboratores videlicet arare terras et vineas putare».

ne lo stesso Raniero come uomo popolare e di bassa condizione e mai ha sentito dire che fosse nobile o nato da famiglia nobile».[34]

Allo stesso tempo, bisognava conciliare l'estrazione rurale di Ranieri con la sua partecipazione a spedizioni militari a cavallo, che probabilmente aveva alimentato il sospetto di appartenere alla nobiltà del contado. Il medium fra queste due condizioni, come accertarono i testi, era l'appartenenza di Ranieri alla *pars geremea* nelle sue diramazioni rurali. Un testimone l'aveva visto partecipare alle cavalcate: «poiché vide lo stesso Ranieri andare nell'esercito e nella cavalcate in servizio della Parte della Chiesa e dei Geremei e sostenere pubblicamente la detta Parte».[35]

E un altro, alla difesa armata di Castiglione: «vide lo stesso (Ranieri) difendere Castiglione per la Parte dei Geremei».[36]

La condizione ambigua di Raniero, rustico e combattente, è stata dunque convalidata da un ristretto numero di vicini che attestarono sia la sua estrazione rurale, attraverso la visione diretta dell'attività agricola, sia la qualifica "popolare", comprovata dalla partecipazione alle battaglie dei Geremei. Il contributo delle liste in questo caso è stato scarso; anzi, come era scritto nelle *intentiones* iniziali, la voce dei vicini doveva correggere un errore delle liste che inquadravano le identità delle persone in categorie astratte troppo limitate: Raniero era del contado e combatteva, ma non per questo il suo discendente era nobile. La reputazione collettiva della famiglia di Raniero smentiva e correggeva la qualifica documentaria.

Nei processi esaminati, come si vede, le testimonianze erano ancora in grado di fornire il materiale di base per correggere, o comunque ridefinire, la presenza di una persona in una lista e quindi la sua condizione civica: Aspettato, e prima di lui Bacio Guidotti, potevano *restare* nelle matricole popolari, mentre Raniero di Campezo non doveva entrare in quella dei nobili del contado. Le loro difese e le testimonianze relative – in altri termini, la loro rappresentazione processuale – tendevano chiaramente a esaltare gli elementi che convalidavano il loro status, ma lo facevano secondo una grammatica condivisa con i giudici e le normative comunali,

34. *Ibidem*: «et habetur ipse Rainerius homo popularis et modice conditionis et numquam dici audivit quod fuerit nobilis et de nobile progenie natus».

35. Testimonianza di Egidius Rialdi, c. 50v: «quia vidit ipsum Rainerium ire in exercitibus et cavalcatis in servitium partis ecclesie et Ieremiensium et publice favere dicte parti».

36. Testimonianza di Thodiscus Magalotti, c. 52v: «vidit ipsum custodire castrum Leonis pro parte Ieremiensium».

perché l'intento delle persone implicate nei processi era quello di rimanere nelle liste che garantivano in quel momento una migliore identità pubblica.

In questa prospettiva l'assunzione strategica di qualifiche apparentemente negative o sminuenti non costituiva una minaccia alla fama personale, perché il lessico del comune di Popolo sopportava ancora delle qualificazioni liminari (essere povero, svolgere lavori manuali, essere rustico) grazie al rovesciamento delle gerarchie sociali imposte dalla legislazione antimagnatizia: nei decenni finali del Duecento era consigliabile non essere (riconosciuto come) nobile o ricco e potente per restare nelle matricole di Popolo; ed era meglio presentarsi come "rustico" e "contadino" pur di non entrare nelle liste negative dei nobili del contado. Si tratta di parametri invertiti rispetto alle categorie correnti nella cultura dotta della distinzione; un paradosso tutto interno ai regimi di Popolo destinato a creare molti conflitti quando nel XV secolo tornarono in auge i criteri distintivi tradizionali. Ma in ogni caso, fino ai primi del Trecento, il rapporto fra individui e liste era ancora biunivoco: la lista imponeva un inquadramento, ma l'autorità recepiva anche i risultati dell'inchiesta locale sullo status delle persone e la modificava di conseguenza. Dieci anni dopo le cose iniziarono a cambiare radicalmente.

4. *Un sistema autosufficiente: i libri come prova*

Negli anni finali del Duecento, la curia del Capitano del Popolo continuava a trattare casi di appartenenze sospette alle società popolari, ma i processi presentano svolgimenti più brevi, più burocratici, quasi automatici nel riferimento alle liste in maniera esclusiva.

Qualche caso presenta percorsi più complicati, come il processo contro Lapo di Bene di Firenze, un tintore accusato di non essersi recato davanti agli otto ufficiali che stavano rifacendo l'estimo nel 1296. Lapo ammise l'assenza alla prima chiamata perché viveva ancora fuori città «E disse che al tempo della provvigione del primo estimo non abitava assiduamente con la famiglia a Bologna», ma giurò di essersi presentato alla seconda chiamata, quando abitava stabilmente a Bologna, e di aver pagato tutte le collette negli anni successivi.[37] Si salvò senza l'apporto

37. ASBo, *Giudici del Capitano del Popolo*, reg. 332, 1298, c. 2r: «dixit quo illo tempore provisionis primi extimi non erat continue cum familia in civitate Bononie».

di testimoni, mostrando la *reformatio* del consiglio che permetteva la seconda iscrizione e altri documenti non specificati. Davanti a una denuncia insidiosa, perché insisteva su un particolare vero, Lapo si difese usando solo documenti pubblici.

I processi seguenti confermano questa linea relativamente semplice: alle accuse per difetto di titoli si rispondeva sempre con il ricorso alla documentazione scritta. Così nei processi contro Giacomo Guidone, che, accusato di non avere l'estimo, dimostrò di essere iscritto in quello del fratello;[38] contro un certo Guido che non risultava iscritto nelle Venticinquine, ma provò che non era residente e dunque non era tenuto a farlo;[39] e ancora nell'accusa mossa contro Simonetto e Tommasino Cazainimici di essere illegalmente iscritti nella società dell'Aquila, i due fratelli mostrarono con facilità che non erano scritti nella matricola.[40]

Un processo, più di altri, illustra bene, anche a livello simbolico, questa fase di passaggio dai testimoni ai documenti: l'accusa presentata contro Giovanni di Giacomo di Baldovini, nobile, di essere illegalmente iscritto nella matricola della società popolare delle Traverse, *contra honorem societatis*.[41] La prima parte del processo è occupata dalle incerte testimonianze dei tre Ministrali dell'arte, che non ricordavano bene se il nome era scritto nelle matricole o meno: propendevano per il no, perché non lo avevano mai *visto* partecipare ai riti dell'arte, ma non ne erano sicuri. Così il primo ministrale Gerardo Oddone: «disse che il detto Giovanni non apparteneva alla detta società, che sappia, e che non lo vide trattare con gli uomini della detta società né frequentare trattare, obbedire alla detta società o fare altre cose».[42]

Fredo de Argile non lo sapeva con certezza, ma dubitava fosse vero («et si dictus Iohannes positus fuisse debere scire de preditis et nihilo scivit»), mentre Michele Bonacatti, altro ministrale, non l'aveva mai visto «ubbidire agli ordini dei Ministrali». Davanti alla debolezza della memoria dei ministrali – non ricordavano di averlo visto obbedire agli ordini, frequentare gli altri membri o partecipare ai riti – solo la consultazione

38. Ivi, c. 5r.
39. Ivi, c. 17r.
40. Ivi, c. 20r.
41. Ivi, c. 12r.
42. *Ibidem*: «dixit quod de dicta societate non est dictus Iohannes quondam Iacobi quod sit, et non vidit ipsum uti cum hominibus dicte societatis nec cum dicta societate venire nec uti nec obedire vel alquid aliud facere».

diretta della matricola risolse il dubbio. Il giudice ordinò di presentare la matricola e non avendo trovato il nome, sospese il processo.[43]

Anche se brevi, questi processi sono interessanti, perché mostrano la centralità che aveva assunto la lista pubblica come strumento di prova nei conflitti interpersonali e nella loro soluzione. Le accuse, segrete o pubbliche, erano sempre più spesso fondate su una conoscenza diretta delle liste e sfruttavano le anomalie di registrazione (l'assenza o la presenza di un nome in alcuni registri) per mettere in difficoltà persone che avevano effettivamente un percorso di vita (documentaria) non sempre lineare. Lo si è visto anche per l'estimo ampiamente consultato da giudici, avvocati e dagli stessi denuncianti per verificare se una persona poteva stare in giudizio o era un evasore.

La camera degli atti di Bologna funzionava veramente come luogo di snodo fra la memoria documentaria del comune e la costruzione dell'identità sociale delle persone. Ma è proprio questo che colpisce: la condizione personale dei *cives* dipendeva ormai in maniera così cogente dalle registrazioni nei libri pubblici che, per attaccare qualcuno, era sufficiente mettere in dubbio la legittimità della sua posizione nelle liste comunali che accertavano l'iscrizione all'estimo, il pagamento delle collette o l'iscrizione nelle matricole. Naturalmente valeva anche il contrario: per ricostruire la propria posizione civica (status, residenza, lavoro, partito) era necessario accumulare le attestazioni nelle diverse liste del comune. Identità sociale e identità documentaria tendevano sempre di più a coincidere.

Lo si vede bene nei processi dei primi decenni del Trecento, quando le condizioni individuali erano sottoposte a verifica, le prove presentate erano ormai tutte documentarie. Si portavano davanti al giudice gli estratti dei registri che attestavano la presenza della persona nei libri in grado di certificare una cittadinanza attiva.

In un processo di cittadinanza del 1331, Guglielmo di Girardello – in lite con il sindaco della comunità di Vetrana – negava di essere discendente di un tale Magnavacca iscritto nell'estimo dei fumanti del comune di Vetrana e chiedeva di essere cancellato da quell'estimo in quanto *oriundus*

43. *Ibidem*: «eodem die representata fuit matricula dicte societatis per notarium ipsorum ministralium et dictos ministrales coram ipso iudice et per eundem iudicem ipsa matricula diligenter examinata, non fuit inventus dictus Iohannes quondam domini Balduini conscriptus in dicta matricula ipsius societatis… non est processum ad sententiam quia non fuit repertus esse in matricula».

di Bologna e residente in città da 25 anni. Era un litigio classico tra un abitante della città, forse originario del contado, e la villa di origine che si lamentava dei tanti abitanti esenti dalle tasse locali, con la scusa della residenza cittadina. Una situazione diffusissima in tutte le città a forte immigrazione dal contado. In questo caso si aggiunge anche un problema di riconoscimento personale. Guglielmo nega la discendenza da un abitante della villa e per togliere ogni dubbio presenta in giudizio un'impressionante serie di estratti di registri pubblici:

in primis qualiter dictus Guillelmus extimatus fuit tempore domini Iacobi de castro de Fano (1296) in quarterio porte sancti Petri in capella sancti Anthonii
item extimum eidem Guillelmo facto tempore Simenonis de Padua in porte Ravennate, capella sancte Marie de Allamanni;
item extimum eidem Guillelmo facto tempore domini Bernardini de Polenta in dicto quarterio et capella;
item extimum eidem Guillelmo facto tempore Bertoldi de Malpiglis de sancto Miniato in dicto quarterio et capella;
que omnia extima sunt scripta manu Petrizoli Iacobini Bonincontri notarii ad camaram actorum;
item extimum eidem Guillelmo facto tempotre Andree de la Rocha, in dicto quarterio et capella scriptum manu dicti notarii;
item extimum eidem Guillelmo facto tempore Blaxii de Tornaquinci in dicto quarterio et capella;
item qualiter dictus Guillelmus est descriptus in societatibus civitatis Bononie, silicet in societate Draconis, scriptum manu Petri Gini Petrini notarii;
item qualiter dictus Guillelmus est in Vigintiquinquinis civitatis Bononie scriptum manu dicti notarii;
item instrumentum solucionis colte nuper imposite pro exercitu Forlivi, scriptum manu Blanci de Baxacomatribus.[44]

Sono menzionati 6 estimi (dal 1296 al 1329), il libro delle Venticinquine (lista militare), la matricola della società dei Draghi e un atto di pagamento della colletta per la spedizione contro Forlì: tutti estratti dai registri originali conservati nella Camera degli atti del comune e identificati con il nome del notaio redattore.

Ecco una vita civile espressa solo per via documentaria: Guglielmo poteva essere benissimo un discendente di una famiglia di Vetrana, ma

44. ASBo, Comune, *Estimi*, serie III (del contado) reg. 7, c. 27r.

davanti a un tribunale contava la sua *civilitas* pratica attestata dalle liste. La somma degli estratti dei libri costituiva, agli occhi dei giudici, la sola certificazione efficace dell'identità civica: non valeva la condizione presente per dimostrare di essere un *civis*, perché nessun singolo documento ufficiale poteva essere usato in tal senso, ma serviva la prova degli atti compiuti nel tempo per avvalorare la propria appartenenza alla città. Tutti questi casi mostrano bene quanto la nozione di *civis* si era complicata nel passaggio fra XIII e XIV secolo: erano accresciuti gli obblighi imposti dai governi comunali, si erano moltiplicate le appartenenze qualificate in grado di garantire la qualità civica del soggetto e, oltre il pagamento delle tasse, bisognava essere iscritto alle società di Popolo e partecipare all'esercito.

La moltiplicazione dei doveri e delle liste ebbe effetti diversi e contrastanti. Da un lato era possibile definire meglio e più rapidamente lo stato dei singoli *cives* e non solo da parte degli ufficiali comunali: chiunque, meglio se assistito da un procuratore, poteva far controllare i registri pubblici, ottenere copie di estimi e di matricole e presentarle in tribunale per accusare o difendersi. Dall'altro, le liste inevitabilmente fornivano un quadro rigido delle condizioni delle persone, soprattutto nel caso di liste politicamente sensibili. Da qui i conflitti, le petizioni di revisione, i controprocessi per dimostrare la vera identità civica delle persone attraverso le testimonianze dei vicini, i più titolati a provare uno status sociale o civile.

La dialettica fra la voce (e la vista) dei vicini e il dato scritto della lista segnò tutta la seconda metà del Duecento e il primo terzo del secolo successivo. E fu un rapporto fecondo per la costruzione di modello pragmatico di *civilitas/cittadantia*: gli argomenti usati per difendersi e scusarsi – o al contrario per attaccare qualcuno – erano tratti da un modello di cittadinanza, spesso condiviso fra tutti gli attori, che metteva in primo piano la necessità di assolvere alcuni doveri di base, ma consentiva poi di riassorbire le anomalie delle storie personali complesse (migrazione in città, cambi di nome e di schieramento) grazie alle testimonianze di una fitta rete di vicini che accertava la qualità civica della persona sotto inchiesta.

Questa flessibilità dei percorsi giudiziari di riconoscimento sembra diminuire nei primi decenni del Trecento. I processi per l'identità sono una spia sensibile di questi cambiamenti: i testimoni diminuiscono, in alcuni registri sono quasi del tutto assenti, mentre aumenta sia il numero delle liste presentate sia il loro valore probante. È probabile che questo sia un effetto inevitabile dello sviluppo autoindotto dei sistemi burocratici: le liste erano ormai cresciute, si erano continuamente rinnovate negli anni e assumevano sempre un valore certificatorio crescente. Ed è anche possibile che le ragioni ideologiche di base del regime di Popolo, così attento a selezionare la parte di popolazione urbana fedele a detrimento della *pars* nemica, abbiano trasformato il ricorso alle liste in un sistema quasi automatico di riconoscimento di appartenenza.

Ma nessun regime poteva sopportare un meccanismo di inquadramento degli individui così rigido, anche se lo aveva creato lui stesso. Era necessario immaginare, in parallelo, una serie di strumenti che garantissero ai governanti la possibilità di modificare, quando necessario, la condizione delle persone e quindi il valore delle liste; tanto più che lo stesso regime, come in molte altre città, non solo aveva subito numerosi cambiamenti al suo interno, ma aveva ammesso e favorito molti processi di trasformazione delle persone sul piano politico e sociale: si poteva rientrare dal bando, giurare la parte, dare garanzie di fedeltà, "meritare" la cittadinanza e altro ancora.

Da qui lo sviluppo nel primo decennio del Trecento di due sistemi di riconoscimento, destinati a entrare in collisione nel corso del secolo: da un lato, la forza d'inerzia del sistema delle liste, che attribuiva identità civiche in base alle risposte date dai singoli alle regole imposte dalla città, e dall'altro il potere di modificare *ope legis* la condizione delle persone, rivendicato con vigore crescente dai governi di Popolo.

È l'inizio di un lungo processo di riformulazione dei criteri di appartenenza alla città che trasformò radicalmente il modo di qualificare il corpo civico della città il significato stesso della parola *civis*.

Appendice

Le Intentiones *a difesa nei processi di cittadinanza*

1. *Intentiones* a difesa di Bacio di Guidotto, ASBo, Comune, Capitano del Popolo, Giudici del Capitano, reg. 136, *Liber Testium*, 1289-90, f. 1r-1v.

Testes producti per Bazum Guidicti ad suam defensionem eo quod notificatus fuit quod ipse erat forensis coram domino Iacobino de Saldo, vicario et assessore domini Pini de Vernaciis Capitanei Populi Bononiensis, commissa Philippo de Zovenzonibus notario per dictum dominum vicario; sub anno domini millesimo ducentesimo LXXXX, indictione tercia, die veneris XXVII ianuarii, que intentio incipit ita:

Intendit probare Bacius Guideti ad suam defensionem super eo quod notificatus fuit quod ipse erat forensis et non habebat extimum in civitate Bononie et non poterat esse de societate Populi Bononiensis:

In primis quod ipse Bacius a duodecim annis citra continue habitavit in civitate Bononie tamquam civis, faciendo citadantiam secundum quod faciunt alii cives civitatis Bononie.

Item quod ipse Bazus et Petrucius eius frater, una cum Bonano et Bartolomeo suis avunculis, habent bona comunia in civitate Bononie.

Item quod de predictis bonis comuniter tamquam de comuni patrimonio dictorum Bonani et Bertholomei et ipsuis Bazii et Petrucii eius fratris, solverunt collectas comuniter et comuniter sustinentur omnia honera et omnes factiones quas sustinent alii cives civitatis Bononie

Item quod nomina predictorum Bonani et Bertholomei tamquam maiorum domus scripta sunt et fuerunt in extimo ipsorum et in *libro extimorum* comunis Bononie quando dicta extima facta fuerunt;

Item quod eo tempore qui dicti libri facti fuerunt, ipse Bazus et Petrucius eius frater erant ita parvi quod nomina eorum, ob illam causam, posita seu scripta non fuerunt in dictis libris extimorum comunis et populi Bononie.

Item quod ipse Bazus est etatis viginti annorum vel id circa
Item est publica fama in contrada S.Marie de Carariis in qua contrada continue habitavit ipse Bazus et Petrus eius frater cum predictis suis avunchulis.

2. *Intentiones* a difesa di Aspettato di Giacomo, ivi, f. 13r

Intendit probare Aspectatus (accusatus) per Iulianium domini Azi Ramenghi capella sancti Blaxi coram domino Iacobino iudice Pini de Vernaciis capitanei Populi, ipsum esse forensem et aliegenam et canzellandum de societate populi et omnia et singula infrascripta:

In primis quod Iacobus quondam pater Aspettati fuit de terra Ligliani comitatus Bononie.
Item quod publice habetur in terra Ligliani tamquam homo qui fuisse de dicta terra.

Item quod in civitate Bononie in contratis in quibus habitabat habebabtur et reputabatur fuisse de Ligliano.

Item quod pater dicti Iacobi et ipsius maiores fuerunt de terra Liglaini et ita publice senstiebant homines de Lignano.

Item quod Iacobus recessit a civitate Bononie ante tempore primorum rumorum quia banitus fuit pro maleficio.

Item quod dictus Iacobus rediit ad civitatem Bononie quando pars Lambertaciorum primo expulsa fuit de civit Bononie.

Item postquam rediit fecit citadantiam sicut alii cives bononienses.

Item quod dictus Aspectatus, filius dicti Iacobi, est de civitate Bononie et in civitate Bononie fuit oriundus et ita publice habetur et reputatur in contrata sue habitationis et ab amicis et agnatis ipsius Aspectati.

Item quod publicum et notorium est in vicinia et in contrata habitationis predicti aspettati quod predictus aspectatus est civis absque eo quod habebatur pro forensi et alligena.

Item quod predictus Aspettatus habet extimum in civitate Bononie sicut alii cives et facit et fecit publica factiones tamquam cives et sicut alii cives.

3. *Intentiones* a difesa di Raniero di Campezo, ivi, f. 49r.

Testes producti a Rainerio quondam Donati de Campezo, super infrascripta intentione, recepti per me Bernardum de Bombagliolis notarium, ex commissione de eo facta per dominum Iacobinum iudicem et assessorem domini Pini de Vernaciis capitanei Populi bononiensis, sub anno millesimo ducentesimo nonagesimo, inditione tertia.

Intendit probare Rainerius quondam Donati de Campezo, ad sui defensionem super notificatione facta de eo coram domino Capitaneo et eius iudice:

In primis quod dictus Rainerius et sui maiores sunt et semper fuerunt homines populares et de Populo rusticorum, absque eo quod nobilis sit vel de nobili progenie natus; et ita semper fuit habitus et reputatus, ipse vel sui maiores et quod est comuniter reputatus de parte Ecclesie et Ieremiesium.

Item, si nomen dicti Rainerii reperitur scriptum in aliquo libro comunis inter nomina nobilium comitatus, illa scriptura per errorerm et contra veritatem facta est, cum in veritate plebeius et ignobilis et modice condicionis sit.

Item quod parentes dicti Rainerii, et qui nati sunt de eadem parentela de qua est dictus Rainerius, sunt fumantes et scripti in libro fumantium et extimati cum hominibus et inter homines comitatus Bononie, qui non sunt nobiles, sicut Scarpa quondam Berlenerii et Scata eius nepos.

Item quod dicti Scarpa, Scata et Ranerius sunt propinqui et de una domo nati.

Item quod Donatus et Anthonius, fratres et filii quondam Rubei, sunt de domo et parentela dicti Rainerii et nati de una domo dicti Rainerii.

Item quod predicti sunt de Populo bononiense.

Item quod de predictis omnibus et singulis est publica vox et fama.

5. Selezione. La manipolazione degli status e i limiti alla partecipazione

L' instabilità quasi programmatica delle condizioni personali dei residenti in città, generata dai diversi sistemi di inclusione e di limitazione (temporanea) dei diritti dei *cives* – banditi a tempo, diritti di protezione diminuiti, inchieste sullo status personale – rifletteva non solo una crisi sistemica delle liste, ma anche la pretesa dei regimi di Popolo di manipolare in maniera burocratica e coercitiva i criteri di selezione dei *cives* destinati alla partecipazione politica. Il controllo sempre più difficile delle popolazioni urbane – enormemente cresciute in termini numerici rispetto ai primi anni del secolo precedente – costrinse infatti i governanti a cercare nuovi filtri per delimitare il corpo dei cittadini politicamente attivi, separato dalla massa dei residenti provvisti di diritti di base (diritti di protezione derivanti dall'appartenenza) ma con una possibilità di partecipare alla vita politica cittadina molto limitata. Così, nel corso della prima metà del Trecento, si moltiplicarono i segni distintivi usati per selezionare insiemi di cittadini provvisti di quote maggiori di diritti politici che permettessero loro di accedere facilmente alle istituzioni urbane.

In questo capitolo prenderemo in esame proprio i meccanismi messi in atto fra Tre e Quattrocento per ritagliare forme graduate di *civilitas*, differenziate in base alle diverse fasce della popolazione urbana politicamente attiva. Ne abbiamo scelti quattro, che consentirono di mettere in opera un vero sistema di selezione dei *cives* "destinati" alla partecipazione politica.

Il primo riguarda la possibilità stessa di modificare il criterio di attribuzione degli status mediante un atto amministrativo; è il meccanismo astratto del "come se…" che stabilisce un'analogia fittizia, permettendo di cambiare per via amministrativa la condizione di una persona e la collocazione del suo nome nei registri del comune.

Il secondo riguarda invece il criterio *genealogico*, vale a dire l'estensione della condizione giuridica e sociale delle persone ai loro discendenti o l'attribuzione ex post di quella degli ascendenti anche a distanza di decenni, nel tentativo di bloccare la riproduzione della quota crescente della popolazione interessata dai diritti di cittadinanza nel corso del Trecento.

Il terzo, strettamente collegato al precedente, è costituito dalla diffusione del criterio dell'*origine*, usato per selezionare una cittadinanza definita originaria, nativa della città, destinata al comando e isolata dai "non originari"; un criterio arricchito da una retorica della naturalità del legame di nascita che univa i figli-*cives* alla città madre, escludendo i figli acquisiti.

Il quarto è l'invenzione della cittadinanza artificiale data in privilegio a persone fedeli, meritevoli verso lo stato, da integrare formalmente nel sistema economico e sociale della città, ma da tenere a distanza dai centri del potere più delicati. L'analogia stabilita nel formulario degli atti di concessione – i nuovi *cives* dovevano essere "come gli altri *cives*" (originari) – rimase sempre parziale e ritrattabile, una sorta di specchio rovesciato dell'*origo*: essere simili non voleva dire essere uguali; anzi proprio la dichiarazione di somiglianza escludeva l'identità. Questo scarto animò infatti un sospetto di fondo verso nuovi cittadini "non nativi", incapaci di amare la patria come loro "madre naturale", e dunque inaffidabili nelle questioni vitali per la città. Da qui un esito paradossale delle concessioni di *civilitas* per privilegio: nello stesso momento in cui la cittadinanza veniva isolata in un insieme di diritti trasmissibili a chi prima ne era sprovvisto, il concetto stesso di cittadinanza si frammentava in blocchi di diritti separati. La *civilitas* era scomponibile. Si crearono così due tipologie parallele di cittadinanze possibili – una "sostanziale" per gli originari e una "formale" per i cittadini *ficti* – che da un lato attribuivano a tutti i diritti di base derivanti dalla residenza in città, ma dall'altro separavano in maniera sempre più decisa le condizioni del *civis* semplice, attivo economicamente, da quelle del *civis* vero, membro attivo di un corpo politico riconosciuto e selezionato.

1. *La modifica dello status come atto amministrativo: il "come se"*

Come si è visto, le liste avevano garantito per decenni un inquadramento generale della popolazione urbana in categorie definite in base al comportamento dei *cives* verso l'istituzione, fino a raggiungere una sorta di autonomia amministrativa, quasi indipendente dalle testimonianze dei vicini. Se negli anni Settanta-Ottanta del Duecento, la condizione della persona era ancora modificabile con la fama e il contributo del vicinato – era, in sostanza, una grandezza socialmente costruita – nel Trecento, la lista (ricavata da quelle precedenti) inchiodava lo status della persona a una realtà documentaria senza appello: nessuna testimonianza, nessun ricordo, nessuna reputazione diffusa potevano modificare una condizione stabilita da una norma che estendeva le qualificazioni delle persone a distanza di una generazione. O meglio, un mezzo esisteva per apportare questa modifica: creare una norma in grado di cambiare artificialmente lo status della persona con una finzione, anche a dispetto di quanto le liste erano in grado di certificare. È indubbio che questo meccanismo che si rilevò fondamentale per modificare gli status nel basso medioevo, ebbe origine nel contesto delle lotte politiche di fine Duecento.

A Bologna, la prassi era in uso già negli anni successivi al grande bando dei Lambertazzi del 1277, quando una serie di provvedimenti del consiglio del Popolo favorirono il rientro di molte famiglie e individui banditi o confinati come Lambertazzi che negavano di esserlo e/o avevano giurato la parte guelfa e geremea come pegno della propria fedeltà politica. Esistevano quindi liste di ex Lambertazzi da considerare Geremei, con tutte le complicazioni del caso: i nomi erano molti e si perdevano presto nel *mare magnum* delle liste dei nuovi Geremei; oppure, caso più diffuso, la qualifica di geremeo assegnata a un individuo doveva poi estendersi anche ai figli: un passaggio tutt'altro che automatico, che anzi andava rinnovato ogni volta che fosse sorta una disputa sulla qualifica incerta di una persona. In tutti questi casi, la formula grammaticale usata, «sia tenuto e reputato come geremeo» accompagnava tutti i passaggi di status delle persone reintegrate nel sistema. E anche nei casi in cui lo status era incerto – come accadeva spesso per i figli di ex banditi – era possibile ricostruire la sequenza di rientri e di giuramenti fino all'ultima generazione: il nuovo status veniva quindi confermato anche per gli eredi. Lo vediamo in numerosi *consilia* degli anni Novanta del Duecento, quando i giuristi furono chiamati a sciogliere le situazioni ambigue determinate dalla sequenza di status differenti.

Un caso tipico era la condizione di "confinato" attribuita negli anni Settanta del Duecento ai membri della fazione filoghibellina dei Lambertazzi. In teoria doveva estendersi agli eredi, a meno che non avessero giurato fedeltà alla Parte guelfa che aveva ormai conquistato l'egemonia in città. Nel dubbio si doveva chiedere un parere ai *sapientes*. Così fu per

Tommaso di Alberto Pizzigotti e suo figlio Giacomo: la domanda è se dovevano stare ai confini oppure no. I due *sapientes* Giuliano Cambi e Acarisio di Bonacosa de Basacomari avevano dovuto ricostruire una storia complessa, attraverso una lunga serie di documenti:

> Vista la riformagione che dice che *dominus* Alberto Pizzigotus e suo fratello possono rimanere e stare in città; ancora, visto che Tommaso figlio di dominus Alberto de Pizzigotti e Giacomo suo figlio sono scritti nel libro dal titolo "*Hii qui habent speciale privilegium*"; e vista la riformagione speciale del comune e che in vigore dei quali devono essere ritenuti della Parte dei Geremei della città di Bologna e anche i figli di questi, libro scritto per mano del notaio Michele di Tommaso; ancora visto un *consilium* dato al tempo di Fusco Pizzicario un tempo Capitano del Popolo, secondo cui il detto Giacomo non deve essere ai confini; ancora visto la dichiarazione («quadam declaratio») fatta dal Capitano del Popolo Guglielmo de Rossi, già Capitano del Popolo di Bologna, che detto Giacomo non deve andare ai confini, Il *consilium* dei domini Giuliano Cambi giudice e Acarisio domini Bonacose de Basacomari è questo: che il predetto Tommaso, se è vivo, e Giacomo suo figlio siano assolti e devono essere assolti dai confini, né devono recarvisi, e da ogni inquisizione fatta contro di loro.[1]

La vicenda dei Pizzigotti è costellata di passaggi documentari e di conferme politiche: prima il giuramento di Alberto, il capostipite (che era stato bandito), poi l'iscrizione nel "Libro dei privilegiati" del figlio e del nipote e poi altri due attestati che ne confermavano la condizione privilegiata, un *consilium* e una *declaratio* del Capitano precedente. Il libro dei privilegi quindi non bastava, e la condizione di privilegiato doveva essere ribadita ogni volta che nasceva un sospetto contro qualcuno presente nella lista dei confinati originaria. E ogni volta, come dimostra il *consilium* già dato in precedenza, erano i giuristi a certificare questa condizione. Per cambiare status era necessario un lungo iter di giuramenti, iscrizioni e decisioni del consiglio, e ogni passaggio attestava una precisa *intentio* di confermare la posizione della persona interessata.

Nel corso del primo decennio del Trecento le cose cambiarono rapidamente, in occasione del cambio di regime, complicatissimo sul piano dele famiglie coinvolte, fra Guelfi bianchi e Guelfi neri avvenuto a Bologna e Firenze fra il 1303 (prevalenza della parte bianca) e il 1306 (governo dei guelfi neri). La spaccatura interna alla stessa fazione rese il cambiamento

1. ASBo, *Capitano del Popolo, Giudici del Capitano*, 1293, reg. 216, f. 4r.

di status non solo traumatico, ma anche contraddittorio rispetto ai libri e alle liste esistenti. Per modificare rapidamente la condizione di intere famiglie – prima amiche e poi nemiche (in un senso nel 1303 e viceversa nel 1306) – i governanti bolognesi decisero di definire lo status sociopolitico delle persone con una finzione amministrativa. Il consiglio del Popolo, o le commissioni di *sapientes* elette al suo interno, definirono il gruppo di famiglie nemiche *come* (se fossero) magnatizie, anche se non lo erano mai state fino a quel momento, o addirittura erano iscritte fra i popolari e i guelfi.

Tra il marzo e l'aprile del 1303, prevalse una compagine formata da Guelfi bianchi e alcuni casati vicini alla parte lambertazza, favorevole alla riammissione di famiglie bandite negli anni precedenti. Contro questi indirizzi di apertura moderata verso i ghibellini, si posero alcune famiglie dell'élite "iperguelfa", aprendo uno scontro tutto interno alla Parte al potere. Proprio la natura endogena del conflitto richiese l'adozione di nuovi strumenti amministrativi per colpire avversari che prima erano alleati o sodali della parte guelfa, attraverso il rovesciamento della loro qualificazione politica.

Il 29 marzo 1303 le famiglie dei Beccadelli, Mezzovillani e Gozzadini, da sempre guelfe e popolari, furono poste al confino e non al bando, per rispetto ai loro antenati da sempre fedeli della *pars* dei Geremei. Ma poco dopo, una nuova balia di giuristi – fra cui Bonincontro degli Ospedali, Romeo Pepoli e Pace de Paci – emanò un provvedimento molto più duro, escludendo le famiglie nemiche dalle *societates* di Popolo e iscrivendole d'ufficio tra i magnati. Questa è la decisione che ci interessa, perché usa esplicitamente il meccanismo trasformativo del "come se" per cambiare la qualifica delle persone. Il consiglio infatti decise che:

> gli stessi e ciascuno di essi e i discendenti di ciascuno di essi per linea maschile, tanto naturale quanto legittima, in seguito *siano* magnati, nobili e potenti e siano ritenuti e trattati come magnati, nobili e potenti della città di Bologna e per ogni cosa, in perpetuo, siano ritenuti tali da podestà, capitano e dagli Anziani e consoli.[2]

Si assegnava così alla definizione normativa della persona, e dell'intera discendenza (in perpetuo), un valore di realtà che cancellava il pas-

2. ASBo, *Riformagioni dei consigli minori*, vol. III, c. 39r: «ipsi et quilibet eorum et cuiuslibet eorum descendentes per lineam masculinam tam naturalis quam legitima, de cetero *sint* magnates, nobiles et potentes tamquam magnates, nobiles, potentes civitatis Bononie habeantur, tractentur et per omnia *perpetuo* reputentur per potestatem, Capitaneum Antianos et Consules».

sato: da quel momento in avanti, una persona *era* magnate e nobile come se fosse sempre stata tale, e il suo nome doveva essere cancellato dalle matricole, come se non fosse mai stato scritto: «e se si trovano iscritti in qualche matricola delle società (di Popolo), non siano considerati come soci e siano ritenuti come "non (i)scritti", ma debbano essere cancellati dalle matricole e dalle società» mentre dovevano invece essere iscritti nel libro dei nobili:

> e i notai della Camera degli Atti siano tenuti, sotto la detta pena, inserire e scrivere i predetti cancellati dalle dette società – i nomi e cognomi dei predetti come sono scritti sopra – nei libri dei Nobili e dei Magnati della città di Bologna e da ora siano considerati come iscritti».[3]

Naturalmente il cambio di status era valido solo se si attuava un trasferimento dei nomi da un libro all'altro: da quello della *societas* Populi a quello dei Magnati. Lo stesso doveva valere nel processo inverso.

Nel 1306 una rivolta interna portò alla cacciata dei giuristi schierati con i Guelfi bianchi, autori del provvedimento precedente, e alla contestuale riammissione delle famiglie bandite nel 1303. Entrambi i gruppi dovevano quindi ri-cambiare status ed essere considerati *come se* fossero sempre stati quello che non erano più: vale a dire che i banditi del 1303 dovevano essere considerati non più come magnati ma come popolari e viceversa gli altri.[4] Iniziò così un processo di avvitamento dei criteri di fedeltà politica ormai sconnessi dalla storia reale delle famiglie implicate. Gli anni successivi furono ancora più caotici, soprattutto quando, nel 1307, fu aggiornata anche la lista dei Lambertazzi banditi nel 1277 per imporre loro una colletta come "nemici del comune": visti i numerosi rovesciamenti di fronte, era ormai difficile riconoscere, dopo 30 anni, i "veri" Lambertazzi e la nuova schedatura si arenò perché le liste contenevano moltissimi ex Geremei.[5]

3. *Ibidem*: «et si in aliqua matricula dictarum societatum reperirentur conscripti, per socios non reputentur et pro non scriptis *habeantur*, sed debeant de ipsis matriculis [...] cancellari de societate et matricula societatum»; [...] «qui etiam notarii camera actorum teneantur, sub dicta pena, predictos cancellatos de dictis societatibus *ponere et scribere*, nomina et cognomina predictorum ut superius scripta sunt, in libris nobilium et magnatum civitatis Bononie et, ex nunc, pro scriptis habeantur». Non è un caso che nello stesso giorno sia stata emanata un'altra riformagione fortemente ideologica che riguardava i figli dei comitatini.

4. Vito Vitale, *Il dominio della parte guelfa in Bologna*, Bologna, Zanichelli, 1901.

5. Milani, *L'esclusione dal comune*, p. 389.

Allo stesso tempo, si fece uno sforzo altrettanto artificiale per delimitare la *pars* geremea attraverso la concessione di un privilegio giudiziario a tutti quelli che avevano ricoperto cariche pubbliche nei decenni precedenti e ai loro discendenti (Anziani, ministrali, consiglio del Popolo e notai): ne uscì un lungo elenco di circa 5600 persone "privilegiate" redatto nel 1310.[6] Anche questo tentativo di dividere in due la cittadinanza – magnati e banditi da un lato e privilegiati dall'altro – tuttavia era destinato al fallimento, perché i fronti partitici erano troppo ambigui e complicati da continui passaggi di famiglie da uno schieramento all'altro: così molti nomi nella lista dei privilegiati erano contemporaneamente presenti anche negli elenchi dei tassati del 1308 o in qualche lista dei Lambertazzi precedente.

Nel corso del Trecento ci si accorse che le liste non erano più univoche, ma potevano essere lette in maniera diversa secondo i governi in carica e che liste vecchie, contenenti formalmente magnati e sospetti, a distanza di decenni non avevano più lo stesso valore. Al contrario, la lista aveva valore *solo se* interpretata nel momento attuale. È un punto che appare chiaramente nello statuto del 1335. Nella rubrica dedicata alla formazione del consiglio dei Quattromila – un consiglio elettorale prima chiamato dei Duemila – si vietava di inserire nelle liste di eleggibili i banditi lambertazzi. Ma nel 1335 non si sapeva più chi fossero i veri Lambertazzi, perché i libri redatti nel passato non garantivano la vera natura delle persone iscritte nelle liste attuali. La stessa fazione stava cambiando natura: non era più composta dai discendenti diretti del nucleo originario duecentesco, ma era il risultato di una scelta individuale e revocabile. Così, alla regola generale – non si doveva eleggere «aliquis qui sit de parte Lambertaciorum» – la norma statutaria faceva seguire una lunga serie di eccezioni, vale a dire di persone che *non* dovevano essere considerate bandite «non obstante quod ipsi vel eorum patres sive ascendentes descriptis sint *in libris* Lambertaciorum».[7] Si creò quindi una sorta di "contro-lista" di banditi che *non* dovevano essere considerati tali, nell'ordine:

1. dieci persone, discendenti di famiglie guelfe, ma incappate in bandi nei decenni confusi della lotta fra Bianchi e Neri, che non erano da

6. ASBo, *Riformagioni dei consigli minori*, vol. III, cc. 288v-289, sotto il capitano Fulcerio de Calboli, erano considerati privilegiati.

7. *Lo statuto del comune di Bologna dell'anno 1335*, a cura di Anna Laura Trombetti Budriesi, Roma, Istituto storico italiano per il medioevo, 2008, p. 104.

considerare banditi ma "veri guelfi" in quanto "amatori dello regime presente": «poiché sono amatori del presente stato e piace ai reggenti attuali della città di Bologna, decidiamo che siano reputati e tenuti da tutti come veri Guelfi e della Parte della Chiesa»;[8]

2. le persone, bandite per le *novitates* del 1306 (in occasione della cacciata di Bonincontro degli Ospedali);
3. quelle espulse per le *novitates* del 1321 (cacciata di Romeo Pepoli) che avevano ricevuto un privilegio ed erano state dichiarate guelfe per decreto del consiglio.[9]

Si arrivò in questo modo a ribaltare il sistema di riconoscimento e di classificazione in uso fino a pochi anni prima: non si doveva più stabilire la qualifica della persona secondo la sua posizione nei libri del comune, ma si adeguava la condizione delle persone allo status che gli veniva attribuito *ope legis* secondo una decisione autonoma del regime al potere in "quel momento". L'uso dei verbi *habere*, *tenere*, *intelligere* per descrivere la qualifica delle persone rimandava ormai ad atti di pura astrazione amministrativa che definivano l'identità politica delle persone attraverso una decisone ad hoc e il transito del nome dalle liste di esclusi a quelle di inclusi e viceversa.

Un processo simile a quello bolognese si ha nello statuto di Modena del 1337, redatto dopo il ritorno al potere degli Estensi. Come si è visto, lo statuto del 1306, scritto contro Azzo d'Este, aveva predisposto la redazione di due libri, uno della *Massa Populi* e uno dei Nobili, in teoria esclusi dal governo del comune rinnovato. Tra il 1306 e il 1336 questo secondo libro fu più volte aggiornato, e alcune persone chiesero di essere cancellate dal libro dei Nobili per entrare nel Popolo, come in molti altri comuni di Popolo.[10] Quando però Obizzo riconquistò il potere, cambiò la funzione del libro, facendolo diventare un elenco di privilegiati *proprio* perché nobili. Un esempio importante per i governi futuri, che partirono proprio dalle liste antimagnatizie dell'età popolare per definire le famiglie nobili in età moderna. Un cambiamento di classe dirigente e quindi

8. *Ibidem*: «quia vere sunt amatores *presentis status* et placet ad presens regentibus civitatem Bononie, decernimus pro vere Guelfis [...] et vere de parte ecclesie in omnibus et ab omnibs haberi et reputari debere».

9. *Ibidem*: «nixi haberet privilegium per reformacionem conscilii populi, quod *inteligatur* esse et sit de parte Ieremensium».

10. Esempi in Vicini, *Regestum*, vol. II, p. 33.

di condizione civica presente anche a Lucca negli stessi anni, fra il 1301, anno di instaurazione del nuovo regime, e il 1308 anno del nuovo statuto, quando molte famiglie della precedente élite di Popolo si trovarono enumerate tra i «casastici et potentes», la recente nuova definizione dei nemici politici.[11]

Il numero e soprattutto la flessibilità di queste manipolazioni di elenchi precedenti disegnano i contorni di una cittadinanza sempre più inventata dagli organi di governo attraverso la creazione/esclusione artificiale dei *cives*. La modifica dello status mediante atto amministrativo costituì così la base concettuale e pratica per riformulare le varie condizioni delle persone rispetto alla *civilitas*, coniugando la potenza del "come se" con i diversi programmi di selezione della cittadinanza inseguiti dalle élites interne al potere. È in questo contesto che presero forma gli altri due sistemi di creazione di categorie di *cives*: il principio genealogico, che estendeva la condizione degli avi ai discendenti, e l'affermazione dell'*origo* come nuovo discrimine per segmentare la cittadinanza in livelli differenziati di rilievo politico.

2. *La (ri)produzione degli status: l'estensione genealogica degli status nella prima metà del Trecento*

Nel linguaggio normativo degli statuti e degli ordinamenti della prima metà del Trecento, si diffuse sempre di più un criterio genealogico per definire le condizioni individuali delle persone: ogni provvedimento relativo alla qualifica delle persone tendeva a confermare le condizioni dei genitori e degli avi e a trasmetterle automaticamente ai figli e ai discendenti, e questo sia per gli abitanti del contado sia per i *cives*. Per i primi, il meccanismo era più severo perché si trasferivano ai figli gli obblighi che gravavano sui genitori. Per i cittadini, invece, le vie potevano essere diverse: quelli che avevano avuto un riconoscimento recente sotto forma di privilegio potevano usare l'estensione della condizione di *civis* ai figli come una promozione sociale estesa agli eredi;[12] per i figli dei banditi, al contrario, l'estensione

11. Alma Poloni, *Lucca nel Duecento. Uno studio sul cambiamento sociale*, Pisa, Edizione Plus, 2009, pp. 180-181.

12. Si veda l'esempio milanese, più tardo, che mostra bene l'estensione ai figli dei privilegi di cittadinanza, cfr. Giuliana Albini, *"Civitas tunc quiescit et fulget cum pollentium*

automatica della qualifica degli avi comportava un faticoso processo di riconferma della fede popolare-guelfa, pena l'esclusione dagli uffici.

In entrambi i casi, il meccanismo estensivo tendeva a stabilizzare il corpo civico in linee familiari chiuse di cittadini e di forestieri. Questo quadro conferma il processo di dinastizzazione in atto sotto il regime di Popolo a Bologna, segnalato, tra gli altri, da Sarah Blanshei che ha seguito la presenza crescente dei membri delle stesse famiglie nelle matricole delle società di Popolo tra la fine del Duecento e l'inizio del secolo seguente: una lenta conquista delle istituzioni societarie bolognesi da parte di un nucleo ristretto di famiglie potenti e ramificate.[13] Una chiusura che recenti ricerche sulla mobilità sociale registrano in maniera più acuta proprio nelle città governate da regimi corporativi dove il ceto dei mercanti-imprenditori tendeva a limitare «nuovi spazi di affermazione economico-sociale», riservando le cariche maggiori a un nucleo ristretto di super-cittadini.[14]

Il criterio genealogico, in ogni caso, ha avuto un'origine politica. Era usato con continuità proprio nella normativa sull'esclusione dei banditi ghibellini e magnati nelle liste della seconda metà del Duecento e del primo Trecento. Fin dalle prime liste, come si è visto, i nomi dei singoli banditi erano iscritti insieme a quelli dei parenti, indicati spesso in maniera generica, con delle parentesi che univano più nomi o più rami familiari in *domus*. Pochi anni dopo, quasi tutti i comuni furono costretti a definire meglio chi erano i singoli banditi/magnati/ghibellini, con una precisazione dei gradi di parentela implicati.

Nello statuto di Pistoia del 1296 si trovano, per esempio, almeno tre sistemi diversi per indicare le parentele: una forma estesa a tutti i consanguinei e affini, fino al quarto grado, nella rubrica che disciplina le discus-

numero decoratur". Le concessioni di cittadinanza in età viscontea tra pratiche e linguaggi politici, in *The Language of Political Society. Western Europe, 14th-17th Centuries*, a cura di Andrea Gamberini, Jean-Philippe Genet e Andrea Zorzi, Roma, Viella, 2011, pp. 97-120.

13. Blanshei, *Politica e giustizia*, pp. 51-59.

14. *La mobilità sociale nel Medioevo italiano. Competenze, conoscenze e saperi tra professioni e ruoli sociali (secc. XII-XV)*, a cura di Lorenzo Tanzini e Sergio Tognetti, Roma, Viella, 2016, con rimando, in particolare, al saggio di Franco Franceschi, *Mobilità sociale e manifatture urbane nell'Italia centro-settentrionale nei secoli XIII-XIV*, pp. 77-102. Manca tuttavia uno studio sulla cittadinanza come vettore di mobilità sociale. Un esempio di possibilità offerte ai giuristi forestieri, quindi per un livello sociale alto, in Maria Nadia Covini, *Professione legale e distinzione sociale: casi lombardi fra Tre e Quattrocento*, ivi, pp. 299-323.

sioni in consiglio relative a una *persona singularis*; una forma semplice a due generazioni (*miles/filius militis*) per i divieti fatti ai *milites* di scendere in piazza;[15] e una forma generica, potenzialmente ampia, che include la stirpe, per i "*milites* vel de militare stirpe", intendendo stirpe «unde sit vel fuerit miles qui habet arma» della stessa insegna.[16]

Sono metodi ampiamente usati da tutti i comuni di Popolo. A Siena nel 1277 la lista dei magnati è fatta per "casati", comprendendo anche i figli. A Firenze, la lista originaria del Libro del Chiodo era ugualmente organizzata in *domus* che abbracciavano più famiglie indicate solo con il cognome; nel 1286, invece, si decise per un criterio aperto: erano da intendere come "nobili e potenti" quelli nella cui *domus* si trovava un *miles* da 20 anni in qua.[17] È evidente che l'estensione ai figli era sempre possibile e spesso praticata, ma il grosso della parentela occupava soprattutto i legami orizzontali della famiglia: fratelli, nipoti (figli di fratelli).

Nella seconda metà del Trecento prese forma un processo diverso: l'estensione agli eredi dei provvedimenti presi per i singoli, attraverso il prolungamento del valore delle prime liste duecentesche. Così, per esempio, a Bologna erano da considerare banditi o magnati anche i figli delle persone inserite nelle liste originarie del 1274-77. Il prolungamento genealogico delle liste duecentesche divenne una vera ossessione del Popolo, un estremo tentativo di fermare il processo di mobilità sociale e politica che, nella seconda metà del Duecento, aveva profondamente cambiato le società cittadine. Il tentativo riuscì solo in parte, ma fu in grado di creare, nel breve termine, un robusto apparato amministrativo e documentario che tendeva a fissare le condizioni dei cittadini riusando e aggiornando le liste redatte nei decenni precedenti. Le liste redatte 30 o 40 anni prima furono così "riattivate" per comprendere gli eredi delle persone escluse, come bandite o sospette.

A Bologna, il complesso meccanismo burocratico di definizione della condizione di Lambertazzo – e quindi di sospettato politico – aveva fin dall'inizio preso in considerazione la dimensione familiare dell'appartenenza alla fazione ghibellina: oltre alle persone direttamente implicate,

15. *Statuti di Pistoia*, p. 120: «quod miles vel filius militis non trahat ad rumerem populi... pedester vel equester».

16. Ivi, p. 129, ordinamento sul divieto di fideiussione «nec miles nec alius de militari stirpe».

17. Silvia Diacciati, *Popolani e magnati. Società e politica nella Firenze del Duecento*, Spoleto, Centro italiano di studi sull'alto medioevo, 2011, p. 294.

dovevano essere colpiti gli ascendenti e i discendenti che condividevano con il soggetto una condizione di sospetto prolungata nel tempo.[18] I provvedimenti degli anni Settanta-Ottanta del Duecento, avevano esteso le esclusioni ai fratelli, ai figli, ai nipoti delle persone bandite o censite in qualche elenco. Nel 1289 furono compresi anche i padri e gli zii paterni; nel 1292, aumentando il distacco dalla lista base del 1272, si ampliò ancora il raggio parentale: furono compresi tra gli esclusi «padre, *nonno*, fratello, padrino vivente o no».[19] Così non sorprende che la prima lista di banditi del 1277 – rifatta nel 1282 e poi nel 1294 – avesse generato un meccanismo di riconoscimento di possibili nemici del regime in base alla semplice discendenza familiare dalle persone inserite in quel primo elenco. Si creò un meccanismo di controllo prolungato nel tempo: gli eredi dei banditi erano "Lambertazzi" in potenza, persone comunque sospette che non dovevano entrare nei consigli comunali.[20]

Su questa base, durante i rivolgimenti che erano seguiti alle lotte interne al mondo guelfo tra il 1303 e il 1306, il libro dei banditi del 1277 fu aggiornato e ripreso in un nuovo elenco di Lambertazzi redatto nel 1308: un grande registro di banditi da punire con una tassa speciale, composto da tutti i nomi che si trovavano nelle liste precedenti – dalle prime del 1274 a quelle del 1277, alla nuova lista aumentata del 1287 – passando per le varie liste intermedie del 1301-1306. A questo già lungo «elenco degli elenchi» si aggiunse – ed è il vero aggiornamento genealogico – anche un nuovo registro con i nomi dei figli dei Lambertazzi ancora sospetti; all'elenco parrocchia per parrocchia dei vecchi banditi furono aggiunti «i nomi dei figli e dei discendenti per linea maschile, tanto legittimi quanto naturali».[21] Ecco, i figli venivano schedati come continuatori di una discendenza sospetta, prolungando, dopo trent'anni, l'esclusione delle prime famiglie ribelli.

Il criterio genealogico si ritrova anche nello statuto del 1335, dove le rubriche che sancivano l'esclusione dei banditi erano estese anche ai figli dei banditi lambertazzi, così come per le famiglie riammesse erano sempre considerati i «patres et ascendentes; ipse vel eius ascendens vel descedens».[22] Estensioni genealogiche ancora più ampie si hanno nel capi-

18. Milani, *L'esclusione dal comune*, pp. 212-219.
19. Blanshei, *Politica e giustizia*, p. 157.
20. Ne parla diffusamente Blanshei, *Politica e giustizia*, pp. 210-212.
21. Milani, *L'esclusione dal comune*, p. 391, nota 33. ASBo, *Elenchi I*, c. 82r.
22. *Lo Statuto del Comune di Bologna dell'anno 1335*, p. 104.

tolo che disciplinava l'ingresso nelle società di Popolo, la partecipazione più qualificata al mondo lavorativo e politico della città. Quasi tutte le categorie di persone ammesse – o escluse – dalle *societates* ereditavano le condizioni dei genitori e le trasmettevano ai figli. E Bologna non era un caso isolato.

Il riuso a distanza di decenni delle liste originarie era infatti una prassi ben conosciuta in altre città guelfe. Un sistema molto simile è stato posto in atto a Firenze, dove le originarie liste antighibelline furono costantemente riscritte e riattualizzate sia dalla Parte Guelfa sia dal Comune. Lo stesso volume conservato del Libro del Chiodo, che tramanda le liste del 1268, risale in realtà agli anni Cinquanta del Trecento, con precisione al 1358, quando le liste vennero appunto riaggiornate e usate come elenco di famiglie sospette "a posteriori".[23]

Ma il momento di maggiore uso estensivo di queste liste fu durante i disordini del 1378, quando la crisi della parte guelfa e gli scontri interni al Popolo raggiunsero il momento più alto. In quell'anno, una feroce lotta interna alla parte guelfa favorì la nascita di un cospicuo flusso di denunce anonime contro persone che volevano ricoprire uffici pubblici, pur venendo da (antiche) famiglie ghibelline. Denunciare un antenato ghibellino serviva a mettere in difficoltà un nemico politico e soprattutto a impedire l'accesso agli uffici del Popolo a persone avversarie, ma interne allo stesso schieramento guelfo. Le denunce, proprio per il manifesto carattere politico, prendevano i nomi dei "ghibellini" dai libri redatti decenni prima e ancora presenti negli archivi della Parte guelfa, risalendo, spesso, alla prima lista originaria dei ghibellini del 1268 quella chiamata di "re Carlo" (d'Angiò). Da qui la necessità di ricostruire l'albero genealogico per collegare la persona da colpire (nel 1378) con un antenato di un secolo prima. Questa è l'operazione che ci interessa direttamente.

I gradi di precisione sono diversi. Si va dalla semplice indicazione della pagina del libro "di Carlo" (la lista originaria del 1268) dove trovare

23. Si veda Maurizio Campanelli, *Ciò che la filologia può dire alla storia. vicende di manoscritti e testi antighibellini nella Firenze del Trecento* in «Bullettino dell'Istituto storico italiano per il medioevo», 105 (2003), pp. 88-247, pp. 191-197, che ha dimostrato come il Libro del Chiodo, malamente edito da F. Ricciardelli, sia in realtà del 1358. Si veda anche Id., *Le sentenze contro i bianchi fiorentini del 1302*, in «Bullettino dell'Istituto storico italiano per il medioevo», 108 (2006), pp. 188-377. Sulla gestione del bando è tornato distesamente Vieri Mazzoni, *Accusare e proscrivere il nemico politico. Legislazione antighibellina e persecuzione giudiziaria a Firenze (1343-1378)*, Pisa, Pacini, 2010.

menzione della famiglia, come nel caso della denuncia contro Manetto di Giovanni Davanzati – «[...] fate cerchare *libro de Carlo*, accharta LXIIII: vederete esse la peroginia soia originale Gebillini» – a ricostruzioni familiari più complesse, che affondano nelle generazioni precedenti.

Nella denuncia contro Manno dei Boccaccio di Arduino, al momento guelfo, si ricostruì tutta la genealogia della famiglia ghibellina, arrivando al nonno, le cui colpe ricadevano sia sul figlio Boccaccio che aveva accettato molti uffici senza averne titolo sia sul nipote:

> De' quali XII conselgieri fo Ardouno Ghelgicardineli,
> de quale è disenço Boccaccio de mesere Ardovino,
> del quale Boccaccio è dissinço el dicto Manno et dui frategli;
> lu quale Boccaccio accietò multi et multissimi uffitii de le castellanerie et fo castellano a Civina nel MCCCLXXIIII et anchora più et più volte ave asccetato lu offitio del consilio et multi altri ufitii, li quali resulta en grandissima vergongia et danpno de el Comune de Florença et de la Parte Guelfa, chui Dio mantengha.[24]

Ecco il modello genealogico in funzione grazie all'uso dei libri della Parte che avevano registrato le diverse fasi della vicenda familiare di Boccaccio di Arduino. Allo schema "orizzontale" delle parentesi, che univano i parenti diretti nei libri dei banditi della metà del Duecento (per esempio il Libro del Chiodo) si è sostituita una struttura ad "albero" per discendenze, nella quale non si colpiva solo l'essere ghibellino, ma l'aver accettato uffici di Popolo *nonostante* un antenato fosse nei libri dei Ghibellini. L'obiettivo dei denunciatori, infatti, era impedire l'accesso agli uffici più che colpire i Grandi. In questa competizione, il passato pesava più del presente: era chiaro che nel 1378 erano tutti "guelfi", e magari alcuni avevano anche cambiato cognome – come usava spesso tra le famiglie riammesse – ma il ricordo del loro avo avrebbe potuto e dovuto renderli sospetti o quanto meno inadatti a ricoprire uffici della Parte in un momento di tensione interna. Poco importa che l'avo fosse vissuto un secolo prima.

Il caso di Firenze mette in scena, in maniera particolarmente violenta, una "guerra per gli uffici" che aveva attanagliato la città già nel primo Trecento, ma riflette anche la centralità che la partecipazione politica aveva raggiunto nelle città italiane del XIV secolo per definire i gradi diversi di cittadinanza. Partecipazione e appartenenza familiare si erano saldati ormai come criteri di base per guidare la selezione della cittadinanza attiva

24. Campanelli, *Ciò che la filologia*, pp. 202-203.

politicamente; a sua volta, l'attività politica era diventata il principale criterio per (ri)definire i gradi della *civilitas*, a partire dal diritto di assumere cariche pubbliche.

Questo processo di distinzione coinvolse naturalmente anche i *cives* discendenti da immigrati dalle campagne. Il prolungamento delle condizioni degli avi si rivelò una risorsa importante per legare le loro condizioni a quelle degli avi della generazione precedente. Bologna rappresenta ancora una volta un buon punto di osservazione. L'esclusione dei fumanti dalla cittadinanza non era una novità: anzi, era una regola quasi costitutiva del corpo politico urbano, che si era costruito proprio sulla differenziazione dai "non cittadini", intesi come "non estimati" in città, nonostante i provvedimenti di riammissione nel novero dei *cives* di persone che avevano ricevuto i privilegi di *citadantiam* negli anni Ottanta del Duecento (vedi capitolo 1). Tuttavia i provvedimenti di esclusione dei comitatini furono rinnovati nel corso del Trecento con un intento strumentalmente politico: indebolire le basi giuridiche della *civilitas* degli immigrati recenti. Così, in una riformagione del 1303, si ribadiva il divieto per i comitatini di entrare nelle maggiori istituzioni di Popolo, estendendo la proibizione anche ai figli:

> che nessuno che non sia vero cittadino della città di Bologna, o i suoi discendenti, non sono o furono veri cittadini della città di Bologna, non possano essere Anziani, o Consoli del Popolo di Bologna, ne debbano essere del consiglio del Popolo né avere alcuno ufficio nel comune bolognese, né essere delle società del popolo e delle armi di Bologna.[25]

In effetti, l'accesso alle società di Popolo restò un tema controverso per i non-*cives*; le rubriche statutarie dove meglio emergono i contorni della loro esclusione sono proprio quelle che regolavano l'iscrizione alle società e la partecipazione ai consigli. La rubrica 232 del libro VIII dello statuto bolognese del 1335, che tratta, appunto, «de hiis qui possunt esse de societatibus», si apre con un lungo elenco di esclusi: erano esclusi i magnati, i nobili del contado, i fumanti o gli estimati nel contado e i *discendenti* dei fumanti per linea mascolina (da notare la perfetta equivalenza tra «descedens ex fumantibus» e «extimatis in comitatu»). Escluso anche

25. ASBo, *Riformagioni dei consigli minori*, c. 39r: «quod aliquis qui non sit vere civis civitatis bononienis, vel eius descendentes non sunt vel fuerunt vere cives civitatis Bononie, non possint esse antiani vel consules populi bononiensis, nec esse de consilio populi, nec habere aliquod officium in comune bononiense, nec esse in aliqua societate arcium et armorum populi bononiensis».

chi era rustico e *habitator* nelle terre del contado, compreso il padre e l'avo, – quindi i parenti maschi di due generazioni precedenti – e ogni altra persona, anche residente in città, con cui si avevano beni in comune iscritti all'estimo.[26] È un elenco articolato, che intendeva colpire tutte le situazioni ibride, sia sul piano residenziale (abitanti in città ma estimati nel contado) sia su quello parentale (abitanti del contado, ma con beni in comune con persone estimate in città).

Altrettanto severo era il sistema di riconoscimento dei *forenses*, dove per *forenses* si dovevano intendere quelli "non iscritti all'estimo", riferendosi però all'estimo del 1309, quindi di più di 20 anni prima; la platea dei forensi veniva ampliata in maniera retroattiva.[27]

Il capitolo, inoltre, estendeva il divieto anche a tutta la parentela da parte di padre e a quella orizzontale – «ipsi vel eorum ascendentes per masculum vel fratrem, matres, patrui» – con un'ampiezza raramente specificata in questi termini negli statuti. Esiste un'eccezione anche in questo caso: che i loro *ascendenti* abbiano vissuto continuamente a Bologna per 25 anni o abbiano ricevuto una speciale autorizzazione del consiglio – «quod cives seu de Populo civitatis Bononie intelligantur» –[28] a conferma che la condizione di *civis* o di *non civis*, fissata dai libri, poteva essere modificata solo attraverso una decisione politica.

Non per questo le liste avevano perso di senso, tutt'altro. Il libro in forma di lista valeva sempre come termine *a quo*, a partire dal quale si poteva estendere l'esclusione ai discendenti. Lo si vede chiaramente in un'altra rubrica che definiva i *fumanti*, inchiodati per generazioni alla loro condizione rusticale. I fumanti sono identificati, in primo luogo, dalla loro iscrizione nell'estimo del contado, che doveva far fede anche per determinare la condizione dei discendenti.[29] Questi dovevano pagare gli oneri reali e personali *solo* nella località in cui erano iscritti, e alla quale restavano

26. *Lo statuto del comune di Bologna dell'anno 1335*, p. 880: «rusticus habitator alicuius terre comitatus Bononie vel aliquis alius qui non haberet extimum eidem factum per officiales ad hoc specialiter deputatos, ipse, vel pater eius vel avus vel alius sive alia persona maior domus cum qua haberet bona comunia et solvat collectas et faciat publicas factiones in civitate Bononie».

27. *Ibidem*, «omnes qui non haberent extimum in comuni Bononie ad extima generalia civitatis tempore Bertholdi de Malpilis (1308)».

28. Oppure abbiano ricevuto un beneficio dal consiglio del Popolo, cfr. ivi, libro VIII, cap. 232, p. 879.

29. Ivi, libro VIII, c. 239, p. 891.

incardinati a tempo indefinito. La rubrica prosegue infatti con una serie di norme sull'estimo futuro, caso davvero eccezionale, disciplinando il modo di estimare gli eredi delle persone presenti nell'estimo precedente del 1331: in primo luogo, nel nuovo estimo dovranno essere iscritte anche le mogli degli estimati nel contado, per i beni relativi ai comuni del contado; poi le vedove, a meno che non fossero figlie di cittadini, anch'esse tassabili solo per i beni situati nei comuni del contado.[30] Di più, per togliere ogni ambiguità si dispose che tutti i beni pertinenti ai fumanti dovessero essere *in perpetuo* obbligati al comune di Bologna, legando in modo indissolubile la condizione fiscale delle persone dal possesso di beni dal contado: «diciamo che i beni ora pertinenti e che in futuro lo saranno a tali fumanti, estimati e discendenti o abitatori, siano e in perpetuo siano intesi come obbligati al comune di Bologna».[31]

Nell'intenzione degli statutari, la dipendenza patrimoniale dei fumanti dalla città doveva durare anche nelle generazioni successive e il criterio genealogico serviva, appunto, a mantenere stabile il legame fra le persone e i beni definiti negli estimi dei fumanti. L'estimo diventava (o sarebbe dovuto diventare) una lista chiusa sia per i *cives* sia per i fumanti.

In questa prospettiva, il frequente riferimento al libro di estimo del 1308 assunse una funzione ordinatrice: serviva a segnare un inizio, una "lista originaria" a partire dalla quale si verificavano le discendenze di non-cittadini, fissando la condizione di fumante a un quadro fiscale di decenni prima. Così fu nella rubrica statuaria del 1335 per l'ammissione nel consiglio dei Quattromila, con il divieto previsto per i "fumanti", esteso ai discendenti maschi delle persone "iscritte nel libro dei fumanti" nell'estimo generale di Bertoldo di Malpigli del 1308;[32] e lo fu anche nel 1388, quando si qualificarono come *cives* solo quelli iscritti nell'estimo cittadino del 1308, quasi 80 anni prima: «quelli o i loro ascendenti per via maschile che avevano l'estimo, all'estimo generale del 1308, al tempo di Bertoldo

30. Ivi, p. 893, La norma è complicata: la figlia di un uomo estimato nel contado che sposa un *civis* non è tenuta al pagamento delle tasse rusticali, a meno che non sia erede di tale fumante; allora è tenuta «tamquam heres et pro portione hereditaria» e per l'estimo che la persona, di cui era erede, aveva «in dicta terra tempore mortis sue». La persona tassabile viene qualificata in base alla localizzazione dei suoi beni.

31. Ivi, p. 894: «dicimus quod bona nunc pertinentia, et que in futurum pertinebunt ad tales fumantes, extimatos, discendentes vel habitatores, sint et esse intelligantur *perpetuo* obligata comuni Bononie».

32. Ivi, p. 106.

di Mapligli podestà o quelli che da allora hanno meritato il beneficio di cittadinanza dal consiglio del popolo di Bologna».[33]

Il quadro offerto dalla situazione bolognese della seconda metà del Trecento, erede di una stagione tormentata del regime di Popolo, conferma quindi una volontà generale di "fermare" il corpo politico urbano attraverso un meccanismo di estensione genealogica che prolungava le condizioni sociali e giuridiche degli avi stabilite decenni prima e determinava quella dei discendenti: sia per i *cives* sia per i comitatini che abitavano in città. E la fermava a un momento preciso della storia cittadina: quell'estimo del 1308-9 che segnò, in qualche modo, il coronamento delle normative del regime dei Guelfi neri, teso a ricostruire un comune di Popolo depurato dai ribelli e dai comitatini. Prendere come punto di partenza quel momento fu una scelta condivisa da tutti i regimi successivi, che si sforzarono di usare il termine del 1308 come "lista matrice" degli status personali fino alla fine del secolo.

3. *L'invenzione dell'*origo*: restringere e selezionare la cittadinanza*

Quest'opera di selezione aveva come presupposto, a Bologna come altrove, un'accezione naturale della *civilitas*, fondata sulla nascita e la discendenza da genitori, a loro volta definiti come *veri cives*. Il ricorso crescente alla categoria dell'origine (*origo*) – nozione presente già nel XII secolo – costrinse i governanti a marcare una distanza più netta con i "non oriundi", i forestieri e gli immigrati che risiedevano in città senza però avere un riconoscimento formale della loro residenza. Le aperture verso gli immigrati residenti in città da 5 o 10 anni – ancora presenti negli statuti della metà del Duecento – sembrano ridursi nel corso del secolo successivo, salvo alcuni casi di riapertura in momenti di eccezionale crisi demografica o politica; in ogni caso, i singoli provvedimenti non erano più sufficienti ad assicurare la piena partecipazione politica delle persone classificate ora come non originarie.

33. ASBo, *Provvisioni in capretto*, II, f. 153v: «qui vel eorum ascendentum per masculinum extimum haberent ad extima generallia dicte civitatis in millesimo trecentesimo octavo tempore domini Bertoldi de Malpiglis potestatis Bononie vel abinde retro vel qui abinde citra meruerunt beneficium citadinantie a conscilio populli Bononie»; citata in Clement Carnielli, *1388: l'altra liberazione dei servi di Bologna. Libertà comunali e disuguaglianze fiscali alla fine del XIV secolo*, in «Quaderni storici», 167, 2 (2021), pp. 471-495, qui p. 478.

A una lettura ravvicinata delle legislazioni urbane del XIV secolo, l'*origo* si rivela infatti un criterio estremamente flessibile, in grado di articolare la cittadinanza in direzioni molto diverse: da un lato favoriva l'esclusione di alcune categorie di immigrati più o meno recenti, dall'altro permetteva, mediante una cessione per privilegio, l'estensione della *civilitas* a persone ritenute utili alla città anche se nate altrove. Si tratta quindi di uno strumento bifronte – che distingueva nel momento in cui includeva – reso ancora più ambiguo dalla stessa indeterminazione del concetto di origine. La dimensione naturale della nascita veniva così usata in maniera strategica per disciplinare il passaggio da una categoria all'altra.

Le questioni aperte, del resto, erano numerose. Bartolo da Sassoferrato poteva affermare, in maniera forse troppo perentoria, che la *civilitas* era sempre politica perché, anche se esistevano persone che erano *cives naturaliter* e altre *civiliter*, tutti erano cittadini *civiliter* vale a dire dichiarati tali in base a una decisione della repubblica. In sostanza non si diventava *civis* solo grazie alla nascita, – «et nascendo quis *non* efficiabatur civis» – ma in virtù di un atto politico della città che diventava il vero agente generatore della cittadinanza.[34] Ne usciva sminuita l'origine intesa come nascita, a vantaggio di una dimensione interamente politica dell'appartenenza civica: «essere cittadino non è un atto naturale ma di diritto civile».[35]

Non era questa la posizione prevalente della cultura giuridica del tempo, come hanno dimostrato gli studi magistrali di Julius Kirshner. Pochi giuristi riuscivano a rinunciare all'elemento naturale come dato oggettivo: Alberico da Rosciate si appoggiò all'adagio romanistico che le "cose naturali non si possono cambiare". Anche Baldo degli Ubaldi, pur riprendendo la soluzione del maestro, non poteva far a meno di ricordare come la sostanza naturale dell'*origo* non poteva essere cancellata: si poteva *fingere* che una persona nata in città e una forestiera fossero uguali ai fini del diritto, ma «nessun artificio, nessun ingegno umano poteva far diventare veramente originaria una persona non nata in quel luogo».[36] La *civilitas* in

34. Si veda il saggio seminale di Julius Kirshner, "*Civitas sibi faciat civem": Bartolus of Saxoferrato' doctrine on the making of a citizen*, in «Speculum», 48 (1973), pp. 694-713: «Unde non est dicendum quod quidam sunt cives naturaliter, quidam civiliter. Immo est dicendum quod omnes sunt cives civiliter: aliqui propter naturalem originem, aliqui propter aliam causam».

35. Ivi, p. 713.

36. Julius Kirshner, Ars imitatur naturam: *A Consilium of Baldus on Naturalization in Florence*, in «Viator», 5 (1974), pp. 289-332: «Nulla enim ars et nullum ingenium hominis

generale (*genus*) era data dallo stato, ma rimanevano due *species* diverse: quella dovuta alla nascita e quella conferita dal potere pubblico.

Tra i poli di questa tensione – equivalenza e finzione – ha preso forma nel corso del Trecento un discorso pratico sull'*origo* come nuovo criterio per determinare una gerarchia dei *cives* in base alle possibilità di partecipazione alle istituzioni. È bene dunque distinguere le diverse articolazioni, cercando di cogliere, dietro le sfumature del linguaggio normativo, gli elementi di una nuova disciplina politica della cittadinanza in grado di creare una gerarchia di cittadini in base alla determinazione arbitraria della loro origine. Questo dispositivo era naturalmente pensato per imporre nuovi limiti alla partecipazione alle cariche istituzionali maggiori della città. Paradossalmente la visione di Bartolo, in apparenza la più astratta, era quella che si avvicinava di più alla realtà: esaltando la dimensione politica della *civilitas* Bartolo metteva in luce la natura artefatta e ideologica della stessa *origo*.

Che il criterio dell'origine funzionasse come freno e limite alla partecipazione politica non vi è alcun dubbio. In quasi tutti gli statuti del primo Trecento, il richiamo all'origine aveva una funzione di contrasto verso una categoria di forestieri, ritenuta inaffidabile e poco conosciuta, che poteva anche vivere in città, ma con dei limiti: in linea generale, i forestieri, i comitatini o gli immigrati recenti non potevano accedere alle cariche maggiori dei governi comunali e delle società di Arti. Naturalmente non era un limite rigido. Come quasi ogni norma statutaria, anche l'esclusione dei forestieri conservava ancora un certo grado di flessibilità, soprattutto sotto i regimi di Popolo che tendevano a far prevalere, quasi sempre, i criteri di opportunità o di fedeltà politica alle regole di esclusione. In altre parole, la spinta verso l'emarginazione delle componenti di più recente immigrazione era inquadrata in un più generale sistema di controllo delle soglie di accesso alla *civilitas* politica come mostrano gli statuti del primo Trecento.

Nello statuto di Siena del 1309, per esempio, si dispose che per essere eletti nei consigli del comune bisognava essere abitanti "assidui" da almeno 10 anni,[37] lasciando aperta la possibilità di essere ammesso nel consiglio anche prima di 10 anni, se il consiglio stesso lo riteneva utile: «et eccetto se

poterit facere eum esse originalem verum in carentibus origine, sed bene potest inducere similitudinem esse et fictionem».

37. *Il costituto del Comune di Siena*, cap. 243, p. 57: «et neuno sia né essere possa del deto conseglio consellieiri se prima non abiterà ne la città di Siena per cittadino assiduale per X anni».

alcuno del contado di Siena diventerà cittadino, overo giamai diventoe che paia *utile* alle sopradecte electioni, possa essere del conseio sopradecto, nonostante che per X anni non sia abitato».[38]

A Firenze si stabilì una gerarchia più pregnante sul piano politico: non poteva essere eletto Console delle Arti – nell'ordine – chi non era guelfo, devoto alla chiesa e *oriundo* della città di Firenze o del suo contado e allibrato a Firenze da almeno dieci anni.[39] Una serie di criteri dove l'origine serviva a connotare in senso cittadino le cariche politiche maggiori, ma sempre dopo l'accertamento della fedeltà politica dei candidati.

Nello statuto del 1355 il dispositivo si irrigidì: il divieto fu esteso, per tutti gli uffici comunali, a chi non fosse un *vero civis* per nascita o per origine paterna. Per i forestieri era quindi necessario provare una *civilitas* acquisita grazie a una lunga residenza, confermata da un'inchiesta sulla *publica fama* della persona tra i vicini nella sua parrocchia. Il grado di inserimento dei forestieri doveva essere verificato localmente, caso per caso, per vedere fino a che punto i nuovi *cives* sentivano per la città «uno zelo come veri figli verso la vera madre».[40]

Più ambigua la norma dello statuto di Perugia del 1342, dove apparentemente l'accesso al Priorato era aperto a tutti, anche agli originari del contado, purché "nativi" della città o del contado, in apparente contrasto con un'altra norma del 1319 che invece impediva di eleggere in consiglio gli abitanti del contado divenuti cittadini grazie a una sentenza prima che fossero trascorsi 10 anni.[41] In questo caso, dunque, si poneva l'accento

38. Ivi, p. 208.

39. *Statuto del Capitano del Popolo degli anni 1322-1325*, in *Statuti della repubblica fiorentina*, editi a cura di Romolo Caggese, ristampa a cura di Giuliano Pinto, Francesco Salvestrini e Andrea Zorzi, Firenze, Olschki, 1999, p. 231: «quod nullus possit esse consul aliquarum artium *nisi* sit guelfus fidelis et devotus Sancte Romane Ecclesie, *oriundus* de civitate vel comitatu Florentie, et nisi fuerit *habitator* et *allibratus* in civitate, ipse vel eius antecessor in civitate, iam sunt decem anni, et nisi fuerit approbatus pro guelfo pro dominos Priores et Vexilliferun iusticie».

40. Si veda Laura De Angelis, *La cittadinanza a Firenze (XIV-XV secolo)*, in *Cittadinanza e mestieri. Radicamento e integrazione nelle città bassomedievali*, a cura di Beatrice Del Bo, Roma, Viella, 2014, pp. 141-158.

41. *Statuto del comune e del Popolo di Perugia del 1342 in volgare*, a cura di Mahmoud Salem Elsheikh, Perugia, Deputazione di storia patria per l'Umbria, 2000, vol. I, libro I, cap. 92, p. 313: la rubrica ha per titolo: *Ke glie non native de la cità overo contado de Peroscia a certe offitie non s'eleggano* e continua «Per lo presente capitolo n'aducenmo a statuire che niuno el quale non sia natio de la citade over del contado de Peroscia possa essere electo, essere

sulla durata della residenza in città che doveva garantire una sorta di acquisizione dei diritti mediante una permanenza prolungata. Al contrario, i contadini che avevano ottenuto una sentenza di cittadinanza – ed erano quindi iscritti all'estimo urbano – ma che non avevano abitato in città negli ultimi cinque anni, perdevano la qualifica di *cives*.[42]

In tale contesto, lo statuto di Bologna del 1335 presenta uno spiccato carattere di originalità, sia per la presenza quasi ossessiva della condizione del *civis orginarius* come criterio di base per accedere alle cariche istituzionali; sia per l'estensione sistematica delle condizioni civiche (*civis* o non *civis*) ai discendenti e agli ascendenti, sempre nell'intento, come si è visto, di fissare linee genealogiche di veri cittadini per trasmissione familiare. I criteri per la partecipazione politica sono presenti in due importanti capitoli istituzionali dello statuto: il primo riguarda l'elezione del consiglio dei Quattromila – un consiglio largo, incaricato di eleggere tutti gli ufficiali del comune – e il secondo l'iscrizione alle società di Popolo. In entrambi si richiedeva la condizione di *civis originarius* per accedere ai diritti politici della *civilitas*. Che si tratti di una novità (per Bologna) non vi è dubbio, visto che nello statuto precedente, quello del 1287, l'*origo* era nominata pochissime volte e non giocava nessun ruolo selettivo. Tuttavia, non si tratta di un criterio assoluto. Nello statuto del 1335, il discrimine dell'*origo* era ancora temperato dalla facoltà del consiglio del Popolo di accettare l'ingresso nei consigli anche di *cives* non originari. In altre parole, queste rubriche rendono esplicita la natura pienamente politica dei criteri di partecipazione alla vita istituzionale, decisi dai governanti caso per caso, in base alla fedeltà delle persone (il buon *civis* è in primo luogo un *civis* fedele) e alla flessibilità del concetto di *originarius*, che permette-

chiamato overo recevuto ell'ofitio del priorato, del camerlengato, de rectoria ovvero di qualsiasi ufficio del comune del capitano di parte guelfa». Questa norma contrasta parzialmente con il capitolo 101, *ibidem*, p. 334 che esclude che un «contadino facto citadino possa avere l'offitio del Priorato» ma limita il divieto a 10 anni «dal di della sua receptione overo citadinanza».

42. Ivi, vol. II, libro IV, c. 63, pp. 410-411, *Ke nullo contadino sia recevuto en cetadino*; una norma assai severa che vieta appunto di ricevere come cittadino un contadino, o «amectere a libra ne ad eso livra fare en la cità de Perosia overo a *citadinanza* alcuna». Le persone che pur avendo ottenuto una sentenza non hanno rispettato i termini di fare "avetatione" (residenza) continua per cinque anni, siano reinserite nel dazio del contado. Del resto, anche nelle prime versioni delle provvigioni fiorentine in volgare, "cittadinanza" indica proprio il fatto di dimorare nelle mura cittadine, sottraendosi agli obblighi dell'imposizione fiscale nel contado: cfr. Federigo Bambi, *Una nuova lingua per il diritto. Il lessico volgare di Andrea Lancia nelle provvisioni fiorentine del 1355-57*, Milano, Giuffrè, 2009, p. 408.

va prima di escludere insiemi indistinti di persone e quindi di re-includere singoli individui, mantenendo sempre salda la posizione di preminenza oggettiva degli originari

Questo è il meccanismo che più ci interessa. La rubrica che disciplina l'ammissione al consiglio dei Quattromila, prima citata, si basa infatti su questo doppio movimento, che da un lato escludeva in maniera generica alcune categorie di persone dagli uffici comunali (*tutti* i banditi, i Lambertazzi, i forestieri, i comitatini) e dall'altro le riammetteva in base a provvedimenti ad hoc presi dal governo comunale.[43] Vediamone alcuni esempi. Esclusi senza appello erano i lavoratori impiegati in mestieri umili – «qui propris manibus ipsam artem operetur» (*molinari*, fornai, portatori di sacchi, vetturali) – e i lavoratori della terra occupati in *laboreria rusticana* per la maggior parte del tempo. Ugualmente esclusi senza eccezioni erano tutti quelli *non* iscritti all'estimo della città e tutti i fumanti iscritti nell'estimo dei fumanti e i loro discendenti, anche se abitavano in città.[44] In questo caso la linea di demarcazione creata dagli estimi era netta, soprattutto sul piano del prolungamento genealogico della condizione di iscritto/non iscritto.

Un grado alto di esclusione viene riservato a chiunque non fosse *oriundus de civitate* – lui o il suo ascendente – anche se il suo ascendente era iscritto all'estimo. Qui però abbiamo una prima eccezione: *a meno che* non avesse ricevuto il *privilegium citadancie* al tempo del capitano Guasta di Radicofani nel 1331[45] e un suo ascendente fosse iscritto all'estimo dal 1308, sotto il podestà Bartolomeo di Malpigli. Anche in questo caso valeva il principio dell'estensione e tuttavia, l'*origo* anche se presente stabilmente negli ingranaggi normativi, da sola non era sufficiente: operava come meccanismo non solo di esclusione ma di riproduzione dell'esclusione solo quando il potere politico decideva di usarla come discrimine, ma i suoi

43. Ivi, libro III, r. 1, p. 103: *Incipit liber tertius de conscilio quatuor milium.*

44. Ivi, p. 104: per i lavoratori manuali e i contadini; per i fumanti invece p. 106: «Nec aliquis fumans seu extimatus comitatus Bononie vel eius descedens per masculum vel descriptus per fumantem vel extimatio in aliquo ex libris dictorum fumantium vel extimatorum seu hominum de comitatus, eciam si habitator sit civitatis, vel natus in civitate ipse vel pater eius».

45. Ivi, p. 105: «nisi talis oriundus vel eius ascendens meruerit sententiam et consencutus fuerit beneficium citadantie tempore domini Guasti de Radecofano». Se persiste un dubbio si devono consultare le matricole delle arti per verificare la presenza come oriundo del detto ascendente.

effetti sulle persone potevano essere mitigati da quello stesso potere. Non sorprende che proprio in questo clima ideologico di conservazione degli status – con *cives* antichi rinnovati nei loro privilegi e vecchi oppositori risospinti verso l'esclusione – si sia affermata una diffusa e generica esaltazione del criterio "naturale" del cittadino nato e vissuto nella stessa città: il soggetto politico per eccellenza, portatore degli interessi collettivi e legittimato a occuparsi del corpo civico.

4. *L'articolazione artificiale della cittadinanza nel XV secolo: i privilegi di cittadinanza e la frammentazione delle forme di appartenenza*

Tuttavia, il criterio del cittadino originario rivestì una funzione importante per la nozione di cittadinanza in generale anche per il suo effetto di proiezione speculare del suo contrario: proprio la valorizzazione della cittadinanza *naturale* consentiva di immaginare una cittadinanza *artificiale*, permettendo, in tal modo, di creare modelli fittizi di condizioni civiche diverse e individualizzate.[46] Grazie all'analogia – e poi alla finzione – era possibile far diventare un forestiero un nuovo *civis*, simile a quello originario, oppure, in una fase più avanzata, era possibile considerarlo *come se* fosse veramente originario, permettendo ai governanti di usare con generosità il privilegio di cittadinanza *speciale* per premiare i propri amici e alleati o integrare le popolazioni urbane con nuovi residenti equiparandoli formalmente agli originari. In realtà, proprio l'operazione di equivalenza tra le due forme ne metteva in luce le differenze sostanziali, perché la somiglianza, comunque, non era identità. Erano due cittadinanze diverse. Così la diffusione delle cittadinanze *ficte* favorì una riflessione profonda su cosa si intendeva per *civilitas*, da quali azioni era caratterizzata, a quale combinato di diritti e doveri poteva dare accesso. Sul contenuto reale di questa *civilitas* artificiale vale la pena insistere, per capire gli effetti della creazione di un doppio speculare alla cittadinanza che rimodellò ulteriormente i confini dell'appartenenza alla città.

Partiamo dal caso più noto e studiato di integrazione programmatica di forestieri: Venezia. A Venezia la disciplina della concessione della cittadinanza era graduata, come è noto, in base al raggio dell'azione economica

46. Yan Thomas, *Fictio legis. La finzione romana e i suoi limiti medievali*, Macerata, Quodlibet, 2016.

consentita ai beneficiari: nella legge del 1305 si distinguevano cittadini *de intus*, che potevano commerciare all'interno del dominio e cittadini *de extra* autorizzati a condurre operazioni economiche anche nei territori d'oltremare.[47] Per il primo tipo di privilegio bisognava avere una residenza fissa di almeno 10 anni (portati a 15), per il secondo, *de extra*, gli anni salivano a 25. Per accertare la durata della residenza serviva la testimonianza giurata dei vicini o delle persone che conoscevano il richiedente, prassi diffusa anche in altre città.[48] Era possibile, sempre per mezzo di suppliche, chiedere la cittadinanza anche se non tutte le condizioni erano soddisfatte e ottenere una cittadinanza de *grazia*; ma si tratta, appunto, di eccezioni, dipendenti dal volere del Senato.

Tuttavia, nel corso della seconda metà del Trecento, le leggi sulla cittadinanza cambiarono con grande rapidità, soprattutto dopo la peste del 1348, quando la città si scoprì spopolata e depauperata. La rigida distinzione fra *intus* et *extra* – e le relative durate della residenza per essere considerato *civis* – furono piegate più volte alle necessità pragmatiche del governo veneziano, in una continua deformazione dei criteri di ingresso nella *civilitas* veneziana. Il dossier raccolto da Reinhold Mueller è ricchissimo di esempi in tal senso. La provvisione del 1348, presa «pro multiplicatione populi et habitatione plena», – come molte altre nei decenni seguenti – stabiliva che chiunque arrivasse con moglie e figli per abitare a Venezia e pagare le tasse «sia considerato e sia nostro cittadino e veneto *de intus*, come sono gli altri nostri cittadini, che hanno abitato (a Venezia) per 15 anni»,[49] con una diminuzione netta rispetto al termine normale. Norme simili furono approvate nel 1350, con estensione del

47. Studiata da Reinhold Mueller, *Immigrazione e cittadinanza nella Venezia medievale*, Roma, Viella, 2010, che ha messo online le 3627 concessioni di cittadinanza emesse dalle magistrature venete fra XIV e XV secolo.

48. Matteo Casini, *La cittadinanza originaria a Venezia tra i secoli XV e XVI. Una linea interpretativa*, in *Studi veneti offerti a Gaetano Cozzi*, Venezia, Il Cardo, 1992, pp. 133-150. Una volta che i richiedenti avessero dimostrato di avere i requisiti necessari, la concessione della cittadinanza era quasi automatica, come mostrano gli scarni formulari delle delibere del Senato: «fiat privilegium a qui fuit de ora habitat Venetiis secundum usum prout consulunt provisores comunis, penes quos hoc legitime probavit», in *Venezia-Senato, Deliberazioni Miste*, reg. XXXIII (1368-1372), a cura di Andrea Mozzato, Venezia, Istituto Veneto di scienze, lettere et arti, 2010, pp. 4-6.

49. Mueller, *Immigrazione e cittadinanza*, p. 106: «habeatur et sit noster civis et venetus de intus solum, sicut sunt ceteri nostri cives qui habitassent annis quindecim».

privilegio ai *cives de intus* che abitavano da almeno 10 anni a Venezia.[50] Nel 1355, sempre per ragioni di popolamento («ad reducendum gentes»), si abbassò a 5 anni (da 15) il tempo per i nuovi venuti per acquisire la cittadinanza *de intus*.[51] Nel 1358 si cambiarono i termini per i cittadini *de extra*: erano dichiarati tali dopo 5 anni (e non 25) quelli che abitano a Venezia già da 10.[52] Nel 1379, dopo la guerra di Chioggia, si conferì il privilegio di cittadinanza assai ampio a persone che avevano dimostrato particolare fedeltà durante la guerra: «quelli che si comportano bene nei nostri affari, avendo il potere ducale costatato il loro buon comportamento, possano, in detto consiglio, diventare cittadini veneti nostri *de intus* e *de extra*»,[53] dove appunto quel "diventare" (*fieri*) è indicativo della natura trasformativa dell'atto politico preso dal consiglio. *Ipso facto de intus* erano i nuovi venuti nel 1391, e solo dopo 5 anni diventavano *de extra* «sicut fit illis de vigintiquinque».[54] Termini dunque mobilissimi, che potevano essere accorciati a piacimento grazie alla flessibilità con cui le regole della *civilitas de intus et extra* venivano intese a adattate dai governanti veneziani. Una flessibilità che valeva a maggior ragione nelle colonie, dove, sempre in ragione del criterio del popolamento e dell'*utilitas* economica e militare della repubblica, si potevano trasformare in "cittadini" le popolazioni locali, anche immigrate di recente. Così, nel 1339 si concesse ai consoli di Trebisonda, nel Mar Nero, la possibilità di fare (diventare) *cives* le persone che ritenevano utili: «possa fare diventare veneti, come a lui o alla maggior parte di loro sembrerà opportuno, e una volta fatti veneti, da loro o dalla maggior parte di loro (i consoli) siano reputati e trattati come veneti».[55] A Negroponte nel 1353 si diede una cittadinanza a tempo: tutti gli abitanti erano veneti «fino a quando essi abiteranno e resteranno con le loro famiglie» («tantum quantum ipsi habitabunt et stabunt cum suis familiis»);[56] come a Corone e Motone,

50. Ivi, p. 112, sempre con la solita astrazione: «ipso facto intelligatur esse ad conditionem eorum qui habitant XXV annis».

51. Ivi, p. 121.

52. E dopo 10 anni se sono nuovi arrivati, ivi, p. 124.

53. Ivi, p. 133: «qui bene se gerent in factis nostris, constando ducali dominio de bono portamento suo, possint in dicto consilio [...] *fieri* veneti nostri intus et extra».

54. Ivi, p. 143.

55. Ivi, p. 158: «possit *facere venetos* sicut ei vel maiori parti eorum videbitur, qui facti veneti per eos seu quemlibet eorum tractari et haberi pro venetis».

56. Ivi, p. 159.

dove la cittadinanza, sia de *intus* che *de extra*, poteva essere mantenuta solo se i nuovi *cives* avessero risieduto nelle colonie per più di dieci anni.

Naturalmente valeva anche il contrario: i beneficiari che non abitavano realmente in città o non pagavano le tasse potevano essere privati della condizione di *venetus*. Un pericolo che in realtà incombeva su tutti i *cives*. Una norma del 1381 puniva infatti quelli che si erano allontanati durante la guerra per non sopportare le gravezze eccezionali, indirizzando il provvedimento a tutti i *cives* (non solo ai nuovi), secondo una categoria di utilità che non faceva distinzioni fra originari e privilegiati: «questi veneti nostri non sono in alcun modo utili né vantaggiosi».[57]

Ci siamo soffermati a lungo sul caso veneziano perché meglio di altri conferma la natura totalmente politica e arbitraria del concetto di cittadinanza data per privilegio e quindi, di riflesso, anche di originario. Una natura arbitraria apertamente rivendicata dai governanti veneziani. Lo si vede bene in una lunga discussione del 1383 fra il marchese Niccolò II d'Este e il doge Venier sulla natura del privilegio di cittadinanza *de extra*. Il marchese estense si era rifiutato di riconoscere come veneto originario – e dunque persona esente dai dazi come stabilito dal patto con Venezia – un certo Dionisio de Rabuffati oriundo di Modena, *civis de extra* dal 1381, ma residente a Venezia solo da 14 anni e non da 25. Alle rimostranze della parte estense, il doge rispose con due argomenti di peso: il primo, era che il patto non distingueva fra *cives* originari e *cives ex privilegio*, «ma in generale, riguarda(va) tutti gli uomini di Venezia, di modo che i vostri ufficiali non debbano chiedere se sono cittadini originari o privilegiati»;[58] il secondo, più pregnante, è che dovevano bastare le patenti rilasciate dal governo veneziano per decidere chi fosse *civis* e chi no. Dunque, all'esterno, la divisione originari/privilegiati non valeva, mentre la semplice determinazione dell'autorità doveva garantire dello status di *civis*. La rivendicazione del doge indicava la necessità per la repubblica di continuare a usare con estrema flessibilità uno strumento di integrazione utilissimo al governo del dominio.

Il Senato e il Consiglio dei Dieci continuarono infatti a concedere, sotto forma di privilegio *per gratiam*, non solo la cittadinanza, ma la stessa quali-

57. Ivi, p. 135: «qui tales veneti nostri non sunt ullo modo utiles nec frutuosi».

58. Ivi, pp. 50-51, nota 61: «sed generaliter dicendo omnes homines Veneciarum ita quod officiales vestri non habent querere si sint cives orginarii vel privilegiati et debet eisdem sufficiere».

fica di *originarius* ancora per tutto il Trecento e il Quattrocento.[59] Nel 1485, per esempio, il Senato concesse una grazia a tre fratelli greci, i Coressi, per benemerenze acquisite verso la Repubblica. Nel formulario del privilegio si stabiliva che, da ora in avanti, i fratelli dovevano essere considerati *come se* fossero nati et educati *in hac civitate Venetiarum*; vale a dire che si donava ai richiedenti, con una finzione, la stessa naturalità dei cittadini originari.[60]

L'origine diventava così il termine di paragone per immaginare una forma di appartenenza più alta che le autorità potevano usare per integrare nuovi *cives*, ma sempre all'interno di un sistema mobilissimo di privilegi differenziati secondo la residenza, lo spazio di azione economica dei soggetti interessati e la durata della fedeltà delle persone beneficiate. È una *civilitas* segmentata e a tempo, che poteva essere data e tolta a piacimento del potere politico. L'artificialità della *civilitas* concessa aveva permesso, in sostanza, di frammentare i diritti di appartenenza alla città, moltiplicando i livelli di attività e differenziandoli in base all'utilità politica ed economica della persona.

La medesima natura frammentata dei diritti di cittadinanza la troviamo a Genova nel corso del XV secolo, dove il privilegio, concesso dietro domanda/supplica al consiglio, era graduato secondo il livello di coinvolgimento che le singole persone intendevano assumersi nella vita socioeconomica della città.[61] Il primo livello troviamo la *civilitas ad honorem* concessa a grandi mercanti internazionali, per favorire i loro investimenti nel Banco di S. Giorgio.

59. Cfr. ivi, n. 26, p. 11, autorizzazione, per grazia, a Tommaso *merciaio* della campana di far esaminare la sua domanda di cittadinanza dai Provveditori, nonostante la mancanza di testimoni; nella supplica dice di essere nato a Venezia e di abitarvi da 29 anni «et supportacione omnium factionum comunis in Veneciis et qualiter 1.350 fecit imprestita 1.000 libris, bene probavit et petebat sibi fieri privilegium», ivi, n. 278, p. 134: grazia speciale concessa a Giovanni Ugolinelli di Lucca di essere ascoltato dai provveditori di Comun per ottenere la cittadinanza nonostante la mancata osservanza del decreto del 1358.

60. Ivi, n. 278, p. 134.

61. Marta Gravela, *Frammentare l'appartenenza. Suppliche di cittadinanza a Genova e Venezia (XIV-XV secolo)*, in «Quaderni storici», 161, 2 (2019), pp. 443-476. Su Genova si veda anche Giacomo Casarino, *Stranieri a Genova nel Quattro e nel Cinquecento*, in *Dentro la città. Stranieri e realtà urbane nell'Europa dei secoli XII-XVI*, a cura di Gabriella Rossetti, Napoli, Liguori editore, 1989, pp. 137-150; Id., *Mondo del lavoro e immigrazione a Genova tra XV e XVI secolo*, in *Demografia e società nell'Italia medievale*, a cura di Rinaldo Comba, Cuneo, Società per gli studi storici della provincia di Cuneo, 1994, pp. 451-472.

In seconda battuta si poteva dare una *civilitas ad tempus* (non prevista dalla normativa) che concedeva i diritti di residenza "come i cittadini originari", ma solo per 10 anni, senza pagare le imposte dirette; trascorsi i 10 anni le persone potevano domandare di essere aggregate ai veri *cives,* sottoponendosi però alla tassazione ordinaria. Questa formula era quella più completa, anche sotto il profilo del formulario; si chiedeva di poter risiedere in città, di pagare le gabelle del comune secondo una cifra concordata:

> e sia loro concesso per il tempo in cui abiteranno a Genova di pagare solo le gabelle come gli altri cittadini di Genova e di godere dei benefici concessi ai cittadini e di pagare annualmente al comune di Genova una somma ragionevole e possibile per loro, considerata la ricchezza e le possibilità degli stessi.

Mentre nella risposta si concedeva una serie di diritti uguali a quelli normalmente spettanti ai cittadini originari; l'analogia con gli "altri *cives*" arriva appunto a considerare i privilegiati "come se fossero nati" a Genova:

> Stabilirono che siano ammessi come cittadini della città di Genova per il tempo di 10 anni, con i privilegi, i vantaggi e le utilità dei quali usufruiscono e godono gli altri cittadini di Genova che nella stessa città ebbero origine, e che sono riconosciuti spettare e competere agli stessi cittadini originari di Genova, come se gli stessi supplicanti sopra nominati e ciascuno di essi fossero veri originari della città di Genova.[62]

Stupisce trovare nel medesimo atto, al contempo, un'equiparazione così forte di condizioni e una durata limitata di tale analogia: un segno evidente di come la condizione di *civis* acquisito, anche nella sua massima espressione, fosse appunto isolabile nel tempo e nello spazio, come una veste provvisoria del "modo di stare" in città, non dello status giuridico inerente alla persona. Tanto più che l'equivalenza non era solo limitata nel

62. ASGe, vol. 501, cc. 96v-98v - Civilitas ad tempus Vincentii Aymarii et suorum (Ringrazio Marta Gravela di avermi dato la trascrizione dell'atto): «Et contentarentur pro tempore quo morarentur Ianue tantum solvere gabellas sicut ceteri cives Ianue et gaudere beneficiis concessis civibus et solvere certum quid annuatim comuni Ianue quod esset racionabile et possibile ipsis, attenta facultate et possibilitate ipsorum. Statuerunt [...] sint recepti et admisi in cives et pro civibus civitatis Ianue pro tempore decem annorum inscriptorum cum illis privillegis, commodis, obvencionibus et utilitatibus quibus utuntur, fruuntur pociuntur et gaudent quicumque alii cives dicte civitatis [...] qui in ipsa civitate traxerunt origine et que ipsis civibus Ianue originariis spectare et competere dignoscuntur ac proinde in omnibus et per omnia, ac si ipsi supplicantes superius nominati et eorum quilibet forent originarii proprii dicte civitatis Ianue».

tempo, ma anche nelle attività possibili: era infatti implicito che questo privilegio non permetteva alcun accesso alla vita politica. La clausola di esclusione si trova in tutti i formulari ed è chiarissima: «Stabilito anche che non siano intesi i predetti, o alcuno di essi, ricevuti come cittadini adatti agli uffici e alle cariche pubbliche del comune e della città di Genova, né a questi stessi incarichi si estenda la loro ammissione alla cittadinanza».[63]

Infine, esisteva una forma ancora più ridotta, la *conventio ad habitandum* riservata a persone di livello sociale basso, che permetteva di stare in città dai 3 ai 5 anni pagando una quota minima annuale, senza protezione dalle rappresaglie. In questi casi, proprio la dichiarata povertà economica dei richiedenti veniva usata come argomento a favore della concessione di una residenza senza imposizioni fiscali: avendo come unica ricchezza il "lavoro delle proprie braccia", i supplicanti chiedevano una residenza senza diritti che i governanti genovesi erano ben disposti a concedere nei momenti di necessità.

In ogni caso, dai grandissimi attori economici alla manodopera non qualificata, la *civilitas* non dava mai accesso alle cariche pubbliche; la separazione fra diritti di residenza, attività economica e partecipazione politica era un dato connaturato a qualsiasi discorso sulla *civilitas*, naturale, privilegiata o a tempo. La flessibilità delle forme di concessione della *civilitas*, in questo come in altri casi, era possibile proprio perché non intaccava il corpo politico originario, a meno di una cooptazione di individui particolari decisa dal regime.

Questa dimensione individuale è ancora più evidente nei regimi signorili a carattere regionale, come il Ducato di Milano fra XIV e XV secolo. Il caso milanese è parzialmente diverso dai precedenti, soprattutto per il rapporto gerarchico esistente tra le numerose città del dominio e l'autorità principesca che concedeva i privilegi di *civilitas* con l'intento di creare un legame personale con singoli soggetti utili al proprio sistema di alleanze. Era un progetto che, naturalmente, sovrastava gli interessi delle singole città.

Fin dalla metà del XIV secolo, il regime visconteo usò con generosità la concessione per privilegio della *civilitas* a personaggi vicini al signore.[64]

63. *Ibidem*: «Declarato etiam quod non intelligantur vel sint predicti vel aliquis eorum recepti in cives quoad officia vel honores comunis et dicte civitatis Ianue nec ad ipsos honores et officia dicta ipsorum in cives admisio se extendat non ostantibus supradictis».

64. Sugli atti di cittadinanza a Milano si vedano Giuliana Albini, *"Civitas tunc quiescit et fulget cum pollentium numero decoratur". Le concessioni di cittadinanza in età viscontea tra pratiche e linguaggi politici*, in *The Language of Political Society*, pp. 97-

Il modello di concessione presente nello *stylus curie* del Ducato prevedeva essenzialmente due cose. In primo luogo, una cittadinanza intesa come capacità di compiere una serie di azioni economiche e patrimoniali per favorire un inserimento attivo nel tessuto abitativo della città di una data persona: il *civis* per privilegio poteva commerciare, vendere e acquistare beni immobili, ottenere giustizia, difendersi in tribunale, (sempre in analogia con i diritti degli altri *cives*): «e dal giorno odierno in avanti, possono fare contratti, acquistare, vendere e alienare e fare, agire ed esercitare sia in tribunale sia fuori, come gli altri cittadini, abitanti originari della nostra città».[65]

In secondo luogo, una relativa parificazione formale con i *cives* originari che rappresentano, appunto, il modello per i nuovi cittadini.[66] Il linguaggio degli atti milanesi del tardo Trecento è ancora fluido, in bilico tra l'analogia con gli altri *cives* (*sicut*) e l'attribuzione della natura stessa di cittadino originario, che viene ricreata con una finzione uguale al modello (*ac si essent*). Gli esempi di questo scivolamento sono frequenti nelle lettere ducali, come il dispositivo di una concessione di cittadinanza del 1386 a più persone, che prevedeva due forme: la prima con cui si attribuivano ai privilegiati gli stessi diritti degli altri *cives* con un'analogia:

> che possano usare e godere di tutti i privilegi dei quali sono forniti i nostri cittadini milanesi»; la seconda, che invece equiparava, con una finzione, le condizioni dei nuovi arrivati ai *cives* naturali, come se fossero veramente nati in città: «e quindi in perpetuo siano considerati e trattati come se essi stessi e i loro antenati fossero veramente e naturalmente cittadini originari e abitanti della predetta nostra città di Milano.[67]

120; e Beatrice Del Bo, *La cittadinanza milanese: premessa o suggello di un percorso di integrazione?*, in *Cittadinanza e mestieri*, pp. 159-180.

65. Modello che si ritrova nelle lettere ducali, fra i numerosi esempi in Caterina Santoro, *I registri dell'ufficio di provvisione e dell'ufficio dei sindaci sotto la dominazione viscontea*, in *Comune di Milano. Inventari e regesti dell'Archivio civico*, vol. 1, Milano, Comune di Milano, 1929, n. 75, p. 503: «in ab hodierna die inantea contrahere, distrahere, acquirere, emere, vendere et alienare et facere, agere et exercere tam in iudicio quam extra *sicut alii cives* incolee originarii ipsius nostre civitatis possunt».

66. Albini, *"Civitas tunc quiescit"* p. 107, nota 40, atto del 3 aprile 1389.

67. Regesto in Santoro, *I registri dell'ufficio di provvisione*, registro 13, doc. 23, p. 442; testo citato in Albini, *"Civitas tunc quiescit"*, p. 111: «quod uti et perfrui possint omnibus illis privilegiis gratiis et pergratiis quibus alii cives nostri Mediolani decorantur»; «quodque perpetuo habeantur et tractentur veluti ac si vere et naturaliter forent ac fuissent *ipsi et eorum precessores* originarii cives et inchole predicte nostre comunitatis Mediolani».

Nel provvedimento finale del Duca, questa condizione viene estesa sempre ai discendenti e, con una formula ridondante, ai "discendenti dei discendenti", secondo quel criterio di estensione genealogica degli status che, nel XIV secolo, si era diffuso sempre di più nel linguaggio giuridico e normativo delle città italiane.[68] Tuttavia, la natura di questa *civilitas* non deve ingannare. Il rapporto fra i nuovi *cives* e le città era subordinato a quello tra la singola persona fedele e il principe: i consigli comunali potevano essere consultati, ma rimaneva la natura "individuale" del privilegio come espressione di una volontà sovrana verso un proprio fedele. Le città erano destinatarie del provvedimento, non ne erano autori. Di più, il Duca poteva concedere anche cittadinanze multiple, valide per più città, al di là delle volontà delle singole élites urbane. La "patente speciale" concessa ai Simonetta, a Cicco, Angelo e ai discendenti, comprendeva la possibilità di essere *civis/es* in nove città del dominio.[69] Si creava così una sorta di "super-*cives*" regionali che potevano fermarsi in diverse città per fare operazioni economiche riservate ai cittadini, senza per forza entrare nei rispettivi consigli, ammesso che questo avesse per i privilegiati un qualche interesse. Proprio la natura paradossale della multi-cittadinanza metteva in luce la sostanziale irrilevanza dell'appartenenza civica rispetto al valore politico della *fidelitas* clientelare al Duca.

Nonostante queste differenze locali, negli usi concreti del privilegio, il meccanismo di selezione basato sull'*origo* ha consentito a tutti i regimi cittadini di integrare i nuovi abitanti con valore politico differenziato. Da condizione naturale, l'origine si è trasformata in un criterio strumentale che il governo poteva assegnare come privilegio a una o più persone: poteva essere donata, estesa per legge ai discendenti, manipolata per integrare o escludere fasce di popolazione in movimento. Quello che importava, per i regimi cittadini, era conservare il controllo del meccanismo che regolava questo movimento di equiparazione tra nuovi abitanti della città e i cittadini dichiarati originari.

Soprattutto, questa equiparazione fittizia (e parziale) aveva permesso di isolare e distinguere livelli di appartenenza differenziati. I nuovi *cives*

68. Ivi, p. 110: «liberam licentiam et facultatem in perpetuum ut possitis nominatos in dictis vestris litteris cives originarios nostros Mediolani pro se suisque filiis descendentibus ad descendentibus descendentibus facere creare».

69. Per le patenti speciali si veda Maria Nadia Covini, *La patente perfetta. I privilegi accordati ai Simonetta dagli Sforza*, in *Cittadinanza e mestieri*, pp. 181-208.

erano uguali agli originari fino a un certo punto e non potevano fare tutto: la stragrande maggioranza di queste carte – indirizzate a persone di livello medio-alto, fedeli ai poteri locali o utili ai loro disegni economici – non concedeva mai un diritto di partecipazione assoluto, ma un privilegio relativo ad alcune azioni possibili, di natura economica e patrimoniale. Di fatto, queste concessioni contenevano un doppio dispositivo che, alla lunga, doveva rivelare la sua natura contraddittoria: da un lato la *civilitas* data ai forestieri doveva essere simile a quella dei *cives* originari, anzi doveva rendere i nuovi *cives* "come se" fossero originari; dall'altra, il contenuto reale di questi privilegi era essenzialmente di natura economica e commerciale e prescindeva dalla partecipazione politica, anzi in molti casi non la contemplava affatto.

Una sanzione esplicita della frammentazione del significato di *civilitas*, che distingueva un'appartenenza di base alla vita economica e sociale della città, in teoria aperta a tutti, da una partecipazione diretta alla sua vita politica, riservata a gruppi scelti di originari. Due sfere di cittadinanza sempre più distanti tra loro anche sul piano normativo e culturale.

6. La moltiplicazione dei livelli di *civilitas* e la separazione fra appartenenza e partecipazione

Nel corso del XIV secolo abbiamo già molti segnali di quanto la possibilità di accedere agli uffici funzionasse da filtro attraverso cui rimodellare il concetto di cittadinanza verso una dimensione sempre più politica e "aristotelica": il vero *civis* era quello impegnato nelle istituzioni urbane e, allo stesso tempo, non tutti i *cives* erano titolati a occupare le cariche maggiori. Quelli *ficti* furono i primi a subire la riduzione dei diritti politici quasi per decreto, ma la scure doveva cadere in un momento successivo su tutti i cittadini di basso livello sociale e di ridotta utilità economica, spesso equiparati, a torto, a immigrati recenti di scarso radicamento urbano. Una stretta che si avverte con chiarezza nella serie di provvedimenti adottati, in molte realtà urbane, per separare le categorie di cittadini e i livelli di partecipazione.

Il passaggio delicato, compiuto fra XIV e XV secolo, riguardava proprio l'unificazione di due linee di esclusione apparentemente diverse, ma unite dalla medesima spinta politica: da un lato, la limitazione i diritti dei *cives* immigrati ormai definiti come *ficti*; dall'altro, l'erosione dei diritti di partecipazione concessi in generale a *tutti* i *cives* dalle prassi elettorali dei comuni duecenteschi. Questo capitolo esamina il processo di sdoppiamento della *civilitas* che comportò una trasformazione profonda della cittadinanza nel XV secolo, rifondata sulla (quasi) completa disgiunzione fra appartenenza e partecipazione.

Naturalmente era il quadro politico generale a trasformarsi radicalmente, a partire dai processi di ampliamento territoriale degli stati cittadini, che imposero una nuova gerarchia interna, fra gruppi di cittadini impegnati nel finanziamento dell'espansione e il resto della popolazione soggetta a politiche fiscali sempre più esigenti.[1] Così come cruciale fu la trasformazione dei processi produttivi con la diffusione di gruppi imprenditoriali e bancari che imposero nuovi e più accentrati sistemi di organizzazione del lavoro e di circolazione dei prodotti finiti. Ne seguirono una graduale ma inesorabile marginalizzazione delle corporazioni artigianali, la crescita del salariato e la trasformazione dei lavoratori dipendenti in operai poco specializzati, a basso costo.[2] Un processo, quest'ultimo, molto studiato per Firenze, ma diffuso in tutte le realtà urbane italiane, che ebbe come conseguenza generale un rapido deterioramento dello status civico delle "classi lavoratrici": nel corso di pochi decenni, nella seconda metà del XIV secolo, passarono da soggetti quasi privilegiati" sul piano politico a *cives* di seconda scelta, socialmente diminuiti e di fatto esclusi dalle istituzioni di vertice.[3] Un rovesciamento quasi speculare del sistema di valori ideologici del periodo popolare duecentesco che si riflette chiaramente nel linguaggio dei diritti di cittadinanza riformulati nel passaggio fra Tre e Quattrocento.

1. *Nuove gerarchie di* cives *fra XIV e XV secolo*

Nel corso del XV secolo, questa dimensione frammentata e limitata della *civilitas* fu condizionata pesantemente da una recrudescenza della contrapposizione fra *cives* originari e *cives ex privilegio*. Quasi ovunque, specie nelle città tardo-repubblicane, si diffuse nella normativa e nel linguaggio politico una palese diffidenza verso i nuovi *cives* che rimanevano *cives ficti,* inaffidabili perché non abitavano veramente in città e non pagavano le tasse dovute oppure, pur avendo il *privilegium civitatis*, continuavano a risiedere nel contado senza pagare le tasse rusticali. Un insieme di comportamenti truffaldini che avevano costretto i governi cittadini a chiedere verifiche periodiche dell'assolvimento dei doveri pubblici da parte dei

1. Utile ancora l'introduzione del volume *Lo stato territoriale fiorentino, secoli XIV-XV: ricerche, linguaggi, confronti,* Atti del seminario internazionale di studi, San Miniato 7-8 giugno 1996, a cura di Andrea Zorzi e William J. Connell, Pisa, Pacini, 2001.

2. In generale *Storia del lavoro in Italia*, vol. 2, *Il Medioevo: dalla dipendenza personale al lavoro contrattato*, a cura di Franco Franceschi, Roma, Castelvecchi, 2017; Franco Franceschi, *"E saremo tutti ricchi": lavoro, mobilità sociale e conflitti nelle città dell'Italia medievale*, Pisa, Pacini, 2012; Richard A. Goldthwaite, *L'economia della Firenze rinascimentale*, Bologna, il Mulino, 2013.

3. Si veda, Todeschini, *Visibilmente crudeli*, capitolo 5.

privilegiati fin dai primi decenni del Trecento. La cittadinanza concessa poteva così essere sempre ritirata o sospesa se le condizioni poste nei patti non venivano rispettate.

La lotta contro gli inganni dei "villani incittadinati" era tuttavia il segno di una diffidenza più profonda nutrita dal nucleo delle élites originarie nei confronti dei *newcomers*, da tenere all'interno di una zona politicamente controllata che non doveva dare sbocchi automatici alle istituzioni. A Firenze il numero e il tono repressivo dei provvedimenti contro i *cives* infedeli furono arricchiti da motivazioni ideologiche complesse, che relegavano i nuovi *cives* in una categoria giuridica inferiore. L'inizio delle ostilità contro i *cives* per privilegio, dopo la legge del 1316 che puniva i nuovi *cives* evasori delle tasse, si deve porre, probabilmente, in una famosa norma del consiglio del 1346 – ripresa poi nello statuto del Capitano del Popolo del 1355 e in quello del 1415 – che prendeva di mira l'insieme dei *non originari* che aspiravano agli uffici pur non avendone i titoli:

> molti forestieri, soprattutto quelli con origine sconosciuta e di non provata condizione economica e legale, i quali, sotto pretesto e inganno della cittadinanza o del contadinato di Firenze, ambiscono e con ambizione chiedono e si sforzano di essere promossi e ammessi e ricevuti negli uffici e nelle cariche di detta città di Firenze come veri cittadini o comitatini di Firenze.[4]

Questi finti *cives* che venivano da lontano e «per questo non sentono l'amore naturale per la stessa città di Firenze» («et per consequens *amorem naturalem* institutum ad ipsam civitatem Florentie non gerunt») trascurando i negozi pubblici con grave pericolo per la città. Per questo era fatto divieto a chiunque fosse dichiarato forense – *per comune opinione* dei cittadini fiorentini – di essere eletto a un ufficio pagato, «anche se munito di privilegio della città di Firenze o del popolo».[5]

4. Julius Kirshner, "*Ars imitatur naturam*". *A* consilium *of Baldus on naturalization in Florence*, in «Viator» (1974), p. 301, nota 30: «multi forenses maxime origine incogniti nec sufficentia aut legalitate probati..qui sub pretextu et *ficto* colore civilitatis seu comitatitatus Florentie ...ambiunt et ambitiose querunt et conantur promoveri, admicti et recipi ad officia et honores in dicta civitate Florentie tamquam veri cives et comitatini Florentie».

5. *Ibidem*. La formulazione dello statuto del 1415 è più completa in S*tatuta populi et communis Florentie, publica autoritate collecta anno salutis MCCCCXV* Friburgi 1778-1783 tomo 2, rub. lib. V trattato I, r. 242, edita in Laura De Angelis, *La cittadinanza a Firenze (XIV-XV secolo)* in *Cittadinanza e mestieri*, p. 142: «Decernimus et declaramus quod nullus publica vel communi opinione, seu vulgo reputatus forensi vel pro forensi in civitate seu comitatus Florentie – et intelligatur forensis quantum ad predicta omnis

In altre parole, non solo, in quanto estranei, i privilegiati non amavano la patria come gli altri, ma la *communis opinio* dei veri *cives* poteva annullare il valore del privilegio concesso alle persone immigrate di recente, a dimostrazione della difficoltà di creare un sistema duraturo e costante di integrazione dei nuovi *cives* quando si trattava di delimitare l'accesso alla vita politica.

I provvedimenti presi nei decenni successivi complicarono ancora di più il quadro, perché da un lato, per ragioni politiche inerenti all'espansione territoriale del dominio furono concessi importanti privilegi a intere comunità del territorio alleate di Firenze (San Gimignano, Prato); dall'altro, si irrigidirono le norme sulla partecipazione agli uffici, escludendo le persone non iscritte alle prestanze (cittadine) da più di 10 anni. La contraddizione era stridente e diede origine a numerosi conflitti fra i cittadini per privilegio e i governi urbani. Nel 1352 ne abbiamo uno importante, inizialmente limitato alle persone che erano diventate *cives* dopo il 1348: il privilegio di accedere agli uffici riservati ai nativi doveva essere avvalorato dal pagamento di tutte le tasse comunali nei successivi cinque anni, estendendo il controllo dei privilegiati negli anni a venire.[6]

Tuttavia, negli stessi anni, Firenze concesse generosi privilegi di cittadinanza ai comuni fedeli che accettarono la sottomissione alla dominante, in particolare a San Gimignano, Prato e San Miniato. Per gli abitanti di questi centri, non solo era stata stabilita un'esplicita equiparazione ai *cives originarii* almeno finché avessero abitato a Firenze («donec habitabit in civitate predicta cum sua familia et ipsa habitatione durante»), ma anche l'assunzione di uffici dopo soli 6 mesi di permanenza in città. Non sappiamo se questo provocò veramente un'ondata di "gente nova" negli uffici, ma nei primi anni Ottanta del XIV secolo, molte normative delle Arti, stabilirono termini molto più rigidi per l'accesso alle cariche interne, di completa chiusura verso gli immigrati recenti.[7] Nel 1371, per esempio, i notai

ille qui publice communiter seu vulgo seu communi opinione civium florentinorum seu comitatinorum florentinorum, seu inter artifices artis, de qua fuerit reputatus vel habitus seu denominatus *forensis, etiam si privilegium civitatis* Florentie, seu popolaritatis haberet… seu domicilium civitatis habuisset seu habere diceretur – possit de cetero esset eligi vel assumi aliquod officium cum salario».

6. Kirshner, "*Ars imitatur naturam*, p. 296.

7. Un aumento della presenza di gente nova negli uffici era stato notato dalla storiografia su Firenze, Marvin Becker, *The arti minori of Florentine Politcs, 1342-1378*, in «Medieval studies» 18 (1956), e Gene A. Brucker, *Florentine Politics and Society, 1348-1378*, Princeton, Princeton University Press, 1962. Sul restringimento oligarchico e le

richiesero, per chi voleva essere eletto, la nascita in città anche del padre e la residenza da almeno 25 anni. Il 13 agosto 1379 passò una petizione che vietava gli uffici a quelle persone che non potevano dimostrare l'*origo*, vale a dire la nascita a Firenze del padre e dell'avo;[8] mentre nel 1404 si stabilì che i padri dei candidati agli uffici corporativi dovevano aver pagato le prestanze da più di 30 anni per le Arti maggiori e per almeno 25 per le Arti minori.[9] Una vera pietra tombale sulla possibilità di avere uffici pubblici per gli immigrati degli ultimi decenni.

Questa legge provocò numerose reazioni e le consulenze di sapienti fornite nel corso dei processi – ricostruite sempre da Julius Kirshner – mostrano bene i termini del dibattito e gli argomenti, oramai tutti ideologici, usati dalle Arti e dal Comune per difendere il provvedimento dagli attacchi dei *cives* immigrati, che reclamavano il rispetto del privilegio ricevuto anni prima. Lo scontro fra giuristi, da un lato Paolo di Castro, assoldato dal Comune, dall'altro quelli assunti dai querelanti, si appuntava sulla possibilità del comune di rompere un patto (il privilegio dato ai Sangimignanesi) con uno statuto: un'inversione grave nella gerarchia degli atti giuridici che assegnava ai patti una posizione più alta dei decreti. Per Paolo di Castro, inoltre, il privilegio dato ai Sangimignanesi non concedeva automaticamente l'eleggibilità, ma solo una *habilitas eligendi* "in potenza", come per tutti gli altri *cives*. La norma, quindi, valeva per tutti i fiorentini e i *cives ex privilegio* non potevano avere condizioni più favorevoli rispetto agli originari. L'argomento era in parte specioso, perché era vero che lo statuto del 1404 richiedeva il pagamento delle prestanze a tutti, ma il termine temporale così risalente (i padri avrebbero dovuto pagare per almeno 30 anni) avrebbe escluso di fatto tutti gli immigrati degli ultimi decenni.

Lo scontro fra *sapientes* fu in sostanza un'occasione per Paolo di Castro, da lì a poco redattore dello statuto fiorentino del 1415, per ribadire la natura fittizia e incompleta dei *cives ex privilegio*. Le parole erano simili a quelle già usate da Baldo, ma riprese in un contesto molto diverso, tendevano apertamente a sminuire la condizione dei *cives ficti*:

scelte sempre più arbitrarie dei membri del Reggimento si veda Riccardo Fubini, *Dalla rappresentanza sociale alla rappresentanza politica. Sviluppi politico-istituzionali in Firenze dal Tre al Cinquecento*, in Id., *Italia quattrocentesca*, Milano, Franco Angeli, 1994, pp. 41-61. Sullo statuto del 1415 vedi Lorenzo Tanzini, *Statuti e legislazione a Firenze dal 1355 al 1415. Lo statuto cittadino del 1409*, Firenze, Olschki, 2004.

8. Kirshner, *Paolo di Castro*, p. 239.

9. Ivi, p. 243, nota 47.

I riceventi tali privilegi non hanno una condizione migliore di quella dei cittadini veri e originari, in primo luogo perché sono cittadini quasi finti, e rappresentazione e ombra non possono consentire di fare più cose della verità; in secondo luogo, perché i detti privilegi sono concessi "a somiglianza" di quelli che hanno i veri cittadini originari.[10]

Il giurista del comune non rinunciò a rimarcare la condizione inferiore del *civis* non vero rispetto all'originario e la natura incerta della condizione simile rispetto all'originale. Inoltre, Paolo di Castro raggiunse anche un altro obiettivo: togliendo l'*habilitas eligendi* dalla sfera del patto (che non la concedeva automaticamente, come si è detto), la fece ricadere interamente nei dispositivi del governo, in qualunque modo fosse stata concessa. Alla fine di questa lunga disputa, privilegio e statuto ne uscirono equiparati di fatto, perché l'ingresso agli uffici non rientrava automaticamente nella *civilitas*, quella di base *ad omnia*, ma era una facoltà soggetta alle norme della repubblica che poteva concederla secondo l'utilità del momento. La frammentazione dei diritti di *civilitas* permetteva così di ritagliare una quota di diritti politici riservata ai governi che potevano distribuirla secondo criteri propri, slegati dal rispetto delle regole obbliganti del patto.

Bologna rappresenta un altro esempio importante di questa diversificazione dei livelli di *civilitas*, anche se manca la spinta impressa dall'espansione territoriale della città-madre, come a Firenze; segno che la distinzione fra diversi regimi di cittadinanza era precedente – e in parte indipendente – dalla dimensione del dominio cittadino. La divisione correva ancora sul tradizionale confine fra *cives* e comitatini, dove i limiti delle cittadinanze concesse ai fumanti (abitanti del contado) erano sempre assai netti, anche in un contesto in cui la *civilitas* poteva essere "donata" (nei fatti venduta) a intere comunità del contado. Nella seconda metà del Trecento, lo scarto fra dare la cittadinanza e concedere l'ingresso nelle istituzioni era ormai troppo ampio per non essere rilevato. Così, quando nel 1386 si mise in atto una costosa operazione di concessione di cittadinanza ad alcuni facoltosi abitanti del contado – una misura di natura prevalentemente economica – il consiglio ristretto fu attraversato dal dubbio che

10. Ivi, p. 252, nota 81: «habentes talia privilegia non sunt melioris conditionis quam illi qui sunt veri et originarii cives, primo quia quasi ficti seu figura vel umbra non potest plus operari quam veritas; secunda quia dicta privilegia concessa sunt *ad similitudinem* eorum que habent veri et orginarii cives».

questi nuovi *cives* potessero accedere automaticamente alle cariche politiche, dai consigli comunali sino all'Anzianato:

> e dalle parole suddette è sorto un dubbio, anzi quasi uno stupore, che in base alle parole dette sembra che essi (i fumanti) possano essere eletti al collegio dei signori Anziani del Popolo e del Comune di Bologna o ai collegi dei Confalonieri e massari delle Arti della città di Bologna o al consiglio dei Quattrocento o a quello dei Quattromila del Comune e del Popolo di Bologna.[11]

Possibilità che andava subito esclusa. Il consiglio dei Quattrocento decise infatti di riservare i diritti di partecipazione alla generazione successiva a quella dei beneficiati; potevano accedere alla carica solo i discendenti dei nuovi *cives* dopo dieci anni dalla morte di questi:

> e si decida che i soprascritti non possano essere eletti agli uffici ai quali gli altri potevano essere eletti, al consiglio dei Quattromila né avere voce in quelli, né del consiglio dei Quattrocento, né del collegio degli Anziani, Confalonieri e Massari delle arti della città di Bologna, per tutto il tempo della loro vita naturale dal momento in cui sono stati estratti dalla condizione di fumante, e i loro discendenti, per dieci anni a iniziare dalla morte dei loro ascendenti.[12]

Al di là della cinica concessione dei diritti di partecipazione solo dopo la morte dei beneficiati, quello che colpisce è la chiara percezione che la concessione di cittadinanza non comportava, – anzi non *doveva* comportare – l'accesso automatico alla partecipazione politica, soprattutto nelle istituzioni del Popolo. Una separazione ormai comune a molte realtà urbane del tardo Trecento.[13]

11. ASB, *Provvisioni in capretto*, c. 244r, in Clement Carnielli, *1388: l'altra liberazione dei servi di Bologna*, in «Quaderni storici», 167, 56 (2021), pp. 471-495, qui p. 478: «Et ex predictis verbis oriatur dubitatio immo potius admiratio quemdam cum propter dicta verba videatur quod ipsi possint esse de collegio dominorum Antianorum populi et comunis Bononie vel de collegiis Confaloneriorum et Massariorum artium civitatis Bononie et de consilio quadringentorum Populi civitatis Bononie et de consilio Quatuormilium civitatis Bononie».

12. *Ibidem*.

13. Un caso simile a Pistoia nel 1341, quando si decise di concedere la cittadinanza al maestro di grammatica Ser Franco di Nero che abitava da 8 anni a Pistoia e aveva una casa di proprietà, un consigliere specificò che questo privilegio non doveva dare accesso alla carica di vessillifero o Anziano: «dummodo ser Francus predictus non sit neque esse possit Ançianus seu Vexillifer iustitie Populi Pistorii sive eorum notarius hinc ad viginti annos proximos venturos, neque de consilio Populi dicte civitatis», in N. Bottari Scarfantoni, *Notizie sulla scuola pubblica a Pistoia nel XIV secolo dalle provvisioni del comune*, in

Il problema naturalmente investiva la definizione della cittadinanza in generale, secondo un iter che, per lungo tempo, rimase sostanzialmente assai flessibile. Se lo statuto del 1388 ribadiva le chiusure già stabilite in precedenza, con una chiara delimitazione del campo sociale degli ammessi: «che nessuno che non sia nato da legittimo matrimonio, o che sia fumante, o straniero, possa essere nominato o eletto o deputato o in qualsiasi modo ammesso all'ufficio dell'anzianato, dei Confalonieri del Popolo e dei Massari delle Arti o di alcun collegio della città di Bologna»;[14] una ripresa della norma negli statuti di metà Quattrocento aggiungeva una specificazione negativa riguardo i *forenses*: «intendendo per straniero tutti quelli che non sono di vera origine bolognese, (cittadini) propri, del padre o degli avi, o almeno di due di esse; escludendo anche i cittadini per privilegio o per decreto, che chiamiamo "cittadini finti" e impropri e non veri».[15]

Chiamare *ficti* e "non veri" i cittadini per privilegio limitava fortemente il meccanismo analogico del privilegio in base al quale si concedeva la *civilitas*, che non era più in grado di parificare le condizioni dei nuovi cittadini con quelle dei *cives* originari. L'inserto nello statuto bolognese era il segno della persistenza e della diffusione di quella corrente di pensiero naturalista che, come si è visto, non accettava del tutto la finzione di equivalenza contenuta nei privilegi di *civilitas*, per quanto questi fossero necessari per qualsiasi governo cittadino. Sussulti inevitabili in una prassi politica sottoposta a continui cambiamenti nel corso del XV e del XVI secolo.

A Venezia il passaggio dalla diffidenza alla chiusura fu altrettanto evidente e portò alla costruzione di un sistema selettivo ancora più strutturato. Anche in questo caso, la chiusura era partita ben prima della costruzione del dominio di terra. La legislazione improntata al sospetto verso i *cives*

«Bollettino storico pistoiese», 94 (1997), pp. 159-164, p. 163. La norma era del 1334 e aveva carattere generale, come si vede in Gualtieri, *I caratteri della cittadinanza pistoiese*, p. 99.

14. Giancarlo Angelozzi, Cesarina Casanova, *Diventare cittadini. La cittadinanza ex privilegio a Bologna (secoli XVI-XVIII)*, Bologna, Comune di Bologna, 2000 (Biblioteca dell'Archiginnasio), p. 22.

15. *Ibidem*. Per l'immigrazione dal contado si veda Alberto Guenzi, *L'immigrazione urbana e rurale a Bologna in una fonte del secolo XV*, in «Rassegna degli archivi di Stato», XLIV (1984), pp. 149-163, che usa le denunce di coloro che vennero a vivere in città e nel contado.

finti era ben presente nel corso del XIV secolo, come mostra un provvedimento nel 1361 del Senato che sospendeva tutti i privilegi concessi dal 1348 in avanti, dando tempo ai nuovi *cives* di provare, entro sei mesi, la residenza in città e il pagamento degli oneri; in cambio avrebbero avuto una nuova cedola che attestava il loro status di veri *cives*.[16]

Dopo la crisi della lunga guerra di Chioggia (1378), nel corso del Quattrocento una serie impressionante di norme restrittive fece prevalere nettamente la chiusura verso i non originari. Nel 1410 e nel 1438, il Consiglio dei Dieci riservò le cariche principali delle Scuole grandi esclusivamente ai cittadini originari per nascita.[17] L'interpretazione del provvedimento è discussa, perché da un lato permetteva ai cittadini originari, ma di media caratura, di accedere comunque a delle cariche rappresentative; dall'altro, proprio la riserva ai soli originari delle cariche nelle prestigiose Scuole consentiva all'aristocrazia veneziana di separare in maniera più chiara i *cives* originari dal resto della popolazione.[18] Gli interventi normativi successivi confermano la volontà di creare un ceto di cittadini (non nobili) da elevare attraverso l'inserimento negli uffici pubblici. La legge istitutiva dell'ufficio dei *Dodici pueri* del 1443, una sorta di scuola di formazione per giovani burocrati, lo mostra chiaramente: «e sarà la speranza di molti cittadini nostri popolari che con questa speranza fanno studiare e formare i loro figli, affinché possano assicurare il loro vantaggio e benessere».[19]

Le speranze di questa classe andavano rispettate, ma più le norme destinavano gli uffici pubblici ai membri di media estrazione sociale, più le regole di identificazione degli aventi diritto si facevano stringenti. Nel 1471 i criteri si inasprirono, considerando solo i cittadini "nati ed educati" a Venezia. Nel 1478 per entrare in cancelleria veniva richiesto anche il matrimonio legittimo, con esclusione dei bastardi; dal 1484 bisognava prova-

16. Cfr. Mueller, *Immigrazione e cittadinanza*, p. 27.

17. Brian Pullan, *La politica sociale della repubblica di Venezia 1500-1620*, vol. I, Roma, Il Veltro, 1982, p. 123.

18. Giuseppe Trebbi, *La Cancelleria veneta nei secoli XVI-XVII*, in «Annali della Fondazione Luigi Einaudi», XIV (1980), pp. 65-125; Andrea Zannini, *Burocrazia e burocrati a Venezia in età moderna: i cittadini originari*, in «Memorie dell'Istituto veneto di scienze, lettere e arti», XLVII (1993).

19. *Ibidem*: «et erit spes plurimorum civium nostrorum popularium qui sub hac spe facient filios suos studere et adiscere, ut pervenire possint ad commodum et beneficium suprascriptum».

re di essere «per *publica* voce et fama fioli *legittimi* et de vero matrimonio de boni citadini venitiani».[20] Si capisce che la scelta dei criteri tendeva a restringere l'area di cooptazione dei popolari verso la fascia alta, quella che da più tempo si era staccata dai lavori artigianali.

In analogia con i nobili patrizi, bisognava infatti provare non solo di essere cittadini originari da almeno tre generazioni (padre e avo) ma di essere anche cittadini "onorevoli", liberi dal lavoro manuale. Questa clausola – vivere civilmente e onorevolmente da tre generazioni – divenne centrale nei processi di cittadinanza che si celebravano davanti a varie magistrature (di pertinenza nobiliare) che operavano da filtro per l'accesso agli uffici. Non era facile dimostrare una lontananza dalla manualità per un tempo così lungo, soprattutto per famiglie di antiche origini mercantili. Bastava pochissimo per essere esclusi: un testimone che aveva visto l'avo lavorare a bottega personalmente, anche per un solo giorno (in assenza dei garzoni) macchiava il pedigree del richiedente e rendeva incerto l'esito della domanda. A inizio Cinquecento le azioni richieste ai discendenti dei "popolari" si fecero ancora più esigenti: bisognava aver vissuto a Venezia da tre generazioni, aver portato sempre vestiti lunghi, con le maniche, vivere di rendita (quindi essere possidente), aver svolto o svolgere attività mercantili ma di alto livello, senza mai essere presente a bottega di persona.[21] Tutti criteri che dovevano essere provati attraverso testimoni, meglio se di origine nobiliare, come ulteriore garanzia di inserimento sociale. Il percorso di ascesa sociale, con il riconoscimento del proprio status civico, veniva di fatto sottoposto al vaglio dei nobili cittadini con i quali bisognava avere una qualche forma di connessione per accedere agli uffici.

2. *Restringimento della partecipazione politica: dal criterio genealogico all'ereditarietà delle cariche*

Una delle conseguenze maggiori di questo sistema fondato sull'esaltazione del criterio dell'origine – sotto il controllo di una ristretta élite di "nobili" – fu quello di riservare l'accesso alle istituzioni solo a persone selezionate per via familiare. Soprattutto nelle città a regime ancora formalmente repubblicano, le liste degli eleggibili alle cariche politiche

20. Casini, *La cittadinanza originaria*, p. 139.
21. Trebbi, *La Cancelleria veneta*, p. 72.

maggiori dovevano comprendere persone appartenenti a linee familiari riconosciute. Se questo disegno era evidente già in molti provvedimenti del pieno Trecento, è nel passaggio al secolo successivo che si manifesta con maggiore chiarezza lessicale e ideologica l'affermazione del principio genealogico in quanto tale.

Lo si vede anche nella memorialistica, diffusa capillarmente nelle famiglie fiorentine di metà Trecento, dove emerge una preoccupazione nuova per la genealogia del lignaggio, come ha mostrato bene Christiane Klapisch-Zuber.[22] Scoprire il capostipite che aveva dato il nome alla famiglia, scavare fino alle radici profonde della progenie, arretrare il più possibile l'origine del proprio lignaggio divennero preoccupazione costante degli autori di ricordanze. E lo scopo era chiaro: da un lato far conoscere ai figli la storia della parentela – e la sua estensione laterale per verificare i gradi di prossimità – ma dall'altro (di)mostrare l'antichità della famiglia come elemento di prestigio politico, come lasciapassare per le cariche maggiori e anche come barriera verso i cittadini di (più) recente migrazione. In più le genealogie erano costruite su un criterio abbastanza ristretto di discendenza maschile che privilegiava le linee padri-figli e fratelli, secondo una scala di rilevanza sociale e politica dei gradi di parentela che trova ampio riscontro nelle legislazioni cittadine relative alla solidarietà familiare in caso di esclusione, vale a dire quali e quanti parenti del bandito dovessero essere espulsi.

La discendenza diretta e il rapporto padre-figlio assunsero quindi una rilevanza nuova nelle società bassomedievali, sia sul piano culturale sia su quello familiare affettivo. E anche su quello scientifico se così possiamo chiamare la riflessione colta sulla generazione e l'ereditarietà che in diversi campi, dalla medicina alla teologia e al diritto, segna un vero «tournant genealogique» nel primo ventennio del XIV secolo.[23] È vero che i discorsi disciplinari erano diversi e non esisteva una teoria unica dell'ereditarietà,

22. Christiane Klapisch-Zuber, *L'invention du passé familial* e *Le travail généalogique*, in *La maison et le nom. Strategies et rituels dans l'Italie de la Renaissance*, Paris, Éditions de l'École des hautes études en Sciences Sociales, 1990, pp. 19-35 e 37-58.

23. Si veda Charles de Miramon, Maaike van der Lugt, *Penser l'hérédité au Moyen Âge: une introduction* in Maaike van der Lugt, Charles de Miramon, *L'hérédité entre Moyen Âge et Époque moderne. Perspectives historiques*, Firenze, Sismel-Edizioni del Galluzzo, 2008, pp.3-37; per un periodo successivo *L'opération généalogique. Cultures et pratiques européennes, XVe-XVIIIe siècle*, a cura di Olivier Rouchon, Rennes, Presses universitaires de Rennes, 2014.

ma lo è anche che le diverse prospettive inerenti al sangue finirono per stabilire contatti sempre più stretti fra i caratteri dei genitori e quelli dei figli: la comunità di sangue interna alla famiglia creava un legame speciale fra le persone, soprattutto tra quelle in linea diretta. Il principio genealogico, per altro, non era limitato alla nobiltà, come si tenderebbe a credere – anzi i criteri di nobilitazione per molti autori prescindevano dalla nascita[24] – ed era condiviso da tutti i gruppi sociali urbani: basti pensare alle Arti, che privilegiavano l'inserimento di figli e fratelli nelle corporazioni secondo un principio di comunanza di esperienze e di valori che doveva garantire sulla qualità dei nuovi entrati.

Di questo principio – centrale nelle strutture politiche basso medievali – a noi interessa la conseguenza di fondo: aver collegato in maniera irreversibile la "piena cittadinanza" con la partecipazione politica, formalizzando due livelli di *civilitas* che dovevano convivere con sempre maggiore difficoltà: una *civilitas* semplice, per tutti e una superiore, destinata a una selezione di persone qualificate che si trasmettevano la capacità di essere eletti per via ereditaria. In questa prospettiva, il ricorso alle liste antiche per bloccare l'accesso alle istituzioni era parte di un programma più ampio e condiviso da numerose oligarchie urbane dell'Italia del tardo medioevo: vale a dire la definizione di un filtro stabile alla partecipazione politica, sottratta al caotico sistema comunale della rotazione e del sorteggio. L'ereditarietà affermava infatti un principio di continuità esattamente contrario alla rotazione: ancora un rovesciamento radicale dell'impostazione ideologicamente aperta delle istituzioni podestarili-popolari del tardo Duecento.

Per proseguire con l'esempio fiorentino, vale la pena ricordare come proprio la fine dell'esperienza dei Ciompi e la restaurazione del governo dei "buoni cittadini delle arti" nel 1381 divenne il termine *a quo* per ristrutturare le basi della partecipazione politica nelle istituzioni cittadine.[25] Naturalmente Firenze aveva, come altre città, una lunga storia di

24. Per una revisione recente della vessatissima questione della nobiltà nel medioevo comunale, si veda ora Guido Castelnuovo, *Etre noble dans la cité: noblesses italiennes en quete d'identité (13.-15. siècle)*, Paris, Classiques Garnier, 2014.

25. Tutta la storiografia fiorentina ne è consapevole; in sintesi John Najemy, *Storia di Firenze 1200-1575*, Torino, Einaudi, 2014, pp. 221-226: Gene Brucker, *Dal comune alla signoria. La vita pubblica a Firenze nel primo Rinascimento*, Bologna, il Mulino, 1981, pp. 81-103. Sui Ciompi ci limitiamo alle penetranti analisi sociali di Richard Trexler, *Neighbours and comrades* pp. 53-106; e Id., *Follow the flag the Ciompi revolt seen from the streets* in «Bibliothèque d'Humanisme et Renaissance», 46, 2 (1984), pp. 357-392; Alessandro

limiti all'ingresso nelle magistrature e negli uffici, ma erano limiti che insistevano sull'origine e la residenza in città, non sulla storia politica della famiglia. Le norme del 1323 e del 1355, oltre i nemici politici e i banditi, escludevano le persone "non originarie" di Firenze o che non avevano un avo fiorentino fino alla terza generazione precedente il soggetto interessato.[26]

Ma ora, il regime successivo alla fine dei Ciompi stava cambiando le regole del gioco politico a partire dalle basi ideologiche e antropologiche di chi era adatto al governo e chi doveva restarne escluso: l'élite guelfa tornata al potere attaccò frontalmente le arti, usando in maniera strategica la paura delle sollevazioni operaie degli anni precedenti. Si diffuse nel linguaggio e nei modelli politici del regime albizzesco (successivo al 1382) un'interessata esaltazione della virtù della "prudenza" nell'uomo politico ideale, che finiva inevitabilmente per restringere il raggio sociale e familiare del reclutamento nel reggimento.[27] La prudenza era infatti associata ai diversi uffici del comune e rifletteva la gerarchia delle funzioni relative a ciascuna carica. È importante la confusione di piani: l'uomo era o doveva essere "prudente" in funzione delle cariche di governo che richiedevano determinati standard di competenza civica; così la qualità della carica determinava la qualità della persona (atta a ricoprirla) e il buon cittadino si misurava in base alle qualità che lo facevano adatto al governo. Un cortocircuito che finiva per escludere gran parte del mondo del lavoro che si trovava penalizzato dalla duratura diffidenza nei confronti delle classi popolari, schiacciate sempre di più, nella memorialistica fiorentina, verso la selvaggia follia distruttiva dei Ciompi. Naturalmente i legami interpersonali tra ceti diversi rimanevano

Stella, *La révolte des Ciompi. Les hommes, les lieux, le travail*, Paris, Éditions de l'École des Hautes Études en Sciences sociales, 1993; ancora ricchissimo di spunti Samuel Kline Cohn jr., *The Laboring classes in Renaissance Florence*, New York, Academic press, 1980.

26. Sulle quali si veda ancora Kirshner, *Paolo di Castro*: sono menzionate una provvigione del 1346 ricordata da Giovanni Villani che riserva gli uffici a coloro che avevano il nonno residente in città o nel distretto. Lo stesso nel 1379; mentre nello statuto del 1415 V, r. 242, si richiede, per ottenere gli uffici della Parte, la residenza in città da tre generazioni.

27. Si veda ora sul regime albizzesco del 1382, Ilaria Taddei, *La Prudence au pouvoir. Florence, XIV-XV siècles*, Paris, Classiques Garnier, 2022, pp. 27-54; l'esame delle virtù dell'uomo politico tra le quali la prudenza diventa centrale per l'assunzione delle cariche maggiori, più vicine alla gestione dei beni pubblici.

sempre possibili, ma le soglie di accesso alle istituzioni cambiarono in profondità.[28]

La legislazione dei primi anni del Quattrocento iniziò a definire i criteri di eleggibilità agli uffici (oltre al pagamento delle prestanze da almeno 30 anni e la nascita da matrimonio legittimo) in base alla discendenza genealogica da persone che avevano *già* ricoperto quelle medesime cariche politiche. Tra il 1406 e il 1412 una serie di norme – poi recepite dallo statuto del 1415 – riservava le cariche solo ai *parenti* di persone in carica nei decenni precedenti, restringendo l'individuazione dei possibili membri a figli e discendenti di un ceto già selezionato.[29] In un primo momento, la provvisione del 19 febbraio 1406 limitò l'elezione all'ufficio dello Squittino per il Priorato solo a coloro che avevano (avuto) il padre o avo paterno o fratello nell'ufficio dei Priori e dei Sedici Gonfalonieri o dei 12 Buonuomini.[30] La selezione doveva poi affinarsi qualche tempo dopo. In una provvisione del 1410 si stabilì che potevano essere "imborsati" – vale a dire essere inseriti nelle liste di eleggibili – solo coloro che avevano avuto il padre o un avo "seduti o veduti" nei maggiori uffici dopo il 1381, vale a dire dopo la fine del governo dei Ciompi e delle Arti minori. La data del 1381 bloccava il numero delle famiglie presenti nelle istituzioni in un momento preciso e delimitava il corpo politico futuro ai discendenti di quelle famiglie con esclusione dei membri delle Arti minori. La novità fu avvertita subito e molti sfruttarono la norma per creare nuove genealogie politiche. Goro Dati scrive infatti che «ognuno desiderava questo magistrato per lasciare a suoi nipoti facultà di poter avere gli uffici, se dal padre per alcuna ragione non fusse loro lasciata».[31]

28. Francis W. Kent, *"Be Rather Loved Than Feared". Class Relations in Quattrocento Florence*, in *Society an Individual in Renaissance Florence*, a cura di William J. Connell, Berkeley-Los Angeles, University of California Press, 2002, pp. 13-50 in cui sono esposti pregi e limiti delle diverse teorie sui rapporti di classe interni alla società Fiorentina: dallo scontro acceso, alla piena e pacifica collaborazione tra i ceti. Naturalmente molti problemi possono essere risolti evitando dicotomie troppo nette: l'esistenza di legami interclassisti potevano benissimo (pp. 19-21) coesistere con una società ordinata ideologicamente sulla divisione e l'esclusione dei ceti operai dalla politica (15-17). Così come potevano coesistere una pessima memoria dei Ciompi e una ricerca del consenso dei popolari da parte delle famiglie più avvedute, come i Medici (pp. 30-31).

29. Guidi, *Il governo della città repubblica di Firenze*, vol. I, p. 107.

30. Ivi, p. 107.

31. Ivi, p. 108.

Il provvedimento fu ricompreso nello statuto del 1415, che sanciva trasmissione familiare del "beneficio": non potevano essere chiamati all'ufficio dello Squittino coloro che «essi stessi o il loro padre, o il loro avo paterno, o il fratello carnale non siano stati eletti, o almeno sentiti, negli uffici dei Priori, Gonfaloniere, collegi notai e capitani di parte guelfa».[32]

Da allora furono redatte più volte liste di beneficiati, fissando in maniera stabile il principio che restringeva la partecipazione politica a coloro che potevano vantare una discendenza diretta da famiglie già presenti nelle istituzioni. Un blocco denunciato un secolo dopo dai repubblicani fiorentini come fonte di grande ingiustizia, come scrisse Donato Giannotti: «Che altra ingiustizia si sentì mai maggiore che torre i magistrati a quelli i padri ed avoli dei quali non avessono seduto o non fusseno stati veduti de' tre maggiori».[33]

Anche a Siena l'ereditarietà giocò un ruolo costituente. Nei regolamenti di fine Quattrocento per l'elezione dei membri dei Monti si scelse senza remore la via della riproduzione familiare dei diversi raggruppamenti dei Monti. Si ordinò quindi la redazione di un libro "per casati", dove contava evidentemente la linea dinastica. La provvisione successiva, infatti, disponeva che i figli succedessero automaticamente ai padri defunti raggiunta l'età di 22 anni:

> ancho per stabilire et perpetuare questi cinque ordini nel regimento et perché ciascuno habbi *certeza* di mantenere se ei suoi figliuoli in epso regimento, providero che tutti li figliuoli di quelli che sono al presente di Consilio di populo overo fussero discesi de l'ordine de Gentili huomini o de l'ordine dei Nove o de l'ordine dei XII…etiam che li padri loro siano morti, havendo l'età di anni XXII, siano ed essere *s'intendano reputati* et declarati *come se fussero* reseduti et sieno nel numero del Conseglio del populo[34]

dove l'ereditarietà è giustificata proprio per la "prevedibilità" della successione utile a togliere le incertezze del reggimento, tanto che si invitano i padri a presentare il figlio che riteneva più idoneo al governo. È vero,

32. Ivi, p. 110.

33. Donato Giannotti, *Della repubblica fiorentina*, in *Opere*, a cura di Filippo Luigi Polidori, Firenze, Le Monnier, 1850, vol. I, p. 114.

34. Mario Ascheri, *Siena e il suo territorio nel Rinascimento*, documenti raccolti da Mario Ascheri e Donatella Ciampoli, Siena, Il Leccio, 1986, p. 353. Si veda anche Id., *Siena nel Rinascimento. Istituzioni e sistema politico*, Siena, Il Leccio, 1985, pp. 47-49; data alla metà del secolo questa chiusura familiare; Ann Kathrine Isaacs *Popolo e Monti nella Siena del primo Cinquecento*, in «Rivista storica italiana», 82 (1970), pp. 32-80.

come ricorda Mario Ascheri, che l'ereditarietà era limitata all'iscrizione ai Monti e non garantiva l'elezione sicura alle cariche, ma il fine di queste normative non era tanto quello di perpetuare un regime, ma di delimitare il perimetro sociale dei soggetti adatti al governo, assicurando la loro riproduzione nel tempo. E anche in questo caso si arrivò a una nuova gerarchia che lentamente spostava l'asse linguistico e ideologico della cittadinanza (intesa come l'essere *civis*) verso una nuova classificazione fondata sulla qualità politica della persona: si parlò dunque di *Riseduti* come categoria speciale di cittadini politicamente attivi. Lo stesso avvenne ad Arezzo dopo l'annessione a Firenze del 1384. Le nuove classificazioni dividevano in due ordini la popolazione urbana – nobiltà e cittadinanza – distinti in 8 gradi di reggimento (4 per ciascun ordine) secondo il livello di uffici a cui avevano accesso.[35]

Siamo davanti a una trasformazione profonda della cittadinanza nel XV secolo. In primo luogo, essere *civis* non garantiva più un accesso automatico alle istituzioni, riservato a un gruppo di super-*cives* originari che si tramandavano le cariche per via ereditaria; di conseguenza la *civilitas* si frammentò in una selva di tipologie diverse in base alla carica che le singole persone potevano occupare, per nascita o per reddito: la gerarchia degli uffici si sovrappose alla gerarchia dei cittadini che prendevano il nome dal tipo di istituzione a cui potevano avere accesso. Con una conseguenza per certi versi paradossale rispetto agli inizi del Duecento: che lo strato più alto di cittadini che occupavano le cariche maggiori non si chiamavano neanche più *cives*, ma appunto *honorati*, patrizi, *nobiles*, secondi i casi. La qualifica di *cives* non copriva più l'intera popolazione urbana, ma solo una parte, di livello medio o medio-basso, esclusa dall'élite titolata al governo della città.

3. *Esiti moderni: dalla frammentazione dei livelli di cittadinanza alla ridefinizione delle gerarchie sociali*

Nella prima età moderna emerse, in sostanza, una tendenza di fondo che limitava le cittadinanze per privilegio e le accomunava, per certi versi, a quelle della popolazione di media e bassa condizione: l'ipotetica egua-

35. Luca Berti, *La lunga transizione di Arezzo da città dominante a città soggetta*, in *Il comune dopo il comune. Le istituzioni municipali in Toscana (secoli XV-XVIII)*, a cura di Daniele Edigati e Lorenzo Tanzini, Firenze, Olschki, 2022, pp. 53-67.

glianza data dalla *civilitas* (per nascita o per privilegio) contrastava con i criteri reali di assegnazione degli uffici che si basavano, quasi ovunque, sul prestigio sociale, escludendo di fatto gli "artefici" e i mercanti.

Il contrasto non era nuovissimo, visto che già nel primo Trecento i sistemi elettorali erano tarati secondo criteri che favorivano la selezione delle persone più competenti e interne al nucleo dirigente.[36] Ma le tensioni fra questi due princìpi – nascita comune e partecipazione alle magistrature – si riverberarono con particolare virulenza nei dibattiti dottrinali e politici sulla "vera cittadinanza", soprattutto nel XVI e XVII secolo. Questo avvenne soprattutto nelle città a regime formalmente repubblicano, come Venezia, Genova e Firenze, dove l'eredità egualitaria del diritto di cittadinanza di età comunale veniva messa a dura prova in società politicamente molto più segmentate. Si giunse così a distinguere diverse categorie di *cives* e di *civilitas*, graduate in base al prestigio e alle possibilità di partecipazione, dove quest'ultima diventava il principale criterio di distinzione, in base anche alla reale incidenza degli uffici comunali da distribuire. I tratti comuni di questa nuova gerarchia erano l'origine antica e cittadina della famiglia, la discendenza da persone "onorate" che avevano già ricoperto le cariche politiche e, con crescente vigore, il "non lavoro", vale a dire la prova di non aver mai svolto lavori manuali per più generazioni, rovesciando completamente la retorica duecentesca dei regimi popolari che del buon *artifex* che viveva "del lavoro delle proprie mani" aveva fatto un modello positivo di cittadino esemplare.

A Bologna, dove mancava una precedente divisione cetuale formalizzata in titoli stabili, la chiusura avvenne relativamente tardi, nella seconda metà del XVI secolo. Si partiva da una situazione fluida, se non proprio confusa.[37] Per buona parte della prima età moderna, le norme di chiusura esistenti furono sistematicamente evase a vantaggio di una combinazione di criteri che motivavano la concessione di cittadinanza caso per caso: residenza, lavoro, stabilità matrimoniale e familiare, meriti professionali. Nessuno di questi era dirimente: l'incolato decennale era di norma presente, ma non sempre necessario; la residenza in città e l'attività lavorativa erano viste come prova di affidabilità e di radicamento, ma non divennero

36. Si veda Lorenzo Tanzini, *Signori e Consigli*, in *Signorie cittadine nell'Italia comunale*, a cura di Jean-Claude Maire Vigueur, Roma, Viella, 2013, pp. 383-401, in particolare pp. 390-391 per i significati reali del termine "decurione".

37. Angelozzi, Casanova, *Diventare cittadini*, pp. 46-47.

mai una richiesta obbligatoria. Anche il divieto stabilito per i *cives ex privilegio* di ricoprire incarichi nelle arti poteva essere eccettuato.[38] Questa fluttuazione nei criteri di cittadinanza ebbe una ridefinizione più chiara con il senatoconsulto del 1584 che metteva ordine nelle varie disposizioni relative alla *civilitas*, distinguendo nettamente tre categorie: una *civilitas comune* che si dava a tutti, anche agli immigrati residenti in città da più di 10 anni; una *civilitas satis ampla* che doveva essere concessa ai nobili persone per virtù e dottrina, ma non dava automaticamente accesso agli uffici: solo i figli avrebbero goduto di questo privilegio; una *amplissima* concessa *motu proprio* dal Senato a persone "illustrissime e nobilissime" (il superlativo era evidentemente il tratto comune), altolocate che risiedevano a Bologna da tempo; queste erano equiparate veramente ai *cives* originari, come specificava la norma – «omnia et singula iura quae vera et non *ficta origo*, propria paterna et avita tribueret» – e quindi erano ammesse agli uffici e cooptate nell'élite di governo.[39] Il nesso diretto con la vera *origo* legittimava il privilegio politico o meglio la natura politica del privilegio. Ai diversi gradi di cittadinanza corrispondevano livelli diversi di maggioranze richieste al momento del voto: per la amplissima ci voleva l'unanimità dei senatori; per la *satis ampla* almeno 25 voti e lo stesso per la *commune*.[40]

Il decreto bolognese del 1584 è eccezionale per la chiarezza del dettato e del processo politico che riflette: da un lato emerge il nesso fra gradi cittadinanza e qualità della partecipazione politica, confermando che l'ingresso agli uffici era il criterio-guida per la distribuzione dei diritti ai diversi livelli della popolazione urbana; dall'altro lato, emerge con altrettanta nettezza la totale discrezionalità dell'organo politico nell'attribuire privilegi ai singoli beneficiati, che non avevano mai un accesso automatico alle istituzioni. Nonostante i privilegi concessi, infatti, anche i *cives* provvisti di *civilitas amplissima* dovevano ricevere un'esplicita abilitazione da parte del Senato per essere inseriti fra gli eleggibili.

La preoccupazione del governo bolognese di precisare, con leggi più volte modificate, questo necessario riconoscimento politico del nuovo cittadino mette in luce un ulteriore elemento negativo nella concezione della

38. Ivi, p. 38.

39. Ivi, p. 349: «nec ad dictarum Artium honores et officia adipiscenda, nisi preter Senatusconsultum civilitatis, ponatur et obtineatur aliud novum partitum (di 27 voti)».

40. Ivi, p. 46. Cfr. anche Angela De Benedictis, *Citizenship and Government in Bologna (Sixteenth-Seventeenth Centuries)*, in *Privileges and Rights of Citizenship. Law and the Juridical Construction of Civil Society*, a cura di Julius Kirshner, Laurent Mayali, Berkeley, The Robbins Collection, 2002, pp. 127-146.

cittadinanza: la gradazione degli uffici e di dignità stabilita per gli esterni rifletteva un'esclusione più generale verso *tutta* la popolazione urbana medio-bassa. Proprio questa esclusione di fatto favorì una graduale e costante immissione di immigrati fra i ranghi della popolazione "laboriosa".

Le cittadinanze *comuni* furono date infatti con una certa generosità anche a persone provenienti dal contado e occupate in arti "meccaniche" nel corso della seconda metà del Cinquecento e per tutto il secolo successivo: era sufficiente mostrare il possesso di beni in città e un'esplicita volontà di radicamento locale attraverso il matrimonio, l'acquisto di una casa e l'esercizio di un mestiere riconosciuto, secondo un formulario abbastanza comune che si ritrova nella gran parte delle cittadinanze concesse. L'integrazione di forestieri nella cittadinanza "comune" residente, ormai, non avrebbe comportato nessun pericolo di accesso alle istituzioni di governo perché l'intera popolazione "laboriosa" ne era esclusa.[41] Tanto che nel secolo XVII, per molti comitatini non conveniva neanche intraprendere l'iter della cittadinanza comune, risultando sufficiente ottenere l'*esenzione* dal criterio dell'origine, un istituto più semplice che consentiva di iscriversi alle Arti anche a chi non aveva l'origine paterna cittadina.[42] L'aumento delle esenzioni, necessario per la crisi demografica inarrestabile del ceto artigianale, doveva permettere la sopravvivenza delle corporazioni, senza intaccare le gerarchie sociali ormai stabilite da lungo tempo. La cosa interessante che questo poteva essere fatto *senza* accedere alla *civilitas*, anche nella sua forma più bassa, mettendo in luce un'ulteriore separazione fra le attività possibili in città – a partire dalla residenza e dal lavoro – e il loro inquadramento in uno status civico riconosciuto.

Si tratta di un processo centrale nel primo Cinquecento che abbiamo già ricordato: l'urgenza di regolare l'inserimento dei forestieri o dei "non originari" aveva fatto emergere in maniera più chiara una nuova e più consistente classificazione dei *cives* in base alla possibilità di accedere alle cariche politiche che prescindeva, in realtà, dalla nascita locale delle persone. La distanza fra essere "cittadino comune" e "persona *honorata*" – am-

41. Angelozzi, Casanova, *Diventare cittadini*, p. 50 parlano di un vero e proprio «declassamento della cittadinanza comune», che non portava né all'esenzione dall'estimo, né alla dispensa delle origini per l'abilitazione agli uffici.

42. Ivi, pp. 70-71. L'esenzione diventa da atto integrativo della cittadinanza, un atto sostitutivo della stessa. Si noti per altro che in molti casi gli stessi dirigenti delle arti avevano rilevato che gran parte dei membri non erano in regola con le origini, ma che gli "originari" mancavano o si rifiutavano di ricoprire incarichi.

messa agli uffici maggiori – era ormai palese e portò le città italiane a elaborare un nuovo lessico e una nuova gerarchia interna al mondo degli abitanti della città. Non solo si elaborarono nuovi criteri di selezione per accedere gli uffici maggiori, ma gli stessi gradi di cittadinanza furono commisurati direttamente alla gerarchia degli uffici e ne presero il nome.

A Firenze, il meccanismo messo in moto dal beneficio ereditario doveva portare inevitabilmente verso una gerarchia degli stati di cittadinanza sempre più differenziata al suo interno secondo i livelli di partecipazione possibili. Benedetto Varchi, che dedicò pagine attente alle varie categorie di *cives*, ne distingueva ormai numerose proprio in base alla posizione fiscale e alla possibilità di accedere alla vita politica. La divisione originaria separava dunque i *supportanti*, che pagavano le gravezze in città, dai *non supportanti* e poi divideva i primi in quattro categorie in base alla possibilità di ricoprire uffici – alcuni godono del "benefizio della città" mentre altri ne sono esclusi – e ancora in base al grado dell'ufficio (maggiore e minore). Ne escono dunque quattro categorie: plebei, cittadini "senza stato", cittadini della minore e cittadini della maggiore; ma il contenuto civico dei gradi "senza stato" era ormai assai dubbio. I cittadini senza stato erano infatti quelli che pagavano le gravezze

> ma non godevano già il benefizio della città, cioè non possono andare al consiglio, né avere ordinariamente ufizio o magistrato nessuno, e in somma non hanno lo stato, o perché niuno de' loro maggiori e specialmente *il padre* o l'*avolo* non sedé o non fu veduto da alcuno o perché essi fatti squittinare non si sono…

Questa esclusione, per ragioni ereditarie, ormai cambiava la loro sostanza civica. Varchi, che detestava la plebe e ne reclamava l'esclusione totale dalla politica – i plebei «quali sebbene hanno signoreggiato più volte, non però debbono ordinariamente non che aspirare, pensare alle cose pubbliche ne' governi bene ordinati» – non poteva fare a meno di notare che anche questo strato intermedio di *cives*, escluso dalle istituzioni, aveva ormai perso la qualità del vero cittadino: «E questi si chiamano bene cittadini, ma chi sa che cosa cittadino sia, sa ancora che non potendo costoro partecipare né degli onori né degli utili della città, *cittadini veramente non sono* e perciò gli chiameremo cittadini non statuali».[43]

43. *Storia fiorentina di Benedetto Varchi*, a cura di Gaetano Milanesi, vol. I, Firenze, Le Monnier, 1857, vol. I, libro III, p.169.

A Siena il processo fu simile, con un risvolto semantico che si avvicina molto al caso fiorentino. Lo statuto del 1545, che recepiva una situazione ormai stabilizzata riguardo la selezione per via ereditaria dei cittadini impegnati nella vita politica, distingueva in via ufficiale tre categorie di abitanti: i *cives*, i *cives de regimine* (o *regentes*) e infine i *Riseduti*. Una gerarchia interamente basata sulla diversa distribuzione dei diritti di partecipazione. I *cives* ne erano esclusi; i *regentes* erano i cittadini abili alle cariche, inseribili nelle liste elettorali, ma non ancora eletti; e infine i *Riseduti* erano quelli che avevano già occupato una carica e per eredità i loro discendenti.[44] Erano questi i "senatori" che potevano accedere a tutte le magistrature e decidere chi e come poteva passare da *reggente* a *Riseduto*, una qualifica che ormai era separata da quella di *civis*. Ed era separata anche sul piano delle gerarchie sociali, visto il nesso strettissimo che anche gli autori di trattati giuridico-politici avevano stabilito fra la partecipazione politica e l'idea di superiorità sociale dei nobili. Senza voler entrare nei complicati dibattiti sulla nobiltà, colpisce notare come nelle riflessioni di Gerolamo Muzio, uomo di intense esperienze presso tutte le grandi corti italiane ed europee, l'idea di nobiltà civica fosse legata non solo al possesso delle cariche maggiori (requisito ormai ovvio), ma all'ereditarietà di questo privilegio. Nel *Gentiluomo* scrisse infatti che i nobili «sostenuti sono nella civiltà e nella partecipation de maestrati, nelle quali rimangono per la *succession* che havuta hanno da virtuosi maggiori e non perché essi in quella conservino la loro virtù».[45] Si tratta di un'idea assai pragmatica di nobiltà civile, che non pretende di individuare l'élite in un corpo di "migliori" ma in un gruppo definito di "eredi".[46]

44. Danilo Marrara, *Riseduti e nobiltà. Profilo storico-istituzionale di un'oligarchia toscana nei secoli XVI-XVIII*, Pisa, Pacini editore, 1976, pp. 89-90. Si veda anche Christine Shaw, *Popular Government and Oligarchy in Renaissance Italy*, Leiden, Brill, 2006; Ead, *Popular Government and the Petrucci*, in *L'ultimo secolo della repubblica di Siena. Politica e istituzioni, economia e società*, a cura di Mario Ascheri e Fabrizio Nevola, Siena, Accademia senese degli Intronati, 2007, pp. 19-44, specialmente p. 29 dove ricorda l'uso strumentale della stessa auto-definizione del Popolo, indicato ossimoricamente come "Monte dei *Nobili popolari*"; forse la composizione e le pratiche non erano molto mutate, ma il cambio di nome fu imposto dalla paura di essere accusati dai propri nemici di essere un governo di "plebei".

45. Marrara, *Riseduti e nobiltà*, p. 19.

46. Simile la definizione dell'altro intellettuale, Lorenzo Ducci autore di un *Trattato della nobiltà* del 1603, per cui l'essenza della nobiltà è nel merito degli onori della patria ereditato dagli antichi progenitori»; per cui si veda sempre Marrara, *Riseduti e nobiltà*, p. 17.

Il divario fra le persone destinate alle istituzioni politiche e i cittadini generici doveva portare, nel corso del XVI secolo, verso una separazione, anche semantica, della qualifica dei due gruppi, con una svalutazione ideologica e politica del termine stesso di "cittadino", contrapposto ora a "honorata persona", nobile, e poi patrizio. È un processo notissimo e molto studiato. E tuttavia, riprendere alcuni esempi di questa trasformazione serve a capire meglio non solo la centralità del discorso genealogico nella costruzione degli apparati di potere della prima età moderna, ma anche la *crisi* del significato della cittadinanza generica e la trasformazione delle gerarchie urbane.

A Venezia, una delle prime città a seguire un criterio genealogico a partire dalla serrata del 1297, le classificazioni della popolazione urbana subirono una piegatura decisa verso la separazione dei livelli di prestigio sociale e politico fra i "gentiluomini" e il resto della popolazione urbana. Marin Sanudo nel *De situ et magistratibus* del 1484 aveva distinto gli abitanti di Venezia in tre categorie: «Sono tre generation di habitanti: zentilhomeni – che governano il stato, et la Republica – le caxate delle quali di sotto si farà mentione, cittadini, et artesani overo populo menudo».[47]

Simile la gerarchia rilevata da un intellettuale esterno ma acuto, quale il fiorentino Donato Giannotti in esilio a Venezia negli anni Venti del Cinquecento; secondo le sue ricerche, la repubblica contava tre ordini:

1. i popolari (occupati nelle arti meccaniche);
2. i *cittadini* che «per haver esercitate arti più honorate [...] sono saliti di uno grado»;
3. i *gentilhomini* che sono «della città e dello stato di mare i *signori*».[48]

La tripartizione sociale, per quanto non da tutti accettata, superava la tradizionale bipartizione nobili-popolari e apriva la strada alla nuova gerarchia, poi divenuta ordinaria, fra patrizi e cittadini, con l'emarginazione dei popolari basata sul pregiudizio meccanico. Ma nell'analisi del

47. Marin Sanudo, *De origine, situ et magistratibus urbis Venetae*, *ovvero La città di Venetia* (1493-1530), a cura di Angela Caracciolo Aricò, Milano, Cisalpino, 1980, p. 22. Subito dopo Sanudo precisa che i cittadini dai nobili non si distinguono nel vestire «perché tutti vanno vestiti quasi a un modo».

48. Cfr. Pullan, *La politica sociale*, p. 113.

Giannotti è da sottolineare soprattutto il dato storico che giustificava a suoi occhi la superiorità del ceto nobile *in quanto* ceto politico; i nobili veneziani erano eletti perché erano fondatori originari della città, incontaminati da migrazioni e impegnati da sempre nella politica:

> Sono, adunque, i nostri gentiluomini d'eccellente nobiltà: prima, perché sono discesi da quelli nobili e ricchi i quali, rifuggiti in questi luoghi padulosi, costituirono il corpo della nostra Città: secondariamente, perché hanno il sangue loro mantenuto incorrotto, per non avere patito la nostra Città quelle cose che alterano e rinnovano gli abitatori. A che s'aggiugne la chiarezza c'hanno acquistata poscia che il Gran consiglio fu ordinato nel governare le pubbliche faccende.[49]

Il valore nobilitante della politica era apertamente esaltato attraverso lo stigma che colpiva chi non poteva occuparsene, vivendo «senza alcun pensiero», come animali:

> Perciocché egli non è dubbio alcuno, che gli uomini, *dove eglino non si trovano a trattare cose pubbliche*, non solamente non accrescono la nobiltà loro, ma perdono ancora quella che hanno; e divengono *peggio che animali*, essendo costretti vivere sanza alcun pensiero avere, che in alto sia levato.

Da qui la degradazione inevitabile degli esclusi, che, in questo caso, erano gli stessi cittadini che al tempo di Giannotti erano di fatto una classe sociale di livello inferiore:

> Laonde noi possiamo conietturare, che questi che *oggi* chiamiamo *cittadini*, o fusseno allora *plebei*, e non avesseno nella Città grado alcuno (tal che tutte quelle qualità che hanno, se l'abbiano poi acquistate); o veramente siano poi venuti ad abitare nella nostra Città: dove, col tempo, hanno fatto acquisto e delle facultà che posseggono, e di quelli privilegi per li quali sono oggi chiamati cittadini viniziani.

La *coniettura* del Giannotti era sbagliata, ma riflette bene il duplice processo che abbiamo cercato di individuare in questi frammenti di linguaggio politico del primo Cinquecento: la chiusura della partecipazione politica a poche famiglie per via ereditaria e la degenerazione del termine *cives* che finì per indicare un insieme sociale – la parte mediobassa– e non più politico della popolazione urbana.

49. Donato Giannotti, *Della repubblica de' Viniziani*, in *Opere politiche*, a cura di Furio Diaz, Milano, Marzorati, editore, 1974, vol. I, p. 49.

Un percorso di degradazione che colpì con violenza i popolari/popolani, occupati nelle arti meccaniche. Come si è visto prima, a Venezia, come altrove, il non praticare arti manuali rimase il criterio di base per tutto l'antico regime per distinguere i cittadini dal resto della popolazione esclusa da qualsiasi privilegio politico. I nuovi *cives* per privilegio dovevano dimostrare di non svolgere – e non aver svolto – lavori manuali o attività commerciali da un congruo numero di anni.[50] Di più, la difficoltà di adattare la parola *populus* alla realtà sociale veneziana, aveva condotto Giannotti a precisare il significato negativo del termine, da non confondere con il "Popolo" fiorentino, che era un soggetto politico. Nel mondo veneziano, la popolazione meccanica era un residuo sociale di bassissima qualità civica, di cui Giannotti sottolineava l'insuccesso economico unito all'esclusione politica:

> I plebei, o vogliamo dire populari, sono una moltitudine grandissima, composta di più maniere d'abitatori: si' come sono i forestieri, i quali ci vengono ad abitare, tratti dalla cupidita' del guadagno. [...] In questo medesimo corpo de' popolari entrano infiniti artigiani minuti; i quali per non avere mai superato la bassezza della fortuna loro, non hanno acquistato nella Citta' grado alcuno.[51]

Un nesso già ricordato dagli scrittori di cose veneziane precedenti, come Della Porta che insisteva sulla recente immigrazione dei lavoratori umili spinti solo dal guadagno in attività manuali (arti): «tutt' il resto, gente si nuova, che pochissimi sono ch'abbiano il padre nato in Vinegia; e sono Schiavoni, Greci, Albanesi, venuti a starvi altre volte per lo navigare, e per lo guadagno di diverse *arti*».[52]

L'assimilazione di fatto fra plebei, "popolo minuto" (alla fiorentina) e forestieri immigrati per lavoro, di poco valore e di scarso radicamento, è un dato significativo che riflette non solo una divisione di base fra cittadini-residenti (e dunque stabili e affidabili) e popolazione plebea fluttuante, ma

50. Andrea Zannini, *Il 'pregiudizio meccanico' a Venezia in età moderna. Significato e trasformazioni di una frontiera sociale*, in *Le regole dei mestieri e delle professioni. Secoli XV-XIX*, a cura di Marco Meriggi e Alessandro Pastore, Milano, Franco Angeli, 2001, pp. 36-51; anche se la gerarchia dei mestieri non coincideva con quella delle corporazioni, anzi le due serie creavano non poche contraddizioni.

51. Giannotti, *Della repubblica de' Viniziani*, p. 46 e 51.

52. Per le opinioni degli storici di Venezia sul Popolo si veda Claire Judde de la Rivière, Rosa Miriam Salzberg, *Le peuple est la cité. L'idée de* Popolo *et la condition des* popolani *à Venise (XVe-XVIe siècles)*, in «Annales HSS», 4 (2013), pp. 1113-1140.

la squalifica di tutti i popolari abitanti in città in base alla composizione prevalentemente instabile del gruppo sociale dei plebei-meccanici. Una duplice chiusura dunque: verso i cittadini ordinari e verso i plebei non più cittadini.

Anche a Genova il conflitto sull'assetto istituzionale della Repubblica alla metà del XVI secolo ebbe come epicentro l'accesso alle magistrature e la definizione di una élite cittadina abilitata alle cariche maggiori: per alcuni, queste dovevano rimanere aperte a tutta la "nobiltà", intesa come ordine unitario (ossia tutti quelli che avevano ricoperto cariche in passato); per altri, l'ingresso doveva invece essere riservato ai *veri* nobili, con esclusione dei nobili recenti che in passato avevano svolto lavori meccanici o artigianali. Questi ultimi, una volta esclusi dal primo ordine, potevano essere ricompresi in un nuovo ordine, e dunque in nuovo *Libro dei cittadini approbati*. Naturalmente la riforma del 1528 «non creò la nobiltà genovese» ma stabilì le norme sulle future iscrizioni nel Libro.[53] In ogni caso, come a Venezia, il termine "cittadino" non indicava più tutti gli abitanti politicamente attivi, ma solo una parte medio bassa esclusa dagli uffici.

Liti accese si ebbero anche su chi doveva o poteva essere iscritto al "libro dei nobili" e chi ne restava escluso, per esempio i giuristi che si sentivano poco considerati a Genova. Il conflitto fra i nobili decaduti, perché ancora *meccanici*, e nobili "veri" si concluse con un compromesso che lasciava la qualifica di nobili alle famiglie *meccaniche*, ma senza diritti politici «come se non fossero nobili».[54] Si crearono dunque due nobiltà: una nobiltà vera (di antica origine), segnata dalla possibilità di accedere alle cariche politiche e una nobiltà "nuova", priva di rilievo politico. Con la complicazione che molte famiglie anticamente nobili si erano fatte popolari per poter accedere alle cariche sotto i dogadi del periodo popolare del tardo Trecento e ora anche si trovavano escluse perché di Popolo e dunque meccaniche.

Il corto circuito creato dalla gerarchia rovesciata antinobiliare, imposta dal Popolo nel Trecento, emerse così nel momento di massima aristocratizzazione delle società politica genovese, penalizzando proprio le famiglie

53. Edoardo Grendi, *Capitazioni e nobiltà genovese in età moderna*, in Id., *La Repubblica aristocratica dei Genovesi*, Bologna, il Mulino, 1987, pp. 13-48.

54. Rodolfo Savelli, *La repubblica oligarchica. Legislazione, istituzioni e ceti a Genova nel Cinquecento*, Milano, Giuffrè, 1981, pp. 156-157; con un ulteriore scontro su quali erano le arti definibili come meccaniche, ivi, p. 239.

che, per convenienza, due secoli prima avevano accettato la qualifica di popolare. Qualche spiraglio si aprì nei decenni seguenti: nel 1603 si ammise una deroga al divieto di aggregare famiglie meccaniche, precisando però che dovevano restare esclusi coloro che esercitavano "piccoli negozi", come tenere i banchi o lavorare con le proprie mani, che era un modo per limitare il ripescaggio dei popolani, un tempo nobili, solo ai livelli alti del gruppo dei popolani.[55]

Le nuove gerarchie sociopolitiche genovesi avevano dunque creato una serie di scontenti a catena. I nobili "poveri", all'inizio del Seicento, chiedevano di accedere alle cariche pubbliche come forma di sussidio, sottraendole così ai "cittadini di mezzo", non nobili ma neanche lavoratori manuali; a loro volta i *cittadini* protestavano contro la degradazione inevitabile che subivano per colpa dei nobili che si arrogavano la qualifica di "cittadini"; facendosi chiamare cittadini: «ci hanno privato del nostro nome e del nostro luogo decente confondendoli con la *feccia* degli artesi, mentre molti vivono di commercio e di esercizi dichiarati nobili».[56] Uno scivolamento continuo che ebbe il difetto di peggiorare la condizione di tutti i non veri nobili, respingendo verso la "feccia" della società quel ceto di medi- cittadini che aveva rappresentato il nerbo del Popolo del Due-Trecento.

I provvedimenti di definizione del ceto politico presi in altre città del periodo presentano un linguaggio molto simile ai casi esaminati, anche se si riferivano a realtà sociali completamente diverse, che non distinguevano più i cittadini in base ai gradi di partecipazione ma consideravano ormai un dato ineludibile l'esclusione dalla vita politica cittadina di mercanti di bassa condizione, artigiani, lavoratori manuali. Questi non potevano accedere agli uffici pubblici, salvo eccezionali casi di cooptazione, che spiegano bene come il meccanismo di esclusione controllata consegnasse nelle mani delle élites "nobiliari" un capitale politico enorme, fondato più sulla possibilità di selezione che sulla rigida esclusione dei non nobili.

A Milano, per esempio, nel corso delle numerose riforme per regolare l'accesso al Decurionato, riservato «ai soli nobili di nascita e cittadini ori-

55. Carlo Bitossi, *I confini dell'oligarchia. Allargamenti e delimitazioni del ceto dirigente a Genova (secoli XIV-XVIII)* in *Fra le mura della modernità. La rappresentazione del limite dal Cinquecento a oggi*, a cura di Lina Scalisi e Carlos Josè Hernando Sanchez, Roma, Viella, 2019, pp. 91-104.

56. Rodolfo Savelli, *Cittadini di governo a Genova: ricchezza e potere fra Cinquecento e Seicento*, in «Materiali per una storia della cultura giuridica», X (1980), pp. 277-356, qui p. 347.

ginari con l'abitazione da 100 anni», il collegio dei giureconsulti sentiva ancora il bisogno di specificare che: «si intende *antica famiglia* che abbia superato i cento anni e che si sia astenuta dalla mercatura, da negozi e dai sordidi guadagni, sia esercitati in proprio sia attraverso intermediari».[57]

Naturalmente il provvedimento non fermò un lento ricambio delle famiglie che accedevano ai consigli, ma ebbe l'effetto di sottoporre questo ricambio a un rigido sistema di cooptazione e di ingresso controllato. Ancora una volta, la valutazione empirica delle persone era la principale chiave di accesso alle istituzioni, con uno sbarramento ideologico relativo all'esercizio di alcuni mestieri e possibili eccezioni a discrezione dei governanti del momento.

A Parma il quadro era simile, ma con un particolare in più: la disciplina di accesso alle cariche redatta nel 1567 (la *Riforma dell'illustrissimo Consiglio Generale*) riservava la partecipazione ai consigli solo ai:

> *nati* da principio nobilmente e di vero e giusto matrimonio, che non siamo sottoposti a patria potestà, di fede e amore verso la patria, di vita onesta e buoni costumi e di buona voce e fama pendenti e tenuti comunemente come uomini di retta coscienza...che *non* abbiano esercitato alcuna *arte*, eccetto quelli per le quali li esercenti sin ora sono stati ammessi in consiglio ordinariamente e non per qualche grazia o specialità[58]

dove colpisce, da un lato, la genericità dei criteri morali usati per l'autovalutazione del ceto di governo («fede e amore per la patria») e dall'altro l'esclusione condizionata degli esercenti l'arte che erano entrati in consiglio grazie a un privilegio. Come dire: l'esclusione degli artigiani era sempre attiva, ma alcuni, entrati da tempo per via ordinaria, potevano rimanere in consiglio, mentre erano da respingere i privilegiati, che forse avevano seguito dei percorsi esterni ai normali circuiti di valutazione interni ai consigli. La posta in gioco era infatti il controllo dell'accesso ai consigli, più che l'esclusione preventiva dei non nobili.

57. Michela Barbot, *Il patriziato milanese: un'élite aperta? Ricambio politico e mobilità sociale nel ceto dirigente ambrosiano*, in *Per una storia sociale del politico. Ceti dirigenti urbani* italiani e spagnoli nei secoli XVI-XVIII, a cura di Marco Cattini, Marzio Romani e José Manuel De Bernardo Arès, in «Cheiron», XXII (2004), pp. 71-100, qui p. 98.

58. Marco Cattini, Marzio Romani, *Per uno studio delle elites municipali di due capitali di stato: Parma e Modena nei secoli dell'età moderna*, in «Cheiron», XXI (2004), pp. 101-134, cit. a p. 111.

Lo stesso avveniva a Modena, altra capitale dello stato estense, prima nel 1542 con l'elezione di dodici "Conservatori a vita" estratti dalle famiglie più nobili per porre rimedio alla frequenza: «di assai persone plebee e di poca reputazione e di poco ingegno, le quali sempre tirano a traverso e contrario delli pareri di quelli che meglio di loro s'intendono delle cose del mondo». In realtà il disegno puntava più in alto, al controllo delle elezioni, come si vide nel 1577 quando Alfonso II si arrogò il potere di eleggere ogni due anni gli otto grandi elettori.[59]

A Bologna, dove pure mancava una formalizzazione giuridica dell'ordine nobiliare, il sistema di selezione era molto simile: per essere considerati *gentilhomini* era necessario non aver mai esercitato un'arte meccanica negli ultimi 30 anni; altrettanto chiara è la definizione dei criteri di selezione degli uomini *honorati*, abili a ricoprire le cariche maggiori da parte dell'élite.[60] La divisione per ceti era operata dai Senatori al momento delle *imborsazioni*, vale a dire l'inserimento dei nomi degli eleggibili da cui venivano estratti gli officiali della città: una garanzia per chi voleva assegnare solo alla nsobiltà gli uffici maggiori. Si trattava dunque di affermare una scelta politica, imponendo una selezione da parte degli *honorati* come criterio di base per entrare nei consigli. In effetti così avvenne: a un nucleo di famiglie "originarie" si aggiunsero poco alla volta nuovi membri estratti da ceti diversi ritenuti degni o affidabili per ragioni professionali o economiche.

Su questa base – definizione di liste bloccate di famiglie anticamente impegnate nei maggiori uffici della città – furono redatti i numerosi libri d'oro delle aristocrazie toscane, come quello di Lucca: nel 1628 il consiglio generale fece copiare in un libro i nomi e i cognomi e le "armi" (gli stemmi) di quei cittadini che facevano parte del governo e dei loro figli legittimi e naturali nonché di tutti quelli che vi avevano fatto parte negli ultimi 70 anni «pigliandosi tali nomi con giuramento di quelli che vivevano o da padre o da altri parenti loro e scontrandosi, rispetto ai morti, con i *libri* di cancelleria».[61] Dove, tra le altre cose, i libri di cancelleria, come le liste di membri del consiglio delle età precedenti diventavano fonti per la nobilitazione delle famiglie del ceto dirigente locale.

59. Ivi, p. 111.

60. Angelozzi, Casanova, *Diventare cittadini*, pp. 53-54.

61. Bruno Casini, *I libri d'oro della repubblica e del ducato di Lucca* in «Bollettino storico pisano», 62 (1993), pp. 221-251, a p. 221.

Si conferma l'esito finale che la chiusura genealogica (consentita dal criterio dell'origine e della continuità) doveva raggiungere: da un lato separare i cittadini dallo strato alto della società politica, e dall'altro escludere definitivamente il ceto artigianale dalla vita pubblica, declassandolo sul piano sociale e giuridico. Ancora una volta appartenenza e partecipazione erano del tutto separate, con la conseguenza, non irrilevante, di portare all'esclusione dalla vita politica di una parte consistente della popolazione, in particolare quei ceti artigianali "meccanici" che avevano invece rappresentato il corpo politico dei governi di Popolo. In questione era dunque l'eredità e il modello di quel governo delle Arti che per circa un secolo aveva consentito (e anzi imposto) una partecipazione diretta degli iscritti alle corporazioni di arti. Nel bene e nel male fu questa partecipazione "larga" – presto divenuta anche scandalosa – a segnare la memoria politica del comune nei secoli successivi. In direzioni diverse e per certi versi paradossali.

4. *L'impossibile ritorno al Comune: forme di uso politico dell'età comunale*

La costituzione dei patriziati aveva impresso un cambiamento sostanziale alla parabola della *civilitas* duecentesca fino a modificare, almeno in alcune realtà, il significato stesso del termine. Il cambiamento linguistico accompagnò l'affermazione di un sistema di cooptazione che lasciava gran parte dei cittadini fuori dalle istituzioni, creando un imbuto sociale pericoloso perché rendeva instabili e aperti alle contestazioni i governi cittadini.

Nel corso del Settecento le chiusure oligarchiche dei patriziati urbani furono oggetto di critiche politiche che, per la prima volta, mettevano in discussione il sistema politico post comunale, confrontato con quello "originale" del Comune aperto. Un dibattito molto presente nella realtà bolognese dove la memoria del comune era ancora attiva, nonostante la natura oligarchica dei regimi dal tardo Quattrocento in avanti. Si tratta di battaglie ideologiche che partivano sempre da liti sui meccanismi elettorali o da contestazioni su singole elezioni di personaggi di incerta origine. A Bologna – in occasione di una lunga disputa intorno all' eleggibilità di due Anziani sostenuti dal Senato – si fece presente da parte di alcuni giuristi che i meccanismi della "repubblica comunale", vale a dire lo statuto del 1376 mai venuto meno, non mettevano limiti sociali così stretti ai candidati alla carica di Anziano. Era un argomento antistorico, eppure il comune del 1376 si presentava ancora come un orizzonte politico aperto per i sostenitori di un sistema elettorale meno censitario. Così si contrapposero le regole "democratiche" del comune – «e perché la natura della repubblica richiede pure che gli *altri* cittadini havessero honorati impieghi...» alla pratica consuetudinaria per cui: «ogni cittadino viene a godere di quell'onore di gradi nella sua patria che è più proporzionato alla sua condizione e professione». Si metteva in luce, in altre parole, il pericolo che l'applicazione della consuetudine nobiliare avrebbe portato all'esclusione dalla "repubblica" di gran parte della popolazione cittadina, con grave danno per la stabilità del sistema.[62] La parte nobiliare rispose con altrettanta veemenza, negando il valore della legge (sempre lo statuto del 1376) in favore della forza della consuetudine: se la *consuetudo* da secoli prevedeva uno sbarramento censitario, era questa a dettare legge e non lo statuto. È interessante in questo scontro – che paventava le conseguenze politiche dell'esclusione dei «cittadini» semplici – il recupero ideologico dell'età comunale come momento partecipativo della storia cittadina. Il Comune medievale, in maniera per certi versi idealizzata, era visto come una repubblica aperta a tutti, diventando uno sfondo storico-ideologico dove iscrivere le prime rivolte contro le aristocrazie chiuse degli antichi stati italiani del XVIII secolo.

Una situazione simile si verificò a Cremona, dove una petizione presentata nel 1707 da una "congregazione di cittadini" al nuovo governatore asburgico, il marchese Castelli, insisteva proprio sull'ingiustizia del meccanismo di rappresentanza che riservava i posti in consiglio a una ristretta nobiltà cittadina, contro il tenore dello statuto del 1388, ancora formalmente in vigore;[63] ma soprattutto i *decurioni* moderni, appartenenti a un numero chiuso di famiglie, gestivano tutti gli uffici pubblici tenendo alti i prezzi

62. Angelozzi, Casanova, *Diventare cittadini*, pp. 64-66. si veda anche Sandra Verardi Ventura, *L'ordinamento bolognese dei secoli XVI e XVII*, in «L'Archiginnasio», LXXIV (1979), pp. 181-425, qui p. 349; il saggio è un'introduzione alle memorie di Ciro Spontone, consultore del senato di Bologna, *Lo stato il governo e i magistrati di Bologna*, redatto nei primi anni del 1600. Vedi anche pp. per gli esempi relativi al riutilizzo del "comune" nel XVIII secolo che riprendo nelle righe seguenti.

63. Alice Pizzocaro, *Potere e ricchezza di un'élite aristocratica lombarda: il patriziato cremonese nella prima metà del XVIII secolo*, in «Archivio storico lombardo», CXX (1994), pp. 209-242.

e non pagando le tasse «con lesione della giustizia distributiva e danno di cadaun estimato». La richiesta di integrare il consiglio generale con nuovi membri aveva dunque un'urgente ragione economica e sociale che esigeva un ripensamento dei meccanismi di rappresentanza, bloccata ancora dalle regole implicite elaborate nel corso del XVI secolo. Anche in questo caso abbiamo un recupero del Comune come momento aurorale di apertura del sistema politico: la "congregazione" dei cittadini, definiti come "estimati civili", non si riconosceva più in una città che doveva essere «madre comune», e chiedeva il rispetto dello statuto di quattro secoli prima che stabiliva quale fosse il «bonum civium communis Cremone».[64]

Le proteste non ottennero il risultato sperato, nonostante l'appoggio del marchese Castelli. Il progetto del tollerante governatore asburgico riprendeva un più moderato modello di "governo misto" che doveva dare voce alle diverse componenti della società urbana – distinta in ottimati, nobili, cittadini onorevoli, mediocri, cittadini infimi – ma non fu sufficiente la sua buona predisposizione; pensare che un'oligarchia salda come quella cremonese potesse essere messa in discussione a causa del "non rispetto" dello statuto del 1388, era forse un'aspettativa eccessiva.

In ogni caso, il richiamo all'età comunale-repubblicana, alla metà del Settecento, era un argomento politico importante anche per determinare il momento formativo della nobiltà civica delle città toscane. La famosa legge sulla nobiltà del 1750, emanata dal Granduca Francesco Stefano di Lorena, riconosceva la netta distinzione fra nobiltà e cittadini (che potevano accedere solo agli ordini minori) e allo stesso tempo ricordava l'origine cittadina della nobiltà che affondava le radici nella nobiltà feudale e nell'aristocrazia consolare: «riconosciamo nobil esser tutti quelli che posseggono o hanno poseduto feudi nobili... E finalmente la maggior parte di quei che hanno goduto o sono habili a godere presentemente *il primo e più distinto onore* delle città nobili loro patrie...».[65] Qui si aprono due possibilità: chi aveva ricoperto gli uffici maggiori doveva portare come prova la presenza di qualche suo antenato nei libri del Priorista, o degli Squittini per le maggiori magistrature repubblicane; coloro che invece erano stati esclusi per ragioni politiche, «serve che portino in quella vece l'attestazione di trovarsi di loro antenati descritti *fra i Grandi ai libri delli statuti*, degli

64. Ivi, p. 209.

65. *Legislazione toscana raccolta e illustrata da Lorenzo Cantini socio di varie accademie*, tomo primo, Firenze, nella Stamp. Albizziniana da S. Maria in Campo, 1800.

ordinamenti di giustizia ed in *altri libri pubblici* esistenti originalmente nell'archivio di palazzo».

I libri del comune, fossero liste di consiglieri o libri di bandi (inseriti negli statuti) valevano dunque come prove di nobiltà nel composito mondo degli antichi stati italiani che, pur nella molteplicità dei criteri adottati, trovava un punto condiviso proprio nell'antichità, vera o fittizia, delle proprie aristocrazie cittadine, ben piantate nell'età comunale. Naturalmente non mancavano le critiche a questa forma autoctona di autopromozione delle élite nobiliari.

I consulenti del Granduca toscano individuavano proprio nell'antiquato ma persistente modello repubblicano il limite maggiore alla costruzione di una moderna politica centralizzata della corte.[66] L'obiettivo polemico era proprio il nesso – così radicato nelle città toscane – che collegava in modo automatico la nobiltà con la partecipazione agli uffici: non solo perché era un sistema antico e per nulla diffuso nelle grandi monarchie europee, ma perché concentrava nelle mani della stesse élite cittadine il potere di "fare i nobili", esautorando di fatto la corte. Al contrario, si doveva riportare sotto la potestà del sovrano la prerogativa di nominare/selezionare i veri nobili che certo non diventavano tali per la semplice partecipazione alle insulse pratiche repubblicane dei governi urbani. Era la fine, quasi per esaurimento, della capacità di radicare nell'età comunale le origini dei ceti eminenti cittadini.

66. Marcello Verga, *Da cittadini a nobili. Lotta politica e riforma delle istituzioni nella Toscana di Francesco Stefano*, Milano, Giuffrè, 1990.

Epilogo

Quello che emerge da queste rapide comparazioni è la profondità delle trasformazioni intervenute sul concetto di *civilitas* e sul significato del termine *civis* nel corso dei due secoli presi in esame.

Nella seconda metà del Duecento è chiarissima la dimensione totalmente negoziale delle forme di integrazione in città, che prevedevano, certo, la concessione della cittadinanza formale ai nuovi immigrati, senza esaurirsi tuttavia in quella. Essere *civis* non era uno status fisso, ma una condizione da mantenere per tutti gli abitanti della città. Lo spazio sociale della vita urbana era regolato da strumenti diversi, che determinavano cosa le persone dovevano fare e fin dove potevano agire in un contesto comunitario. Le caratteristiche che le normative urbane duecentesche avevano imposto allo status di cittadino – residente in città o nel contado, contribuente fiscale e iscritto a un'arte, e poi originario o artificiale – avevano creato "stati di cittadinanza" diversi, come un percorso a tappe in cui si poteva anche retrocedere, ma non erano mai arrivate a definire una condizione univoca del *civis* sotto il profilo giuridico o politico. E non avrebbero neanche avuto modo di farlo.

Usando delle fonti "trasversali" e non dirette – elenchi di nuovi *cives*, processi di cittadinanza, elenchi di malpaghi, proteste e revisioni di status – si è visto quanto le diverse categorie di cittadini, veri o fittizi che fossero, condividessero una dimensione pragmatica di cittadinanza. Diritti e doveri erano connessi al grado di cittadinanza che i singoli possedevano, o avevano raggiunto, in un dato momento. Si poteva naturalmente essere privati di una parte di questi diritti, soprattutto quelli di protezione (possibilità di essere difesi in tribunale), ma il sistema rimaneva comunque flessibile: (quasi) ogni condizione negativa era reversibile e i numerosi cambi di status dimostrano come la rete documentaria pubblica registrasse, con una certa accuratezza, le numerose varianti che potevano complicare, nel tempo, la vita pubblica dei *cives* riconosciuti. La *civilitas* era di fatto la veste formale con cui si indicava la quota variabile di diritti assegnata alle persone, in base alle condizioni individuali e alla capacità dei singoli di soddisfare le condizioni dell'appartenenza urbana, pena l'esclusone, parziale o prolungata, dalla protezione del comune.

Certo, il regime di Popolo aveva immesso nel sistema politico – e nelle relazioni fra popolazione urbana e istituzioni – un filtro ingombrante: l'iscrizione alle corporazioni di mestiere per accedere agli organi direttivi del nuovo comune popolare. Un filtro che però apriva l'accesso alle istituzioni e agli organismi di vertice per un numero relativamente ampio di persone di livello medio e medio alto, provenienti dal mondo dei mestieri, potenzialmente anche da quelli "meccanici". Sono note le accortezze delle élites mercantili per riservare le cariche maggiori a una ristretta scelta di famiglie qualificate per mezzi e conoscenze tecniche,[1] ma è indubbio che i regimi di Popolo, comunque li si vogliano intendere, sono stati segnati profondamente da questa inversione dei criteri dell'eminenza sociale correnti nell'Europa bassomedievale. Con l'aggravante di un sistema di esclusione impostato proprio sulla stigmatizzazione delle forme di preminenza personale di natura militare o magnatizia: non solo nobili, *milites* e discendenti e magnati non potevano accedere alle cariche maggiori, ma erano anche sottoposti a provvedimenti repressivi come l'esilio o il soggiorno obbligato in località precise. Un rovesciamento ancora più forte delle gerarchie reali e immaginarie delle società medievali.

Questo processo di emarginazione del nemico incise diffusamente sulle forme di appartenenza alla città. Il grande laboratorio di norme e di conflitti costruito intorno all'esclusione politica, nell'ultimo quarto del Duecento, aveva infatti indebolito la dimensione civica degli avversari, impedendo loro la partecipazione alle istituzioni comunali (passiva e attiva). Il bando escludeva dalla città, ma soprattutto delimitava un insieme di sospetti che si riproducevano nel tempo, da tenere fuori dal Popolo e dalle istituzioni cittadine; e anche quando venivano riammessi, il loro inserimento nella vita politica dava adito continuamente a conflitti giudiziari, denunce anonime, contestazioni più o meno capziose intorno alla fedeltà incerta dei parenti dei banditi.

1. Tanzini, *Il fantasma della rappresentanza*; Id., *A consiglio*.

La qualità civica dei sospetti, e dei loro discendenti, era diminuita non tanto sul piano giudiziario, quanto su quello politico-partecipativo. Restavano *cives*, ma inabili (formalmente) alla politica. Sappiamo che questo non impediva né la loro permanenza in città, per altro arricchita da una miriade di provvedimenti di amnistia e reinserimento più o meno formali, né il mantenimento, in molti casi, di posizioni di potere rilevanti sul piano economico e militare. E tuttavia l'esclusione dalla partecipazione entrò stabilmente, e di diritto, nei sistemi per diminuire la forma di appartenenza connessa alla *civilitas*. Una divaricazione sancita dalla legge, in cui il divieto di eleggibilità veniva usato come pena per imporre una condizione peggiorativa della vita civile ai nemici politici. Di converso, una parte della popolazione urbana, gli iscritti alle società di Popolo e i loro parenti, aveva sia garanzie giudiziarie aumentate (grazie ai *privilegia*) sia l'accesso diretto alle istituzioni consiliari e direttive del comune. Non siamo ancora davanti a un nuovo modello di *civilitas*, ma la disconnessione fra essere *civis* e partecipazione politica trovò una prima sostanziale applicazione nei modi di definizione pratica dell'appartenenza, anche se intesa solo a tener fuori le famiglie pericolose.

La spinta burocratica a creare un apparato documentario finalmente "chiuso" in due macroinsiemi di cittadini, esclusi ed inclusi, si doveva scontrare con le convulsioni interne al regime guelfo diviso in sotto-*partes* ora nemiche. Le esclusioni successive al conflitto fra Neri e Bianchi, fra il 1303 e il 1306, provocarono nelle città popolari guelfe, Firenze e Bologna in primo luogo, una complessa politica di riconoscimento del nemico che usava criteri diversi da quelli tradizionali. Criteri che, per la prima volta, mettevano in dubbio la natura univoca della lista a favore di un meccanismo astratto in grado di trasformare le persone: si poteva "diventare qualcosa" in base a una decisione del consiglio, che modificava lo status delle persone interessate, anche contro la realtà (precedente). In questo modo, il tardo comune di Popolo innestò, nelle definizioni di status, un elemento autoritario e coercitivo che prescindeva dalle realtà e in parte dalle normali forme di riconoscimento dei singoli nei contesti vicinali urbani, come testimonianze dei vicini o azioni pratiche di residenza attiva in città. L'attribuzione di uno status per analogia (appunto: *come se*...) divenne un potente strumento ideologico nei conflitti politici del periodo successivo, soprattutto in connessione con la ridefinizione di un corpo ristretto di *cives* riconosciuti, parallelo alla riduzione dello spazio politico lasciato ai nuovi *cives* immigrati di recente e poi, come è noto, agli strati artigianali del Popolo.

È nell'ambito di questi conflitti plurimi – presenti in tutte le grandi città, non solo quelle di Popolo – che presero forma altri due macro-meccanismi di articolazione locale della *civilitas*: la distinzione fra *originarii* e cittadini immigrati (detti anche cittadini *ficti*), integrati con un privilegio che li rendeva simili, ma non uguali, ai *cives* locali; e l'estensione genealogica delle condizioni civili delle persone agli eredi (o al contrario, l'ereditarietà delle condizioni degli antenati a distanza di decenni). Entrambi erano fondati su un processo di naturalizzazione che aveva avuto ampia diffusione nelle società medievali e nel pensiero scientifico sul valore della generazione e della filiazione; ed entrambi offrirono un appoggio sicuro ai processi di ristrutturazione dei vertici politici nelle città italiane del basso medioevo in senso oligarchico.

È a questa altezza cronologica, nella seconda metà del Trecento, che diventano visibili, con maggiore chiarezza, i processi di ridefinizione delle élites sociali urbane in seguito alle crisi dei sistemi comunali a base popolare, agli ampliamenti territoriali delle città madri e alle trasformazioni dei sistemi produttivi e delle forme di organizzazione del lavoro artigianale. Da un lato, abbiamo l'integrazione controllata della popolazione mobile, immigrata di recente, attraverso privilegi di cittadinanza parziali e rivedibili; e dall'altro la promozione di un gruppo autodefinito di originari, che scelse proprio l'attività politica (il diritto all'attività politica) come segno distintivo dal resto della popolazione, sia immigrata sia di livello sociale inferiore. Se è vero che la partecipazione non esaurì mai la cittadinanza – che ebbe sempre molte altre forme di espressione –, è tuttavia innegabile che proprio la possibilità di entrare negli organi politici della città servì a definire i confini di un ordine tendenzialmente separato di super-cittadini, portatori di un ideale di *civilitas* superiore e destinati a perpetuare un ceto di governo predefinito.

Questo non impedì l'esistenza di molteplici sistemi di ricambio sociale all'interno delle città bassomedievali. Anzi, le connessioni intercetuali fra individui e famiglie di diversa estrazione sociale aumentarono notevolmente sia nelle città repubblicane sotto forma di patronato, sia nelle città signorili, governate da fazioni ormai istituzionalizzate, che in molti casi avevano una struttura verticale apparentemente non intaccata dalle differenze sociali.[2] Si trattava, comunque, di un sistema di controllo quasi

2. Per un quadro di sintesi Letizia Arcangeli, *Aggregazioni fazionarie e identità cittadina nello stato di Milano (fine XV e inizio XVI secolo)*, in Ead., *Gentiluomini di Lombar-*

sempre esercitato da un gruppo di super-*cives* sul resto della popolazione politicamente attiva: una posizione di dominio che prevedeva la possibilità di ascesa – o di reclutamento nella fazione – a patto di essere scelti da un gruppo di uomini prudenti e savi. L'ascesa era, in buona misura, una funzione della cooptazione, clientelare o fazionaria che fosse.

Gli effetti di questa disgiunzione fra appartenenza e partecipazione politica – pienamente teorizzata dai governi cittadini e dalla trattatistica giuridica del XV secolo – sono fondamentali per capire la rapida evoluzione della *civilitas* verso una frammentazione locale in regimi differenziati di diritti: si poteva essere residenti senza avere accesso alle istituzioni; cittadini popolari con sbocchi limitati a livelli bassi dell'amministrazione; oppure *cives* "veri e originari" che potevano aspirare alle cariche maggiori, magari per via ereditaria. Di più, il livello della carica istituzionale finì per dare il nome al grado di cittadinanza delle singole persone: si era cittadino di primo, secondo o terzo livello secondo la carica che si poteva ricoprire. Una confusione linguistica significativa, che denota l'esistenza di una pluralità di regimi di cittadinanza ordinati gerarchicamente in base al rilievo politico dell'ufficio.

Erano i segni di un processo generale di ristrutturazione degli assetti sociali, con un esito paradossale per la nozione di *civilitas*: nel tardo secolo XV, il termine *cives*, applicato ormai a persone troppo diverse sul piano sociale e politico, perse lentamente il suo significato universale per indicare uno strato intermedio (ma medio-basso più che medio alto) di soggetti con alcune limitate competenze politiche. Il prevalere del criterio genealogico nei decenni finali del XV secolo favorì un'ulteriore polarizzazione della popolazione urbana in due categorie: nobili/gentilhuomini/honorati contrapposti ai "cittadini", tutti sideralmente lontani dai "plebei", un insieme di persone residente in città ma totalmente privo di rappresentanza sociale e politica. La distinzione fra nobili e cittadini era per altro diffusa anche in gran parte delle città europee, che elaborarono sistemi di distinzione fra abitanti abilitati al lavoro e cittadini eleggibili nei consigli. [3]

dia. Ricerche sull'aristocrazia padana nel Rinascimento, Milano, Unicopli, 2003, pp. 365-419, con rimando alla numerosa bibliografia sul tema; Marco Gentile, *Fazioni al governo. Politica e società a Parma nel Quattrocento*, Roma, Viella, 2009.

3. Per alcuni paragoni europei si veda la creazione di una massa di cittadini con diritti ridotti, chiamati con il nome nuovo di Hintersasse: un borghese con i diritti degli altri con la sola restrizione dell'accesso ai consigli in Regula Schmid, *Comportarsi da buon borghese: le pratiche del diritto di borghesia a Zurigo e a Berna (1450-1550)*, in «Quaderni storici»,

Una linea sinuosa collega, dunque, la costruzione della *civilitas* pragmatica nel pieno Duecento con i processi di selezione delle élites politiche dei secoli XIV e XV. Una linea che unisce i due poli ma con segni invertiti, con un rovesciamento speculare delle gerarchie sociali e ideologiche relative al valore delle persone: dall'affermazione delle corporazioni di Arti e dell'esercizio di un mestiere del pieno Duecento, alla totale emarginazione dei *laboratores* e dell'attività manuale dal pedigree dei veri cittadini nel XV secolo. La presenza di antenati impegnati in attività materiali (eccetto, forse, i casi di alta mercatura) era oramai un impedimento alla nobilitazione e all'accesso alle cariche superiori anche a distanza di cento anni.

Il frequente riutilizzo della documentazione comunale nella piena età moderna conferma la natura ideologica di questo lungo processo di inversione del momento popolare: da un lato le liste di magnati e banditi politici (del Duecento) potevano essere usate come prova di nobiltà; dall'altro, le liste di consiglieri o dei Priori divennero ugualmente prova di appartenenza al corpo politico della città, anche se si trattava di una nobiltà civica, distinta da quella feudale o del primo consolato "avanti al popolo".[4] Come dire che, anche se l'élite del Popolo trecentesco aveva cercato di convertirsi in aristocrazia, rimase sempre un'ombra di sospetto verso quelle famiglie conosciute per la loro antica origine popolare-mercantile (o peggio ancora artigianale).[5] L'esito tardo cinquecentesco riflette in definitiva il peso che la scissione fra appartenenza e partecipazione continuò a esercitare nelle concezioni di cittadinanza, basate sempre di più sulla distanza fra la semplice iscrizione delle persone nelle liste di cittadini residenti in città e il gruppo scelto che invece poteva accedere al governo della comunità.

Possiamo dire che il Novecento abbia sanato questa distanza con la nozione moderna e onnicomprensiva di cittadinanza, intesa come un diritto soggettivo acquisito per nascita? È una visione possibile ma parziale, li-

89, 30 (1995), pp. 309-330, qui p. 321; una divisione presente anche ad Amsterdam, cfr. Marc Praak, *Cittadini, abitanti e forestieri. Una classificazione della popolazione nella prima età moderna*, ivi, pp. 331-357.

4. Quando non si arrivò a falsificazioni ancora più forti, come a Cremona, quando l'erudito Bressiani nel XVII secolo non solo inserì negli statuti del Popolo numerose famiglie dell'élite cremonese, ma si inventò la regola «che le cariche del Popolo dovessero venir affidate solo a Nobili», in Astegiano, *Ricerche*, p. 316.

5. Si vedano le feroci battaglie interne alla nobiltà genovese, combattute a suon di lettere anonime, quando si trattò di decidere a quale categoria di nobiltà ci si poteva iscrivere, in Savelli, *La repubblica oligarchica*.

mitata alla dimensione istituzionale della vita associata, che non esaurisce le diversissime forme di appartenenza a una collettività. E non funziona neanche per la realtà odierna che non presenta più quel carattere monolitico e universalistico delle formulazioni assai ottimistiche di Thomas H. Marshall da cui tutte, o quasi, le riflessioni sul tema prendono le mosse. Sono cambiati i parametri di base e anche gli oggetti.

Da un lato l'accezione recente di cittadinanza si sottrae ormai alle rigide regole normative degli Stati, per prendere in esame anche le pratiche di costruzione e di integrazione comunitaria dal basso (chiamate anche "atti di cittadinanza") che sfidano le chiusure formali dell'inquadramento statale e nazionale.[6] Esistono dunque più livelli di cittadinanza che ricevono significato dai contesti locali e/o nazionali in cui sono formulati. Dall'altro, la moltiplicazione dei livelli di appartenenza ha intaccato da tempo la natura universale del diritto di cittadinanza, creando numerose categorie di appartenenza con significati e ambiti di azione molto diversi.[7] Anzi un tratto unitario delle numerosissime definizioni di cittadinanza presenti nella letteratura recente (relativa all'ultimo ventennio) è proprio la dimensione polifona, fluida e di fatto imprendibile del termine stesso di cittadinanza. Tutti o quasi gli studi sul tema non possono non rilevare la frammentazione e la crescente divaricazione fra i livelli di cittadinanza esistenti all'interno delle comunità politiche attuali. Gli status intermedi si sono moltiplicati a dismisura, così come lo sono le forme sospese, anche sul piano giuridico, degli stati relativi alla mobilità. Le qualifiche di migranti, rifugiati, esiliati clandestini sono attribuite con una tale plastica arbitrarietà che ormai è impossibile coglierne il senso logico oltre che giuridico. Questo scioglimento delle categorie giuridiche prestabilite è un fenomeno che avvicina molto la situazione attuale alle dinamiche fluide di antico regime.

Il limite apparentemente chiaro fra gli originari e gli immigrati tende infatti a confondersi durante i processi migratori che cambiano la compo-

6. Si prendano come esempio gli studi riuniti in Engin Isin, G.M. Nielsen, *Acts of Citizenship*, London-New York, Zed, 2008. Un caso per noi utile è Louise Caron, Haley McHavey, Mirna Safi, *Born again French: Explaining inconsistency in Citizenship declarations in French Longitudinal data*, in «American Sociological Review», 88, 6 (2023), 1066-1103.

7. Si parla ormai sempre più spesso di cittadinanza a più livelli per indicare regimi di cittadinanza diversi nello stesso territorio, per una panoramica *Multilevel Citizenship*, a cura di Willem Maas, Philadelphia, University of Pennsylvania Press, 2013, e Willem Maas, *Multilevel Citizenship*, in *Oxford Handbook of Citizenship*, a cura di Ayelet Shachar, Rainer Bauboeck e Irene Bloemraad, Oxford, Oxford University Press, 2017, pp. 644-668.

sizione delle popolazioni locali nel giro di qualche decennio. È il caso di molti paesi europei fra gli anni Settanta e la fine del secolo che devono fare i conti con una popolazione immigrata in tempi diversi, in parte integrata, in parte no e in continuo mutamento; e soprattutto con una società di appartenenze multiple e incerte, non facilmente classificabili con uno schema binario (dentro o fuori). Chi sono i veri originari? In quale misura e da quando si è considerati veri *cives*?

Ancora più importante, l'assegnazione di una qualifica civica è spesso temporanea, transitoria, sottoposta a controllo e, in alcuni casi, revocabile. La letteratura più avanzata sul tema delle cittadinanze multiple insiste proprio sui sistemi di diminuzione/privazione dei diritti di cittadinanza che hanno avuto, in anni recenti, uno sviluppo abnorme in tutte le legislazioni statali.[8] La cittadinanza può essere ritirata, cancellata d'ufficio, come un qualsiasi privilegio d'ancien regime che durava il tempo di permanenza di un legame di fedeltà o di subordinazione. Nulla di più lontano dal concetto, comunemente inteso, di diritto "acquisito".

8. Un indirizzo di studi recentemente rivitalizzato prende in esame i processi di denaturalizzazione: Matthew Gibney, *Should Citizenship Be Conditional? The Ethics of Denationalization*, in «The Journal of Politics», 75, 3 (2013), pp. 646-658; Id., *Denaturalization/denationalization*, in *Oxford Handbook of Citizenship*, pp. 358-382; e Id., *Banishment and the pre-history of legitimate expulsion power*, in «Citizenship Studies», 24, 3, (2020), pp. 277-300 che si ricollega esplicitamente al bando. Sullo stesso tema Rebecca Kingston, *The Unmaking of Citizens: Banishment and the Modern Citizenship Regime in France*, in «Citizenship Studies», 9, 1 (2005), pp. 23-40.

Bibliografia

Fonti edite

Brevi dei consoli del comune di Pisa degli anni 1162 e 1164, a cura di Ottavio Banti, Roma, Istituto storico italiano per il medioevo, 1997.

Brevi del Comune e del Popolo di Pisa dell'anno 1287, a cura di Antonella Ghignoli, Roma, Istituto storico italiano per il medioevo, 1998.

Codice diplomatico cremonese (715-1334), a cura di Lorenzo Astegiano, in *Historia patrie monumenta*, Torino 1895.

Consuetudini e statuti reggiani del secolo XIII, a cura di Andrea Cerlini, vol. I, Milano, Hoepli, 1933.

Gli statuti del comune di Treviso (secoli XIII-XIV), a cura di Bianca Betto, Roma, Istituto storico italiano per il medioevo, 1986.

II libri iurium della Repubblica di Genova, vol. I/1 a cura di Antonella Rovere, Genova, Società Ligure di Storia Patria, 1992.

I registri dell'ufficio di provvisione e dell'ufficio dei sindaci sotto la dominazione viscontea, a cura di Caterina Santoro, *Inventari e regesti dell'Archivio civico*, vol. 1, Milano, Comune di Milano, 1929.

Il costituto del comune di Siena dell'anno 1262, a cura di Lodovico Zdekauer, Milano, Tip. L. Lazzeri, 1897.

Il costituto del comune di Siena volgarizzato nel MCCCIX-MCCCX, a cura di Mahamoud Salem Elsheikh, Siena, Fondazione del Monte dei paschi di Siena, 2002.

Legislazione toscana raccolta e illustrata da Lorenzo Cantini socio di varie accademie, tomo primo, Firenze, nella Stamp. Albizziniana da S. Maria in Campo, 1800.

Liber hominum et personarum comitatus Pistorii (1293-94), a cura di Giampaolo Francesconi, Firenze, Olschki, 2010.

Lo statuto del comune di Bologna dell'anno 1335, a cura di Anna Laura Trombetti Budriesi, Roma, Istituto storico italiano per il medioevo, 2008.

Marin Sanudo, *De origine, situ et magistratibus urbis Venetae, ovvero La città di Venetia* (1493-1530), a cura di Angela Caracciolo Aricò, Milano, Cisalpino, 1980.

Respublica Mutinensis (1306-1307), a cura di Emilio Paolo Vicini, Milano, Hoepli, 1929-32.

Statuta communis Parme ab anno MCCLVI ad annum circiter MCCCIX, a cura di Amadio Ronchini, Parma 1857.

Statuta Comunis Mutine, a cura di Cesare Campori, Parma, 1864.

Statuti del comune di Bologna dall'anno 1245 all'anno 1267, a cura di Luigi Frati, Bologna, Regia tipografia, 1869-1884 (Monumenti istorici pertinenti alle Province di Romagna).

Statuti del comune di Padova dal XII secolo al 1285, a cura di Andrea Gloria, Padova, Sacchetto editore, 1873.

Statuti di Bologna dell'anno 1288, a cura di Gina Fasoli e Pietro Sella, Città del Vaticano, Biblioteca Apostolica Vaticana, 1939.

Statuti pistoiesi del secolo XII, a cura di Natale Rauty, Pistoia, Società Pistoiese di Storia Patria, 1996.

Statuti pistoiesi del secolo XIII. Studi e testi, a cura di Renato Nelli e Giuliano Pinto, vol. III, Pistoia, Società Pistoiese di Storia Patria, 2002.

Statuto del Capitano del Popolo degli anni 1322-1325, in *Statuti della repubblica fiorentina*, editi a cura di Romolo Caggese, nuova edizione a cura di Giuliano Pinto, Francesco Salvestrini e Andrea Zorzi, Firenze, Olschki editore, 1999.

Statuto del comune e del Popolo di Perugia del 1342 in volgare, a cura di Mahmoud Salem Elsheikh, Perugia, Deputazione di storia patria per l'Umbria, 2000.

Venezia-Senato, Deliberazioni Miste, reg. XXXIII (1368-1372), a cura di Andrea Mozzato, Venezia, Istituto Veneto di scienze, lettere et arti, 2010.

Studi e ricerche

Albini, Giuliana, *"Civitas tunc quiescit et fulget cum pollentium numero decoratur". Le concessioni di cittadinanza in età viscontea tra pratiche e linguaggi politici*, in *The language of Political society. Western Europe, 14th-17th Centuries*, a cura di Andrea Gamberini, Jean-Philippe Genet, Andrea Zorzi, Roma, Viella, 2011, pp. 97-120.

Angelozzi, Giancarlo, Casanova, Cesarina, *Diventare cittadini. La cittadinanza ex privilegio a Bologna (secoli XVI-XVIII)*, Bologna, Comune di Bologna, 2000 (Biblioteca dell'Archiginnasio).

Arcangeli, Letizia, *Aggregazioni fazionarie e identità cittadina nello stato di Milano (fine XV e inizio XVI secolo),* in Ead., *Gentiluomini di Lombardia. Ri-*

cerche sull'aristocrazia padana nel Rinascimento, Milano, Unicopli, 2003, pp. 365-419.

Ascheri, Mario, *La cittadinanza o le cittadinanze nella città medievale italiana?* in *Roma e il papato nel Medioevo: studi in onore di Massimo Miglio*, Roma, Edizioni di Storia e Letteratura, 2012, pp. 175-183.

Ascheri, Mario, *Siena e il suo territorio nel Rinascimento.* Documenti raccolti da Mario Ascheri e Donatella Ciampoli, Siena 1986.

Ascheri, Mario, *Siena nel Rinascimento. Istituzioni e sistema politico*, Siena, Il Leccio, 1985.

Astegiano, Lorenzo, *Ricerche sulla storia civile del comune di Cremona*, in Id., *Codice diplomatico cremonese (715-1334)*, *Historia patrie monumenta*, Cremona, 1885.

Baietto, Laura, *Il papa e le città: papato e comuni in Italia centro-settentrionale durante la prima metà del secolo XIII*, Spoleto, Fondazione Centro italiano di studi sull'alto medioevo, 2007.

Bambi, Federigo, *Una nuova lingua per il diritto. Il lessico volgare di Andrea Lancia nelle provvisioni fiorentine del 1355-57*, Milano, Giuffrè, 2009.

Barbadoro, Bernardino, *Le finanze della repubblica fiorentina: imposta diretta e debito pubblico fino all'istituzione del Monte*, Firenze, Olschki, 1929.

Barbot, Michela, *Il patriziato milanese: un'élite aperta? Ricambio politico e mobilità sociale nel ceto dirigente ambrosiano*, in *Per una storia sociale del politico. Ceti dirigenti urbani italiani e spagnoli nei secoli XVI-XVIII*, a cura di Marco Cattini, Marzio Romani e José Manuel De Bernardo Arès, in «Cheiron», XXII (2004), pp. 71-100.

Becker, Marvin, *The arti minori of Florentine Politcs, 1342-1378*, in «Medieval studies» 18 (1956), pp. 93-104.

Bellavitis, Anna, *Identité, mariage, mobilité sociale: citoyennes et citoyens à Venise au XVI*[e] *siècle*, Roma, École Française de Rome, 2012.

Berti, Luca, *La lunga transizione di Arezzo da città dominante a città soggetta*, in *Il comune dopo il comune. Le istituzioni municipali in Toscana (secoli XV-XVIII*) a cura di Daniele Edigati, Lorenzo Tanzini, Firenze, Leo Olschki editore, 2022, pp. 53-67.

Biget, Jean-Louis, *Les compoix d'Albi (XIV*[e]*-XV*[e] *siècles),* in *Les cadastres anciens des villes et leur traitement par l'informatique*, a cura di Jean-Louis Biget, Jean-Claude Hervé e Yvon Thébert, Roma, École Française de Rome, 1989, pp. 101-129.

Biscaro, Gerolamo, *Gli estimi del comune di Milano nel secolo XIII*, in «Archivio storico lombardo», serie 6, LV (1928), pp. 343-481.

Bitossi, Carlo, *I confini dell'oligarchia. Allargamenti e delimitazioni del ceto dirigente a Genova (secoli XIV-XVIII)*, in *Fra le mura della modernità. La rappresentazione del limite dal Cinquecento a oggi*, a cura di Lina Scalisi, Carlos Josè Hernando Sanchez, Roma, Viella, 2019, pp. 91-104.

Bizzarri, Dina, *Ricerche sul diritto di cittadinanza nella costituzione comunale*, in Ead., *Studi di storia del diritto italiano*, a cura di Federico Patetta e Mario Chiaudano, Torino, Lattes, 1937, pp. 63-134.

Blanshei, Sarah Rubin, *Politica e giustizia a Bologna nel tardo medioevo*, Roma, Viella, 2016.

Bocchi, Francesca, *Le imposte dirette a Bologna nei secoli XII e XIII*, in «Nuova Rivista Storica», LVII, (1973), pp. 273-312.

Bortoluzzi, Dario, *Governare l'emergenza. Il caso di Bologna alla fine del XIII secolo*, in «Mélanges de l'École Française de Rome-Moyen Âge», 130-2 (2018), online.

Bottari Scarfantoni, Nicola, *Notizie sulla scuola pubblica a Pistoia nel XIV secolo dalle provvisioni del comune*, in «Bollettino storico pistoiese», 94 (1997), pp. 159-164.

Bowsky William M., *Le finanze del Comune di Siena*, 1287-1355, Firenze, La nuova Italia, 1976.

Bowsky, William M., *Cives silvestres*: *Sylvan. Citizenship and the Sienese Commune (1287-1355)*, in «Bullettino senese di storia patria», 72 (1965), pp. 1-13.

Bowsky, William M., *Medieval Citizenship: The Individual and the State in the Commune of Siena, 1287-1355*, in «Studies in Medieval and Renaissance History», IV (1967), pp. 193-243.

Braidi, Valeria, *I Modenesi nel Trecento. Il "Liber magne masse populi civitatis Mutine*", Modena, Archivio storico comune di Modena, 2004.

Brucker, Gene A., *Florentine Politics and Society* 1348-1378, Princeton, Princeton University Press 1962.

Brucker, Gene A., *Dal comune alla signoria. La vita pubblica a Firenze nel primo Rinascimento*, Bologna, il Mulino, 1981.

Buono, Alessandro, "*Tener persona": sur l'identité et l'identification dans les sociétés d'ancien régime*, in «Annales HSS», 75, 1 (2020), pp. 75-111.

Buono, Alessandro, *La manutenzione dell'identità. L'identificazione degli eredi legittimi nello Stato di Milano e nella Repubblica di Venezia (secoli XVII e XVIII*), in «Quaderni Storici», 148/1 (2015), pp. 231-266.

Cammarosano, Paolo, *Italia medievale. Struttura e geografia delle fonti scritte*, Roma, La Nuova Italia scientifica, 1991.

Cammarosano, Paolo, *Il sistema fiscale delle città toscane*, in *La Toscana nel secolo XIV. Caratteri di una civiltà regionale*, a cura di Stefano Gensini, Pisa 1996, ora in Id., *Studi di storia medievale*, pp. 243-254.

Cammarosano, Paolo, *Le origini della fiscalità pubblica*, in Id., *Studi di storia medievale*, pp. 229-242.

Cammarosano, Paolo, *Studi di storia medievale. Economia, territorio, società*, Trieste, Edizioni Cerm, 2009.

Campanelli, Maurizio, *Ciò che la filologia può dire alla storia. Vicende di manoscritti e testi antighibellini nella Firenze del Trecento* in «Bullettino dell'Istituto storico italiano per il medioevo», 105 (2003), pp. 88-247.

Campanelli, Maurizio, *Le sentenze contro i Bianchi fiorentini del 1302*, in «Bullettino dell'Istituto storico italiano per il medioevo», 108 (2006), pp. 188-377.

Carnielli, Clement, *1388: l'altra liberazione dei servi di Bologna. Libertà comunali e disuguaglianze fiscali alla fine del XIV secolo*, in «Quaderni storici», 167, 2 (2021), pp. 471-495.

Carocci, Sandro, Collavini, Simone, *Il costo degli stati. Politica e prelievo nell'Occidente medievale (VI-XIV secolo)*, in «Storica», 18 (2012), pp. 7-48.

Caron, Louise - McHavey, Haley - Safi, Mirna, *Born again French: Explaining inconsistency in Citizenship declarations in French longitudinal data*, in «American Sociological Review», 88, 6 (2023), 1066-1103.

Carpentier, Elisabeth, *Orvieto à la fin du XIII*[e] *siècle. Ville et campagne dans le cadastre de 1292*, Paris, Éditions du Centre national de la recherche scientifique, 1986.

Casarino, Giacomo, *Mondo del lavoro e immigrazione a Genova tra XV e XVI secolo*, in *Demografia e società nell'Italia medievale*, a cura di Rinaldo Comba, Cuneo, Società per gli studi storici della provincia di Cuneo, 1994, pp. 451-472.

Casarino, Giacomo, *Stranieri a Genova nel Quattro e nel Cinquecento*, in *Dentro la città. Stranieri e realtà urbane nell'Europa dei secoli XII-XVI,* a cura di Gabriella Rossetti, Napoli, Liguori editore, 1989, pp. 137-150.

Casini Matteo, *La cittadinanza originaria a Venezia tra i secoli XV e XVI. Una linea interpretativa,* in *Studi veneti offerti a Gaetano Cozzi*, Venezia, Il Cardo, 1992, pp. 133-150.

Casini, Bruno, *I libri d'oro della repubblica e del ducato di Lucca* in «Bollettino storico pisano», 62, (1993), pp. 221-251.

Castelnuovo, Guido, *Être noble dans la cité: noblesses italiennes en quête d'identité (13.-15. siècle)*, Paris, Classiques Garnier, 2014.

Cattini, Marco, Romani, Marzio, *Per uno studio delle elites municipali di due capitali di stato: Parma e Modena nei secoli dell'età moderna*, in «Cheiron» XXI (2004), pp. 101-134.

Cerutti, Simona, *Étrangers, Étude d'une condition d'incertitude dans une société d'Ancien Régime*, Paris, Bayard, 2012.

Cerutti, Simona, *Introduction* in *La cité des choses* [v.], pp. 5-29.

Chabot, Isabelle, *La dette de familles. Femmes, lignages, patrimoines à Florence aux XIV*[e] *et XV*[e] *siècles*, Roma, École Française de Rome, 2011.

Chamboduc de Saint Pulgent, Diane, *Les listes de population lucquoises des années 1370-1372: outils d'histoire politique*, in *Le pouvoir des listes au Moyen âge*, a cura di Etienne Anheim, Laurent Feller, Madeleine Jeay e Giuliano Milani, vol. 2, Parigi, Editions de la Sorbonne, 2020, pp. 21-44.

Cherubini, Giovanni, *La Tavola delle possessioni del comune di Siena*, in «Rivista di storia dell'agricoltura», XIV/2 (1974), pp. 5-14.

La cité des choses. Une nouvelle histoire de la citoyenneté, a cura di Simona Cerutti, Thomas Glesener e Isabelle Grangaud, Toulouse, Anacharsis, 2024.

Cittadinanza e disuguaglianze economiche: le origini storiche di un problema europeo (XIII-XVI secolo), a cura di Clement Lenoble e GiacomoTodeschini = «Mélanges de l'Ecole Française de Rome-Moyen Âge», 125-2 (2013), online.

Cittadinanza e mestieri. Radicamento urbano e integrazione nelle città bassomedievali (sec. XIII-XVI), a cura di Beatrice Del Bo, Roma, Viella, 2014.

Cittadinanze medievali. Dinamiche di appartenenza a un corpo comunitario, a cura di Sara Menzinger, Roma, Viella, 2017.

Clanchy, Michael, *From Memory to Written Record. England, 1066-1307*, London, Blackwell, 1979.

Cohn, Samuel Kline jr., *The Laboring classes in Renaissance Florence*, New York, Academic press, 1980.

Collavini, Simone, Carocci, Sandro, *Il costo degli stati. Politica e prelievo nell'Occidente medievale (VI-XIV secolo)*, in «Storica», 18 (2012), pp. 7-48.

Conti, Elio, *L'imposta diretta a Firenze nel Quattrocento (1427-1494)*, Roma, Istituto storico italiano per il medioevo, 1984.

Costa, Pietro, *Civitas. Storia della cittadinanza in Europa*, 1. *Dalla civiltà comunale al Settecento*, Bari, Laterza, 1999.

Costa, Pietro, *Il discorso della cittadinanza in Europa: ipotesi di lettura,* in *Cittadinanza. Individui, diritti sociali, collettività nella storia contemporanea*, Atti del convegno annuale della SISSCO (Padova, 2-3 dicembre 1999), a cura di Carlotta Sorba, Roma, Ministero dei beni e delle attività culturali, 2002, pp. 12-37.

Covini, Maria Nadia, *La patente perfetta. I privilegi accordati ai Simonetta dagli Sforza*, in *Cittadinanza e mestieri* [v.] pp. 181-208.

Covini, Maria Nadia, *Professione legale e distinzione sociale: casi lombardi fra Tre e Quattrocento*, in *La mobilità sociale nel Medioevo italiano*, pp. 299-323.

Davidsohn, Robert, *Forschungen zur Geschichte von Florenz,* Berlin 1901.

Daviso di Charvensod, Maria Clotilde, *I più antichi catasti del comune di Chieri (1253)*, in «Bollettino storico-bibliografico subalpino», XXXIX (1937), pp. 66-102.

De Angelis, Laura, *La cittadinanza a Firenze (XIV-XV secolo),* in *Cittadinanza e mestieri* [v.], pp. 141-158.

De Benedictis, Angela, *Citizenship and Government in Bologna (Sixteenth-Seventeenth Centuries)*, in *Privileges and Rights of Citizenship. Law and the*

Juridical Construction of Civil Society, a cura di Julius Kirshner, Laurent Mayali, Berkeley, The Robbins Collection, 2002, pp. 127-146.

de Miramon, Charles, van der Lugt Maaike, *Penser l'hérédité au Moyen Âge: une introduction* in Maaike van der Lugt, Charles de Miramon, *L'hérédité entre Moyen Âge et Époque moderne. Perspectives historiques*, Firenze, Sismel-Edizioni del Galluzzo, 2008, pp. 3-37.

Del Bo, Beatrice, *La cittadinanza milanese: premessa o suggello di un percorso di integrazione?* in *Cittadinanza e mestieri* [v.], pp. 159-180.

Delucca, Oreste, *Rimini: un estimo del XIV secolo*, in *Le fonti censuarie* [v.], pp. 82-97.

Diacciati, Silvia, *Popolani e magnati. Società e politica nella Firenze del Duecento*, Spoleto, Centro italiano di studi sull'alto medioevo, 2011.

Donne e povertà nell'Europa mediterranea medievale, a cura di Laurent Feller, Paolo Grillo, Maddalena Moglia, Roma, Viella, 2021.

Fasoli, Gina, *Ricerche sulla legislazione antimagnatizia nei comuni dell'alta e media Italia*, in «Rivista di Storia del Diritto Italiano», XII (1939), pp. 86-133; 240-309.

Fiumi, Enrico, *L'imposta diretta nei comuni medievali della Toscana*, in *Studi in onore di Armando Sapori*, Milano, Istituto editoriale Cisalpino, 1957, pp. 329-353.

Le fonti censuarie e catastali tra tarda romanità e basso medioevo: Emilia-Romagna, Toscana, Umbria, Marche, San Marino, a cura di Alberto Grohmann, San Marino, Centro di studi storici sammarinesi, 1996.

Foschi, Paola, *Indagini preliminari e saggi campione per uno «scavo» archivistico in corso: l'estimo di Bologna del 1315*, in *Le fonti censuarie e catastali* [v.], pp. 189-217.

Franceschi, Franco, *"E saremo tutti ricchi": lavoro, mobilità sociale e conflitti nelle città dell'Italia medievale*, Pisa, Pacini, 2012.

Franceschi, Franco, *Mobilità sociale e manifatture urbane nell'Italia centro-settentrionale nei secoli XIII-XIV*, in *La mobilità sociale nel Medioevo italiano. Competenze* [v.], pp. 77-102.

Fubini, Riccardo, *Dalla rappresentanza sociale alla rappresentanza politica. Sviluppi politico-istituzionali in Firenze dal Tre al Cinquecento*, in Id., *Italia quattrocentesca*, Milano, Franco Angeli, 1994, pp. 41-61.

Gaulin, Jean-Louis, *Les registres de bannis pour dettes à Bologne au XIIIe siècle: une nouvelle source pour l'histoire de l'endettement*, in «Mélanges de l'École Française de Rome-Moyen Âge», 109-2 (1997), pp. 479-499.

Gentile, Marco, *Fazioni al governo. Politica e società a Parma nel Quattrocento*, Roma, Viella, 2009.

Giannotti, Donato, *Della repubblica de' Viniziani*, in *Opere politiche*, a cura di Furio Diaz, vol. I, Milano, Marzorati editore, 1974.

Giannotti, Donato, *Della repubblica fiorentina*, in *Opere*, a cura di Filippo Luigi Polidori, vol. I, Firenze Le Monnier 1850.

Giansante, Massimo, *Retorica e politica nel Duecento. I notai bolognesi e l'ideologia comunale*, Roma, Istituto storico italiano per il medioevo, 1999.

Giansante, Massimo, *I banchieri e la città. Azzonamento territoriale e livelli di ricchezza nell'estimo del 1296-97*, in Id., *L'usuraio onorato. Credito a Bologna in età comunale*, Bologna, il Mulino, 2008.

Gibney, Matthew, *Should Citizenship Be Conditional? The Ethics of Denationalization*, in «The Journal of Politics», 75, 3 (2013), pp. 646-658.

Gibney, Matthew, *Denaturalization/denationalization*, in *Oxford Handbook of Citizenship,* a cura di Ayelet Shachar, Rainer Bauboeck e Irene Bloemraad, Oxford, Oxford University Press, 2017, pp. 358-382.

Gibney, Matthew, *Banishment and the pre-history of legitimate expulsion power*, in «Citizenship Studies», 24, 3, (2020), pp. 277-300.

Ginatempo, Maria, *Prima del debito. Finanziamento della spesa pubblica e gestione del deficit nelle grandi città toscane (1200-1350 ca)*, Firenze, Olschki, 2000.

Goldthwaite, Richard A., *L'economia della Firenze rinascimentale*, Bologna, il Mulino, 2013.

Goody, Jack, *L'addomesticamento del pensiero selvaggio*, Milano, Franco Angeli, 1981.

Gravela, Marta, *Frammentare l'appartenenza. Suppliche di cittadinanza a Genova e Venezia (XIV-XV secolo)*, in «Quaderni storici», 161, 2 (2019), pp. 443-476.

Greci, Roberto, Pini, Antonio Ivan, *Una fonte per la demografia storica medievale: le venticinquine bolognesi (1247-1404)*, in «Rassegna degli Archivi di Stato», XXXVI (1976), p. 337-381.

Grendi, Edoardo, *Capitazioni e nobiltà genovese in età moderna*, in Id., *La Repubblica aristocratica dei Genovesi*, Bologna, il Mulino, 1987, pp. 13-48.

Grillo Paolo, *L'introduzione dell'estimo e la politica fiscale del comune di Milano alla metà del secolo XIII (1240-1260)*, in *Politiche finanziarie e fiscali nell'Italia settentrionale (secoli XIII-XV)*, a cura di Patrizia Mainoni, Milano, Unicopli, 2001, pp. 11-38.

Grohmann, Alberto, *L'imposizione diretta nei comuni dell'Italia centrale nel XIII secolo. La Libra di Perugia del 1285*, Roma, École Française de Rome, 1986.

Gualtieri, Piero, *Il Comune di Firenze tra Due e Trecento: partecipazione politica e assetto istituzionale*, Firenze, Olschki, 2009.

Gualtieri, Piero, *Caratteri della cittadinanza pistoiese fra XIII e XIV secolo*, in *Appartenere alla città. Cittadini e cittadinanza a Pistoia dall'età comunale all'Ottocento*, a cura di Gianpaolo Francesconi e Luca Mannori, Pistoia, Società pistoiese di storia patria, 2020, pp. 77-101.

Guenzi, Alberto, *L'immigrazione urbana e rurale a Bologna in una fonte del secolo XV*, in «Rassegna degli archivi di Stato», XLIV 1984, pp. 149-163.

Guidi, Guidobaldo, *Il governo della città repubblica di Firenze del primo Quattrocento*, vol. I., *Politica e diritto pubblico*, Firenze, Olschki, 1981 (Biblioteca storia toscana).

Guyotjeannin, Olivier, Potin, Yann, *La fabrique de la perpétuité. Le trésor des Chartes et les archives du royaume (XIIIe-XIXe siècle)*, in «Revue de Synthèse», 2004, pp. 15-44.

Hubert, Etienne, *La construction de la ville. Sur l'urbanisation dans l'Italie médiévale,* in «Annales HSS», 1 (2004), pp. 109-139.

Hubert, Etienne, *Urbanizzazione, immigrazione e cittadinanza (XII-metà XIV secolo). Alcune considerazioni*, in *La costruzione della città comunale italiana (secoli XII-inizio XIV),* Pistoia, Centro Italiano di Studi di Storia e d'Arte, 2009, pp. 131-145.

Hubert, Etienne, *Droits sur le sol, résidence et citoyenneté dans les villes de l'Italie centrale et septentrionale (XIe-XIVe siècle)*, in *Faire la preuve de la propriété. Droits et savoirs en Méditerranée*, a cura di Julien Dubouloz e Alice Ingold, Roma, École Française de Rome, 2012, pp. 129-143.

Hubert, Etienne, *Identificare e controllare. Lo Stato e l'identificazione delle persone nell'Italia comunale e signorile*, in *Tra potere e controllo del territorio* a cura di Livio Antonelli e Stefano Levati, Soveria Mannelli, Rubbettino editore, 2017, pp. 273-290.

Hubert, Etienne, *Qui est qui? L'individu inconnu dans la cité médiévale*, in «Archivio storico italiano», CLXXV (2017), pp. 483-515.

Hubert, Etienne, *Il progetto di una società evidente. Riconoscere le persone e le cose nello spazio politico (XII-XIV secolo)*, in *La necessità del segreto. Indagini sullo spazio politico nell'Italia medievale ed oltre*, a cura di Jacques Chiffoleau, Etienne Hubert e Roberta Mucciarelli, Roma, Viella, 2018, pp. 239-266.

L'impôt au Moyen Age: l'impôt public et le prelévement seigneurial fin XIIe - debut XVIe siècle, a cura di Philippe Contamine, Jean Kerherve e Albert Rigaudiere, vol. I, *Le droit d'imposer*, Paris, IGPDE, 2002.

Isaacs, Ann Kathrine, *Popolo e Monti nella Siena del primo Cinquecento*, in «Rivista storica italiana», 82 (1970), pp. 32-80.

Isin, Engin, Nielsen, G.M., *Acts of Citizenship*, London-New York, Zed, 2008.

Judde de Larivière, Claire, Salzberg, Rosa Miriam, *Le peuple est la cité. L'idée de* Popolo *et la condition des* popolani *à Venise (XVe-XVIe siècles)*, in «Annales HSS», 4 (2013), pp. 1113-1140.

Judde de Larivière, Claire *L'ordinaire des savoirs. Une histoire pragmatique de la société vénitienne (XVe-XVIe siècle)*, Paris, Editions EHESS, 2023.

La justice des familles: autour de la transmission des biens, des savoirs et des pouvoirs: Europe, Nouveau Monde, XIIe-XIXe siècles, a cura di Anna Bellavitis e Isabelle Chabot, Roma, Publications de l'École Française de Rome, 2012.

Kent, Francis W., *"Be Rather Loved Than Feared". Class Relations in Quattrocento Florence*, in *Society an Individual in Renaissance Florence*, a cura di William J. Connell, Berkeley-Los Angeles, University of California Press, 2002, pp. 13-50.

Kingston, Rebecca, *The Unmaking of Citizens: Banishment and the Modern Citizenship Regime in France*, in «Citizenship Studies», 9, 1 (2005), pp. 23-40.

Kirshner, Julius, "*Civitas sibi faciat civem": Bartolus of Saxoferrato' Doctrine on the Making of a Citizen*, in «Speculum», 48 (1973), pp. 694-713.

Kirshner, Julius, *Ars imitatur naturam: A Consilium of Baldus on Naturalization in Florence*, in «Viator», 5 (1974), pp. 289-332.

Kirshner, Julius, *Nascoste in bella vista: donne cittadine nell'Italia tardo-medievale*, in *Cittadinanze medievali* [v.], pp. 195-228.

Klapish-Zuber, Christiane, *La maison et le nom. Strategies et rituels dans l'Italie de la Renaissance*, Paris, Éditions de l'École des hautes études en Sciences Sociales, 1990.

Klapisch-Zuber, Christiane, *Ritorno alla politica. I magnati fiorentini 1340-1440*, Roma, Viella, 2009.

Koenig, John, *Il Popolo nell'Italia del Nord nel secolo XIII*, Bologna, il Mulino, 1986.

Kuhen, Thomas, *Family and Gender in Renaissance Italy 1300-1600*, Cambridge, Cambridge University Press, 2017.

Maas, Willem, *Multilevel Citizenship*, in *Oxford Handbook of Citizenship*, a cura di Ayelet Shachar, Rainer Bauboeck e Irene Bloemraad, Oxford, Oxford University Press, 2017, pp. 644-668.

Mainoni, Patrizia, *Finanza pubblica e fiscalità nell'Italia centro-settentrionale fra XIII e XIV secolo*, in «Studi storici», 40 (1999), pp. 449-470.

Mainoni, Patrizia, *A proposito della «rivoluzione fiscale» nell'Italia settentrionale del XII secolo,* in «Studi storici», 44 (2003), pp. 5-42.

Maire-Vigueur, Jean-Claude, *Così belle, così vicine. Viaggio insolito nelle città dell'Italia medievale*, Bologna, il Mulino, 2023.

Manjot, Denis, *La fiscalité directe dans les systèmes financiers des villes castillanes*, in *La Fiscalité des villes au Moyen Âge (Occident Méditerranéen)*, vol. 2, *Les systèmes fiscaux*, a cura di Denis Menjot e Manuel Sánchez Martinez, Paris, Privat, 1999, pp. 223-257.

Marrara, Danilo, *Riseduti e nobiltà. Profilo storico-istituzionale di un'oligarchia toscana nei secoli XVI- XVIII*, Pisa, Pacini editore, 1976.

Matassone, Iole, *"Piangere miseria". Le motivazioni dei bolognesi per impietosire gli ufficiali addetti all'estimo del 1329*, in «Atti e Memorie della Deputazione di Storia Patria per le province di Romagna», n. s., XLVI (1995), pp. 413-427.

Mazzoni,Vieri, *Accusare e proscrivere il nemico politico. Legislazione antighibellina e persecuzione giudiziaria a Firenze (1343-1378)*, Pisa, Pacini editore, 2010.

Menant, François, *L'Italia dei comuni (1100-1350)*, Roma, Viella, 2011.

Menzinger, Sara, *Diritti di cittadinanza nelle* quaestiones *giuridiche duecentesche e inizio-trecentesche*, in «Mélanges de l'Ecole Française de Rome-Moyen Âge», 125-2 (2013), online.

Menzinger, Sara, *Pagare per appartenere. Sfere di interscambio tra fiscalità ecclesiastica e laica in Francia meridionale e nell'Italia comunale (XII secolo)*, in «Quaderni storici», 147, 49 (2014), pp. 673-708.

Milani, Giuliano, *Il governo delle liste nel comune di Bologna. Premesse e genesi di un libro di proscrizione duecentesco*, in «Rivista storica italiana», CVIII (1996), pp. 149-229.

Milani, Giuliano, *L'esclusione dal comune. Conflitti e bandi politici a Bologna e in altre città italiane tra XII e XIV secolo*, Roma, Istituto storico italiano per il medioevo, 2003.

Milani, Giuliano, *Giuristi, giudici e fuoriusciti nelle città italiane del Duecento. Note sul reato politico in età comunale*, in *Pratiques sociales et politiques judiciaires dans les villes de l'occident à la fin du Moyen âge*, a cura di Jacques Chiffoleau, Claude Gauvard e Andrea Zorzi, Roma, École Française de Rome, 2007, pp. 595-642.

La mobilità sociale nel Medioevo italiano. Competenze, conoscenze e saperi tra professioni e ruoli sociali (secc. XII-XV), a cura di Lorenzo Tanzini e Sergio Tognetti, Roma, Viella, 2016.

Mondolfo, Ugo, *Il* populus *a Siena nella vita delle città e nel governo del comune fino alla riforma antimagnatizia del 1277*, Genova, Formiggini editore, 1911.

Mucciarelli, Roberta, *Bisogna essere molto prudenti con le voci perché fanno presto a trasformarsi in verità. Qualche considerazione su fama e* publica vox *nell'Italia comunale*, in *Fama e* publica vox *nel medioevo*, a cura di Isa Lori Sanfilippo e Antonio Rigon, Roma, Istituto storico italiano per il medioevo, 2011, pp. 25-46.

Mueller, Reinhold, *Immigrazione e cittadinanza nella Venezia medievale*, Roma, Viella, 2010.

Multilevel Citizenship, a cura di Willem Maas, Philadelphia, University of Pennsylvania Press, 2013.

Najemy, John, *Storia di Firenze 1200-1575*, Torino, Einaudi, 2014.

Niccolai, Franco, *Contributo allo studio dei più antichi brevi della compagna genovese*, Milano, Giuffrè, 1939.

L'opération généalogique. Cultures et pratiques européennes, XVe-XVIIIe siècle, a cura di Olivier Rouchon, Rennes, Presses universitaires de Rennes, 2014.

Pardi, Giuseppe, *Il catasto d'Orvieto del 1292*, in «Bollettino della Società umbra di storia patria», II (1896), pp. 225-320.

Piattoli Renato, *I consigli del comune di Prato. 15 ottobre 1252-24 febbraio 1285*, Bologna, Zanichelli, 1940.

Piattoli, Renato, *I Ghibellini del comune di Prato dalla battaglia di Benevento alla pace del Cardinale Latino,* in «Archivio storico italiano», VII, XIV (1930), pp. 195-240.

Piccinni, Gabriella, *I "villani incittadinati" nella Siena del XIV secolo*, in «Bullettino senese di storia patria», LXXXII-LXXXIII (1975), pp. 158-219.

Piccinni, Gabriella, *Differenze socio-economiche, identità civiche e «gradi di cittadinanza» a Siena nel Tre e Quattrocento*, in «Mélanges de l'École Française de Rome-Moyen Âge», 125-2 (2013), online.

Pini, Antonio Ivan, *La ripartizione topografica degli artigiani a Bologna nel 1294: un esempio di demografia sociale*, in Id., *Città comuni e corporazioni nel medioevo italiano*, Bologna, Clueb, 1986, pp. 149-178.

Pini, Antonio Ivan, *Il patrimonio fondiario di un borghese negli estimi cittadini fra Due e Trecento*, in Id., *Campagne bolognesi. Le radici agrarie di una metropoli medievale*, Firenze, Le Lettere, 1993, pp. 39-92.

Pini, Antonio Ivan, *Dalla fiscalità comunale alla fiscalità signorile: l'estimo di Bologna del 1329*, in «Atti e Memorie della Deputazione di Storia Patria per le province di Romagna», n. s., XLVI (1995), pp. 344-337.

Pirani, Francesco, *Rilevazione fiscale e possesso immobiliare a Osimo tra XIII e XIV secolo*, in *Le fonti censuarie* [v.], pp. 98-114.

Pirillo, Paolo, *La provvigione istitutiva dell'estimo bolognese di Bertrando del Poggetto (1329)*, in «Atti e Memorie della Deputazione di Storia Patria per le province di Romagna», n. s., XLVI (1995), pp. 373-412.

Pizzocaro, Alice, *Potere e ricchezza di un'élite aristocratica lombarda: il patriziato cremonese nella prima metà del XVIII secolo*, in «Archivio storico lombardo» CXX, (1994), pp. 209-242.

Poloni, Alma, *Lucca nel Duecento. Uno studio sul cambiamento sociale*, Pisa, Edizione Plus, 2009.

Potin, Yann, Guyotjeannin, Olivier, *La fabrique de la perpétuité. Le trésor des Chartes et les archives du royaume (XIIIe-XIXe siècle)*, in «Revue de Synthèse», (2004), pp. 15-44.

Praak, Marc, *Cittadini, abitanti e forestieri. Una classificazione della popolazione nella prima età moderna*, in «Quaderni storici», 89, 30 (1995), pp. 331-357.

Pullan, Brian, *La politica sociale della repubblica di Venezia 1500-1620*, vol. I, Roma, Il Veltro,1982.

Rigaudière, Albert, *L'assiette de l'impôt direct à la fin du XIVe siècle. Le livre d'estimes des consuls de Saint-Flour pour les années 1380-1385*, Paris, Presses Universitaires de France, 1977.

Rigaudière, Albert, *Les origines médiévales de l'impôt sur la fortune,* in *L'impôt au Moyen âge* [v.], pp. 227-287.

Romero, Adelina, *Proceso recaudatario y mecanismos fiscales en los concejos de la Corona de Castilla*, in «Estudios medievales», 22 (1992), pp. 739-764.

Rubinat, Max Turull, *L'assiette de la taille dans les villes catalanes au Moyen Age*, in *La Fiscalité des villes au Moyen Âge (Occident Méditerranéen)*, vol. 2, *Les systèmes fiscaux*, a cura di Denis Menjot e Manuel Sánchez Martinez, Paris, Privat, 1999, pp. 201-221.

Salvatorelli, Luigi, *La politica interna di Perugia in un poemetto volgare della metà del Trecento*, in «Bollettino della deputazione di storia patria per l'Umbria», L (1952), pp. 5-109.

Sanudo, Marin, *De origine, situ et magistratibus urbis Venetae, ovvero La città di Venetia (1493-1530)*, a cura di Angela Caracciolo Aricò, Milano, Cisalpino, 1980.

Saracco Previdi, Emilia, *I possessi immobiliari da un catasto maceratese del 1268*, in «Atti e memorie. Deputazione di storia patria per le Marche», 8, 9 (1975), pp. 169-189.

Savelli, Rodolfo, *Cittadini di governo a Genova: ricchezza e potere fra Cinquecento e Seicento*, in «Materiali per una storia della cultura giuridica» X (1980), pp. 277-356.

Savelli, Rodolfo, *La repubblica oligarchica. Legislazione, istituzioni e ceti a Genova nel Cinquecento*, Milano, Giuffrè, 1981.

Schmid, Regula, *Comportarsi da buon borghese: le pratiche del diritto di borghesia a Zurigo e a Berna (1450-1550)*, in «Quaderni storici», 89, 30 (1995), pp. 309-330.

Sharf, Gian Paolo, *Fiscalità e finanza pubblica ad Arezzo nel periodo comunale*, in «Archivio storico italiano», 164 (2006), pp. 215-267.

Shaw, Christine, *Popular Government and Oligarchy in Renaissance Italy*, Leiden, Brill, 2006.

Shaw, Christine, *Popular Government and the Petrucci*, in *L'ultimo secolo della repubblica di Siena*, Siena, Accademia senese degli Intronati, 2007, pp. 19-44.

Sieveking, Hans, *Studio sulle finanze genovesi nel Medioevo*, in «Atti della società ligure di storia patria», XXXV (1905).

Smurra, Rosa, *Città, cittadini e imposta diretta a Bologna alla fine del Duecento. Ricerche preliminari*, Bologna, Clueb, 2007.

Smurra, Rosa, *Fiscal sources: the Estimi*, in *A Companion to Medieval and Renaissance Bologna*, a cura di Sarah Blanshei, Leiden-Boston, Brill, 2018, pp. 42-55.

Lo stato territoriale fiorentino, secoli XIV- XV: ricerche, linguaggi, confronti, Atti del seminario internazionale di studi, San Miniato 7-8 giugno 1996, a cura di Andrea Zorzi e W. J. Connell, Pisa, Pacini, 2001.

Stella, Alessandro, *La révolte des Ciompi. Les hommes, les lieux, le travail*, Paris, Éditions de l'École des Hautes Études en Sciences sociales, 1993.

Stouff, Louis, *Les livres terriers d'Arles du XVe siècle*, in *Les cadastres anciens des villes et leur traitement par l'informatique*, a cura di Jean-Louis Biget, Jean-Claude Hervé e Yvon Thébert, Roma, École Française de Rome, 1989, pp. 307-339.

Taddei, Ilaria, *La Prudence au pouvoir. Florence, XIV-XV siècles*, Paris, Classiques Garnier, 2022.

Tamba, Giorgio, *Una corporazione per il potere*, Bologna, Clueb editore, 1998.

Tanzini, Lorenzo, *Il governo delle leggi: norme e pratiche delle istituzioni a Firenze dalla fine del Duecento all'inizio del Quattrocento*, Firenze, Edifir, 2007.

Tanzini, Lorenzo, *Signori e Consigli*, in *Signorie cittadine nell'Italia comunale*, a cura di Jean-Claude Maire Vigueur, Roma, Viella, 2013, pp. 383-401.

Tanzini, Lorenzo, *Il fantasma della rappresentanza. Sorteggio e rotazione delle cariche nelle città comunali (secc. XIII-XV)*, in *Cittadinanze medievali* [v.], pp. 145-176.

Tanzini, Lorenzo, *A consiglio. La vita politica nell'Italia dei comuni*, Bari-Roma, Laterza, 2014.

Terenzi, Pierluigi, *Gli Angiò in Italia centrale. Potere e relazioni politiche in Toscana e nelle terre della Chiesa (1263-1335)*, Roma, Viella, 2019.

Thomas, Yan, *Fictio legis. La finzione romana e i suoi limiti medievali*, Macerata, Quodlibet, 2016.

Tock, Benoit-Michel, *Recours à l'écrit, autorité du document, constitution d'archives en Occident*, in *L'autorité de l'écrit au Moyen Âge (Orient- Occident)*, XXXIXe Congrès de la SHMESP (Le Caire, 30 avril-5 mai 2008), Paris, Éditions de la Sorbonne, 2009, pp. 379-384.

Todeschini, Giacomo, *Visibilmente crudeli*, Bologna, il Mulino, 2007.

Todeschini, Giacomo, Intentio *e* dominium *come caratteri di cittadinanza. Sulla complessità della rappresentazione dell'estraneo fra medioevo e modernità*, in *Cittadinanze medievali* [v.], pp. 229-245.

Trebbi, Giuseppe, *La Cancelleria veneta nei secoli XVI-XVII*, in «Annali della Fondazione Luigi Einaudi», XIV (1980), pp. 65-125.

Trexler, Richard, *Neighbours and Comrades: The Revolutionaires of Florence, 1378*, in «Social Analysis», 14 (1983), pp. 53-106.

Trexler, Richard., *Follow the Flag. The Ciompi Revolt seen from the Streets* in «Bibliothèque d'Humanisme et Renaissance», 46, 2 (1984), pp. 357-392.

Vallerani, Massimo, *I rapporti intercittadini nella regione lombarda tra XII e XIII secolo* in *Legislazione e prassi istituzionale nell'Europa medievale, Tradizioni normative, ordinamenti, circolazione mercantile, (secoli XI-XV)*, a cura di Gabriella Rossetti, Gisem, Quaderni, Napoli 2001, pp. 221-290.

Vallerani, Massimo, *Giustizia pubblica medievale*, Bologna, il Mulino, 2005.

Vallerani, Massimo, *Diritti di cittadinanza nelle* quaestiones *giuridiche duecentesche (II), Limiti dell'appartenenza e forme di esclusione*, in «Mélanges de l'École Française de Rome-Moyen Âge», 125-2 (2013), online.

Vallerani, Massimo, *Logica della documentazione e logica dell'istituzione. Per una rilettura dei documenti in forma di lista nei comuni italiani della prima metà del XIII secolo*, in *Notariato e medievistica. Per i cento anni di Studi e ricerche di diplomatica comunale di Pietro Torelli*, atti delle giornate di studi, Mantova 2-3 dicembre 2013, a cura di Isabella Lazzarini e Giuseppe Gardoni, Roma, Istituto storico italiano per il medioevo, 2013, pp. 109-145.

Vallerani, Massimo, *Fiscalità e limiti dell'appartenenza alla città in età comunale Bologna fra Due e Trecento*, in «Quaderni storici », 147 (2014), pp. 709-742.

Vallerani, Massimo, *La pauvreté et la citoyenneté dans les suppliques du 14e siècle*, in «L'Atelier du Centre de Recherches Historiques», 2015, https://journals.openedition.org/acrh/6547.

Vallerani, Massimo, *La cittadinanza pragmatica. Attribuzione e limitazione della civilitas nei comuni italiani fra XIII e XIV secolo*, in *Cittadinanze medievali* [v.], pp. 113-144.

Vallerani, Massimo, *Il valore dei cives. La definizione del valore negli estimi bolognesi del XIV secolo*, in *Valore delle cose e valore delle persone dall'antichità all'età moderna*, a cura di Massimo Vallerani, Roma, Viella, 2019, pp. 241-270.

Vallerani, Massimo, *Cittadinanza e diritti nelle città italiane del basso medioevo: dalla classificazione alla selezione*, in *Migrazioni, forme di inte(g)razione, cittadinanze nell'Italia del tardo medioevo*, atti del XVII Convegno di studi San Miniato 21-23 ottobre 2021, a cura Gian Maria Varanini e Andrea Zorzi, Firenze, Firenze University Press, 2024, pp. 261-287.

Vallerani, Massimo, *Jurists and Politics in Late Thirteenth-Century Bologna:* Consilia *on the Property of* Banniti, Studi in onore di Thomas Kuhen, a cura di William Caferro e Robert Fredona, in corso di stampa.

Varchi, Benedetto, *Storia fiorentina*, a cura di Gaetano Milanesi, vol. I, Firenze, Le Monnier, 1857.

Verardi Ventura, Sandra, *L'ordinamento bolognese dei secoli XVI e XVII*, in «L'Archiginnasio», LXXIV (1979), pp. 181-425.

Verga, Marcello, *Da cittadini a nobili. Lotta politica e riforma delle istituzioni nella Toscana di Francesco Stefano*, Milano, Giuffrè, 1990.

Violante, Cinzio, *Imposte dirette e debito pubblico a Pisa nel Medioevo*, in Id., *Economia, società istituzioni a Pisa nel Medioevo. Saggi e ricerche*, Bari, Dedalo, 1980, pp. 101-155.

Vitale, Vito, *Il dominio della parte guelfa in Bologna*, Bologna, Zanichelli, 1901.

Waley, Daniel, *Siena e i senesi nel XIII secolo*, Siena, NIE, 2003.

Zannini, Andrea, *Burocrazia e burocrati a Venezia in età moderna: i cittadini originari*, in «Memorie dell'Istituto veneto di scienze, lettere e arti», XLVII (1993).

Zannini, Andrea, *Il 'pregiudizio meccanico' a Venezia in età moderna. Significato e trasformazioni di una frontiera sociale*, in *Le regole dei mestieri e delle professioni. Secoli XV-XIX*, a cura di Marco Meriggi e Alessandro Pastore, Milano, Franco Angeli, 2001, pp. 36-51.

Zorzi, Andrea, *Introduzione*, in *Lo stato territoriale fiorentino* [v.], pp. 1-18.

Indice dei nomi

Finito di stampare
nel mese di ottobre 2024
da The Factory s.r.l.
Roma